2021年度版

ごうかく！

ビジネス実務法務検定試験®

攻略テキスト

3級

ビジネス実務法務検定試験®研究会

早稲田経営出版
TAC PUBLISHING Group

"ビジネス実務法務検定試験®"は、東京商工会議所の登録商標です。
本書は、2020年12月1日現在成立している法律に基づいて執筆しています。

はしがき

　本書は、ビジネス実務法務3級検定試験に短期間の学習で合格するためのテキストとして刊行されたものであり、以下のような特長を有しています。

1　**短期合格を達成するためには、満点を目指さない学習をすることが大切です。**

　そこで、本書では、過去の3級検定試験の本試験問題を徹底的に分析し、過去に1度も問われていない項目や、1、2回程度しか問われていない出題頻度の低い項目については、これをバッサリと切り捨てて、**出題頻度の高い項目（合格点を確実に取るために必要十分な項目）**のみを効率的に学習できるようにしました。

2　**各節の冒頭にA・B・Cの出題頻度を示すランクづけ**（Aがもっとも出題頻度の高いもの）を明示しましたので、時間がない方でも、A・Bの節を重点的に学習することにより、短期間で合格レベルに達することを可能にしました。

3　**試験でよく問われるキーワードやキーフレーズにはゴシック体を用いて、メリハリのある学習ができるようにしました。**特に、**直近5回の本試験で出題された箇所には出題回を丸数字で明示**し、さらに、**各章末に超重要事項チェックリスト**を掲載しました。

4　巻末に、**2020年12月に実施された第48回本試験の問題と解答を収録**しました。

5　本書は、姉妹書「ごうかく！　ビジネス実務法務検定試験®3級　攻略問題集」（早稲田経営出版）と完全にリンクしています。本書と併用することによって、3級検定試験の短期合格をより確実なものとすることができます。

　日本経済は低迷を続け、ビジネスをめぐる環境は一段と厳しさを増しており、ビジネスパーソンが習得すべき法律知識は、より高度かつ実践的なものが要求される時代となっています。このような中、企業に必要不可欠な人材として生き残るためには、ビジネス実務法務検定資格が大きな武器となることは間違いありません。

　本書を利用される皆様が、学習の省力化・効率化を図り、見事、ビジネス実務法務3級検定試験に短期で合格されることを願ってやみません。

2021年2月吉日　　　　　　　　　　　　　ビジネス実務法務検定試験®研究会

ビジネス実務法務検定試験®の概要

ビジネス実務法務検定試験®とは？

　企業が求める、ビジネスシーンで必要とされる実践的な法律知識を身に付けることができる試験です。現在社会では企業の継続的な活動のために、コンプライアンス（法令遵守）能力を身に付け、リスクを事前に、認識し、回避・解決できることが一人ひとりに求められています。その基礎となる実践的な法律知識を体系的・効率的に学び、能力を測定することができます。

学習のメリット

　ビジネス実務法務検定試験®を学習することによるメリットは大きく３つあります。

　１つ目が、企業が求めるビジネスパーソンに必要とされる実践的な法律知識を、効率的に身に付けられることです。民法・商法（会社法）を中心に、数多くの法律を学習するため、様々なビジネスシーンで生じ得るリスク等に敏感に反応することが可能となります。

　２つ目が就職や転職、キャリアアップに役立つことです。企業のニーズに応えて設立された試験ですので、当然企業側の注目度も高くなっています。社内の推奨資格としたり、人事異動や採用時の参考資料として取り入れる企業も増えています。

　３つ目が、他の法律系資格取得へのステップアップとなることです。ビジネス実務法務検定試験®で出題される法律は、民法・会社法など、他の資格試験と重複する科目も多く、学習後に宅建士や行政書士、中小企業診断士、司法書士などの法律系資格を狙う場合には、とても有利なスタートをきることができます。

傾向と対策

　３級の出題範囲は多岐にわたりますが、メインは、民法と商法・会社法を中心とする第２章・第３章・第５章の部分です。この部分だけで、配点にして60〜70点程度を占めていますので、まずは、この部分を重点的に学習すべきです。また、民法と商法・会社法をしっかりと学習すれば、法的思考力を習得できますので、他の法律の学習がスムーズに進み、合格点を獲得できる実力を身に付けることができます。

実受験者数・合格者・合格率

	第43回	第44回	第45回	第46回	第47回	第48回
実受験者数	9,025人	10,783人	9,866人	11,195人	——	9,372人
合格者	7,525人	8,186人	7,911人	7,906人	——	7,097人
合格率	83.4%	75.9%	80.2%	70.6%	——	75.7%

（注）第47回は、新型コロナウイルスの影響のため中止となりました。

試験方法について

　ビジネス実務法務検定試験®は2021年度からIBT（インターネット経由での試験）へ変わります。

　IBTは受験者本人のコンピュータで受験する試験です。受験日時は受験者が選ぶことができ、プライバシーが配慮され受験に適した環境であれば、どこでも受験できます。（○：自宅、会社等　×：公共スペース）

　1年に2シーズン受験期間が設けられ（おおよそ6月〜7月、11月〜12月）、受験は各級につき1シーズン1回限りです。

試験日程	1年に2シーズン受験期間が設けられます（おおよそ6月〜7月と11〜12月）。 ※受験は、1シーズンに1回限りです。
受験申込	事前申込制（日時指定）で、申込サイトより受験日時、受験者情報等を入力して行います。
成績照会	試験終了後、即時採点された結果が受験者本人のコンピュータの画面に表示されます。

　試験の詳細については2021年3月に公表されます。東京商工会議所検定センターホームページ、または東京商工会議所のビジネス実務法務検定試験®公式ホームページにてご確認ください。

東京商工会議所検定センターホームページ：https://www.kentei.org/
ビジネス実務法務検定試験®公式ホームページ：https://www.kentei.org/houmu/

本書の特長

本書には、以下のような特長があります。読者の皆さまは、この特長を踏まえて本書をご利用ください。より一層学習効果を上げることができます。

学習の指針

各章の冒頭で、試験の傾向や優先的に押さえるべき重要項目を明示して、学習の指針としています。

重要度

本番で出題が予想される重要事項については、重要度（出題可能性）の高い順にA、B、Cのマークを付して、アクセントを付けた学習ができるようにしてあります。

この節で学習すること

本格的な学習に入る前に、その節で学習する内容の全体像をつかみ、知識を整理することで、効率的な学習ができます。

用語

難解な法律用語を分かりやすい言葉で説明し、疑問を解消します。

注意

間違えて覚えやすいテーマについて注意を喚起し、ケアレス・ミスを防止します。

改正比較

令和元年の会社法改正により内容に変更があった箇所について、改正前の規定との異同を明示しました。

本文で説明されている事項と関連する事項の説明や、実例その他本文＋αの説明をすることにより、理解を深めていただけます。

語呂合わせ

覚えにくい重要ポイントや重要数字については、斬新なゴロ合わせで整理し、皆さまの暗記の助けとなるようにしています。

過去本試験ナンバー

本試験での出題実績から5回分（43・44・45・46・48回）を示しています。

本試験での頻出論点です。
ズバリココ！である箇所は波線でリンクさせてあります。

ここでワンポイントアドバイス！

本試験前日はこの2つが掲載されているところを拾い読みするのも良いでしょう。本試験頻出の論点をいっきに確認することができます。

viii

✓ 超重要事項チェックリスト

1
すべての個人が平等に権利主体として取り扱われるという原則を権利能力平等の原則という。

2
私的自治の原則とは、自然人や法人といった権利主体は、原則として、私的な法律関係を自己の意思に基づいて自由に形成できるとする原則をいう。

3
契約自由の原則（人は、契約をするかしないか、どのような内容の契約をするか等を自分の意思で自由に決めることができるという原則）は、私的自治の原則の内容の１つである。

4
所有権とは、個人が物を全面的に支配する私有の権利をいう。そして、所有権は不可侵のものとして尊重されるという原則は、所有権絶対の原則と呼ばれる。

5
他人に損害を与えたとしても、故意または過失がなければ損害賠償責任を負わないという原則は、過失責任主義と呼ばれる。

6
ある事項について規定する一般法と特別法が存在する場合、特別法が一般法に優先してその事項に適用される。

7
契約当事者が法律の規定と異なる内容の取決め（特約）をしてもその効力を生じず、当事者の意思にかかわりなくその法律の規定の適用が強制される場合における当該規定を強行法規という。

8
契約当事者間で法律の規定と異なる定めをするなど、当事者がそれに従う意思がないと認められるときは、その適用が強制されない法律の規定を任意法規という。

10

✓ 超重要事項チェックリスト

各章末にその章の中で最も重要な項目をチェックリストにしました。「これだけは必ず押さえてほしい」という所をピックアップしましたので、問題演習に入る前に、こちらを確認して、知識の整理をしましょう。

目　次

第1章　ビジネス実務法務の法体系 ……………………………………… 1
第1節　ビジネス実務法務の基本的事項 ……………………………… 2

第2章　取引を行う主体 ………………………………………………… 11
第1節　権利・義務の主体 …………………………………………… 12
第2節　会社のしくみ ………………………………………………… 31

第3章　法人取引の法務 ………………………………………………… 67
第1節　ビジネスに関する法律関係 ………………………………… 68
第2節　手形と小切手 ………………………………………………… 112
第3節　契約書および契約関連文書 ………………………………… 128

第4章　法人財産の管理と法律 ………………………………………… 139
第1節　法人の財産取得にかかわる法律 …………………………… 140
第2節　法人財産の管理と法律 ……………………………………… 145
第3節　知的財産権 …………………………………………………… 148

第5章　債権の管理と回収 ……………………………………………… 171
第1節　通常の債権の管理 …………………………………………… 172
第2節　債権の担保 …………………………………………………… 180
第3節　緊急時の債権の回収 ………………………………………… 197

第6章 企業活動に関する法規制 ……………………………… 207

第1節　独占禁止法 ……………………………………………… 208
第2節　大規模小売店舗立地法（大店立地法） ………………… 215
第3節　消費者契約法 …………………………………………… 216
第4節　割賦販売法 ……………………………………………… 221
第5節　特定商取引に関する法律（特定商取引法） …………… 223
第6節　個人情報の保護に関する法律（個人情報保護法） …… 226
第7節　食品衛生法・健康増進法 ……………………………… 234
第8節　ビジネスと犯罪 ………………………………………… 237

第7章 法人と従業員の関係 …………………………………… 247

第1節　従業員の雇用と労働関係 ……………………………… 248
第2節　職場内の男女雇用にかかわる問題 …………………… 268
第3節　労働者派遣法 …………………………………………… 270

第8章 ビジネスに関連する家族法 …………………………… 277

第1節　取引と家族関係 ………………………………………… 278
第2節　相　続 …………………………………………………… 281

第46回検定試験／問題&解答 ………………………………… 295
索　引 …………………………………………………………… 328

第1章

ビジネス実務法務の法体系

本章では、第2章以下に登場するビジネス実務法務に関する様々な法律を学習するにあたって押さえておくべき基本的事項（コンプライアンス、民法の基本原則、法の分類など）を学習します。

試験対策としては、出題のもっとも多い民法の基本原則と法の分類を重点的に学習してください。

第1節 ビジネス実務法務の基本的事項

重要度 A

この節で学習すること

1 ビジネス実務法務における基本用語
よく聞く言葉もありますが、ここで一つ一つ正確に意味を確認しておきましょう。

2 民法の基本原則
人はみな「平等」で「自由」であり、その「所有権は絶対」で、「過失がなければ責任なし」とされます。これが民法の4つの原則です。

3 権利とは
権利には、物の所有権などの「物権」と、人へなにかを求める権利である「債権」があります。

4 知的財産権とは
知的活動により生み出された財産を独占使用する権利を、「知的財産権」といいます。

5 法の分類
法律には様々な分類の仕方があります。もっとも出題されやすいのは「一般法」「特別法」です。

6 裁判所
「訴訟の種類」「審級制度」「裁判所の種類」について学びます。

1 ビジネス実務法務における基本用語

❶ コンプライアンス

コンプライアンス（Compliance）とは、一般に、法令等の遵守を意味し、これは、法令等のみを遵守すればよいわけではなく、その背景等にある法令等の趣旨や精神に沿った活動が求められているということです。

法令等とは、法令（法律、政令、省令、条例等）、業界団体の自主的ルール、企業の内規、企業倫理、社会規範等をいいます。これに反した企業は、刑事的責任、民事的責任、行政処分等の不利益を受けることがあります。

❷ リスクマネジメント

リスクマネジメント（Risk Management）とは、一般に、企業活動に支障をきたすおそれのある不確定な要素（リスク）を的確に把握し、その不確定要素の顕在化による損失の発生を効率的に予防する施策を講じるとともに、顕在化したときの効果的な対処方法をあらかじめ講じる、一連の経営管理手法をいいます。

❸ CSR

CSR（Corporate Social Responsibility）とは、一般に、企業の社会的責任を意味し、企業が、利益の追求だけでなく、様々なステークホルダー（利害関係者）との関係で企業としての行動規範を策定し、これに従い適切に行動することを求める考え方のことをいいます。

これに基づく企業活動の例として、環境保護に配慮した企業活動やボランティアなどの社会貢献活動を挙げることができます。

リスクマネジメントは、一般に、①リスクの洗出し、②リスクの分析、③リスクの処理、④結果の検証というプロセスを経て行われます。

ココが出る！

民法の基本原則は出題頻度が非常に高いので、しっかりと押さえてください。

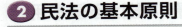

注意

私的自治の原則・所有権絶対の原則・過失責任主義については、それぞれ「修正」が加えられていることがポイントです。

ココが出る！

2 民法の基本原則

民法という法律は、次の4つの基本原則から成り立っています。

❶ 権利能力（権利・義務の主体となることができる法律上の資格）平等の原則[43][45]

すべての個人が平等な権利主体として扱われるという原則です。

❷ 私的自治の原則[45]

権利主体（個人・法人）は、私的な関係を自己の意思に基づいて自由に形成できるとする原則です。

契約自由の原則（人は、契約をするかしないか、どのような内容の契約をするか等を自分の意思で自由に決めることができるという原則）は、私的自治の原則の内容の1つであり、平成29年改正民法は、契約自由の原則について規定を設けました（後述第3章第1節参照）。[43][44][46]

なお、私的自治の原則については、借地借家法の規定を始めとする**強行法規**（当事者が法律と異なる内容の取決めをしてもその効力を生じず、当事者の意思にかかわりなくその適用が強制される規定）によって、その修正がなされています。

❸ 所有権絶対の原則[43][44][45]

個人が物を全面的に支配する私有の権利（所有権）は、不可侵のものとして尊重され、他人によっても、国家権力によっても侵害されないとする原則です。

しかし、私有財産権は**公共の福祉**により制約される等、この原則も修正されています。

❹ 過失責任主義[43][45][46][48]

人は、たとえ他人に損害を与えても**故意・過失**がなければ損害賠償義務を負わないとする原則です。この過失責任主義は、私的自治の原則が不法行為の場面で現れたものといえます。

しかし、自動車損害賠償保障法、製造物責任法、各種の環境保

全関係法等で**無過失責任**論の考え方を採用する等、この原則も修正がなされ、または否定がなされています。

③ 権利とは

人が契約などをすることによって取得する「権利」には、様々な分類の仕方がありますが、その分類の1つに、物権と債権という分類があります。

❶ 物権とは

① 特定の物を排他的・直接的に支配できる権利を、物権といいます。所有権がその代表例です。

② 所有権に一定の制限を加える物権を、**制限物権**といいます。㊸
制限物権は、さらに、**用益物権**と**担保物権**とに分かれます。

㊸㊻㊽

- 物権
  - 所有権
  - 制限物権
    - 用益物権…他人の物を利用することを内容とする権利（地上権・永小作権・地役権・入会権）
    - 担保物権…債権の担保のために物の価値を把握する権利（留置権・先取特権・質権・抵当権）

❷ 債権とは㊺

特定の人に対して一定の行為を請求できる権利を、債権といいます。売買代金債権、貸金債権、請負代金債権などがその例です。

④ 知的財産権とは

権利には、物権と債権のほか、知的財産権と呼ばれる権利があります。知的財産権とは、個人や企業の知的活動により創出された財産を独占的に使用できる権利をいいます。

用語

「故意」とは「わざと」という意味で、「過失」とは「必要な注意を怠る」という意味です。
「無過失責任」とは、故意・過失がなくても損害賠償等の責任を負うという意味です。

用語

「地上権」とは、他人の土地において工作物または竹木を所有するため、その土地を使用できる権利をいいます。
「地役権」とは、設定行為で定めた目的に従い、他人の土地を自己の土地の便益に供することができる権利をいいます。

知的財産権には、特許権・実用新案権・意匠権・商標権・著作権・営業秘密等がありますが、この知的財産権と、物権および債権とを総称して、「財産権」といいます。

5 法の分類

法は、様々な観点から、次のように分類できます。

(1) **成文法**と**不文法**…法律が文章になっている（成文法）か否（不文法）か。
　憲法・民法・刑法・商法等は、成文法にあたる。慣習法（**慣習**のうち法的効力を認められたもの）や判例法（裁判所の判決に含まれている法理のうち他の類似の事件についても繰り返し判断基準とされることにより法的効力を有するに至ったもの）等は、不文法にあたる。

(2) **一般法**と**特別法**…法の適用領域が限定されている（特別法）か否（一般法）か。[45][48]
　特別法は一般法に優先して適用される（たとえば、商人間の取引には、特別法である商法が一般法である民法に優先して適用される）。

(3) **任意法規**と**強行法規**…契約当事者間で法律の規定と異なる定めをするなど、当事者がそれに従う意思がないと認められるときは、その適用が強制されない法律の規定（任意法規）か、契約当事者がこれと異なる内容の取決めをしてもその効力を生じず、当事者の意思にかかわりなくその適用が強制される規定（強行法規）か。[44][45][48]
　所有権等の物権に関する規定に強行法規が多く存在し、契約や債権に関する規定に任意法規が多く存在する。

(4) **公法**と**私法**…規律を受ける当事者の双方または一方が国家機関（公法）か、双方とも私人（私法）か。[48]
　憲法・刑法・行政法等は公法にあたり、民法・商法等は私法にあたる。

(5) **民事法**と**刑事法**…民事裁判の基準となる（民事法）か、刑事裁判の基準となる（刑事法）か。
　民法・商法・民事訴訟法等は民事法にあたり、刑法・刑事訴訟法等は刑事法にあたる。

(6) **実体法**と**手続法**…法律関係の内容を定めるもの（実体法）か、内容を実現するための手続を定めるもの（手続法）か。[48]
　民法・商法・刑法等は実体法にあたり、民事訴訟法・刑事訴訟法等は手続法にあたる。

なお、法律の規定の中には、**取締規定（経済政策や行政目的に**

ココが出る！
特に「一般法と特別法」「任意法規と強行法規」がよく出題されています。

用　語
「慣習」とは、人の行動様式のうち反復して繰り返されるものをいいます。

注 意
ある法律の規定が任意法規か強行法規かの区別は実際には容易ではありませんが、強行法規の中には、強行法規である旨が法律上明示されているものもあります。

コーヒーブレイク
道路運送法は、白タク（車のナンバープレートが白地ベースの車でのタクシー営業行為）を禁止していますが、当該営業者と乗客との間の運送契約は無効とはなりません。

基づき国民に対してある行為を制限し、または禁止することを定める規定）と呼ばれるものがあります。この取締規定に違反した場合には、行政罰や許可の取消し等の制裁が科されることはありますが、契約などの私法上の行為の効力自体は否定されない（無効とはならない）ことに注意してください。[44]

6 裁判所

❶ 訴訟の種類[43][46]

裁判所で扱う訴訟は、次のように分けられます。

① 民事訴訟…私人間の紛争の解決を目的とする訴訟。

② 刑事訴訟…犯罪を犯した人に刑罰を科すかどうかを決める訴訟。

③ 行政訴訟…行政権の行使等についての紛争の解決を目的とする訴訟。

なお、たとえば、売買契約が締結された場合において、売主が売買の目的物を引き渡そうとしないときに、買主が力ずくでその目的物を売主のもとから奪い取るような行為を**自力救済**といいますが、これは原則として禁止されており、権利の行使に対して相手方が応じない場合には、裁判所の手続を通じて権利を実現することが必要です。[46][48]

ココが出る！
自力救済は禁止されています。

❷ 審級制度

民事訴訟・刑事訴訟・行政訴訟のいずれについても、ある事件の裁判に対して不服がある場合には、より上級の裁判所に対して再審査を求める（**上訴**する）ことができます。[43][46]

上訴
- 控訴…第一審の判決に不服のある当事者が上級の裁判所に再審査を求めること
- 上告…第二審の判決に不服のある当事者が上級の裁判所に再審査を求めること

❸ 裁判所

裁判所には、最高裁判所・高等裁判所・地方裁判所・家庭裁判所・簡易裁判所の５種類があります。[45][46]

① 地方裁判所…民事事件・刑事事件・行政事件を扱う。

② 家庭裁判所…家庭事件・少年の刑事事件を扱う。

③ 簡易裁判所…民事事件（訴訟額が140万円以下）・刑事事件（軽微な犯罪に関するもの）を扱う。

「民法の基本原則」と「法の分類」は、出る可能性が高いです。

✅ 超重要事項チェックリスト

1 すべての個人が平等に権利主体として取り扱われるという原則を権利能力平等の原則という。

2 私的自治の原則とは、自然人や法人といった権利主体は、原則として、私的な法律関係を自己の意思に基づいて自由に形成できるとする原則をいう。

3 契約自由の原則（人は、契約をするかしないか、どのような内容の契約をするか等を自分の意思で自由に決めることができるという原則）は、私的自治の原則の内容の1つである。

4 所有権とは、個人が物を全面的に支配する私有の権利をいう。そして、所有権が不可侵のものとして尊重されるという原則は、所有権絶対の原則と呼ばれる。

5 他人に損害を与えたとしても、故意または過失がなければ損害賠償責任を負わないという原則は、過失責任主義と呼ばれる。

6 ある事項について規定する一般法と特別法が存在する場合、特別法が一般法に優先してその事項に適用される。

7 契約当事者が法律の規定と異なる内容の取決め（特約）をしてもその効力を生じず、当事者の意思にかかわりなくその法律の規定の適用が強制される場合における当該規定を強行法規という。

8 契約当事者間で法律の規定と異なる定めをするなど、当事者がそれに従う意思がないと認められるときは、その適用が強制されない法律の規定を任意法規という。

第2章

取引を行う主体

本章では、取引を行う主体である人（自然人・法人）に関する基本的事項（制限行為能力者、代理、商人、商行為など）と会社の仕組みについて学習します。

試験対策としては、制限行為能力者、代理、会社（特に株式会社）の仕組みからの出題が多いので、これらに重点を置いて学習してください。

第1節 権利・義務の主体

重要度 **A**

この節で学習すること

1 権利能力・意思能力・行為能力

権利をもつ能力、意思をもつ能力、行為をする能力です。誰にでもある「能力」もあれば、そうでない「能力」もあります。

一定の条件に当てはまる人を「行為をする能力がない人」として保護する制度です。

2 制限行為能力者

会社や財団などのことです。主にその設立の基準と分類について学習します。

3 法　人

4 企業の取引活動と商法

商法と民法の規定の違いを押さえましょう。

5 商業登記制度

商業登記とは商人の営業に関して取引上必要な事項を広く公示するための制度です。

民法のヤマ場です。どのような制度なのか、全体像をしっかりつかみましょう。そのうえで成立要件や効果を押さえましょう。

6 代理制度

売買契約などの取引を行う主体（人）には、様々な能力が要求されます。民法で勉強する「能力」には、権利能力・意思能力・行為能力・事理弁識能力・責任能力等がありますが、ここでは、権利能力・意思能力・行為能力について説明します。

❶ 権利能力・意思能力・行為能力

(1)	**権利能力**…	権利・義務の主体となることができる法律上の資格をいう。 この権利能力は、自然人の団体（社団）や財産の集合（財団）にも認められる。❹❸❹❽
(2)	**意思能力**…	自分の行った行為の結果を判断することができる精神的能力をいう。 意思無能力者が行った契約などの行為は、**無効**である。❹❸
(3)	**行為能力**…	契約などの行為を単独で有効に行うことができる精神的能力をいう。 後述する制限行為能力者が行った契約などの行為は、原則として、**取り消すことができる。**

（注）「取り消すことができる」とは、その契約などの行為は、一応有効であるが、一定の者が取り消すことによって、無効となるということです。これとは反対に、一定の者が「追認」をすると、その契約などの行為は、完全に有効となります。

❷ 制限行為能力者

　制限行為能力者とは、恒常的に意思能力がなかったり、不十分であるとみられる者を定型化（画一化）したものであり、民法は、制限行為能力者がした行為について取消しを認めることにより、その財産の保護を図っています。❹❻

　制限行為能力者としては、民法上、次の４種類の者が規定されています。

第2章　取引を行う主体

注　意 ⚠
意思無能力者が行った行為は、取り消すことができるのではなく、初めから無効であることに注意しましょう。

注　意 ⚠
制限行為能力者が行った行為は、無効ではなく、取り消すことができることに注意しましょう。

第１節　権利・義務の主体　13

「事理弁識能力」とは、物事の道理を弁える能力をいいます。

(1) **未成年者**…満20歳(注1)未満の者をいう（ただし、未成年者が婚姻をしたときは、これによって成年に達したものとみなされ（**成年擬制**）、行為能力者として扱われるため**単独で完全に有効な契約などの行為ができる**ことに注意)(注2)。

(注1) 平成30(2018)年6月13日に成立した改正民法は、成年年齢を20歳から18歳に引き下げることとしました。ただし、この改正は、2022年4月1日から施行されます。

(注2) 婚姻による成年擬制に関する規定は、平成30(2018)年6月13日に成立した改正民法により削除されることとなりました（2022年4月1日施行）。

原則として、その保護者である法定代理人（親権者または未成年後見人）の同意を得ずに行った行為は、未成年者自身および法定代理人が取り消すことができる。❹⓼

ただし、①単に権利を得、または義務を免れる行為、②法定代理人が目的を定め、または定めないで処分を許した財産の処分、③法定代理人から営業の許可を受けた場合の営業に関する行為は、未成年者が単独で有効に行うことができ、取り消すことはできない。

法定代理人は、取消権・追認権・同意権・代理権を有する。

(2) **成年被後見人**…精神上の障害によって**事理弁識能力を欠く常況**にある者で家庭裁判所の後見開始の審判を受けた者をいう。❹⓺成年被後見人については、その保護者として、成年後見人が家庭裁判所により選任される。

成年被後見人が行った行為は、日用品の購入その他日常生活に関する行為以外は、成年被後見人自身および成年後見人が取り消すことができる。❹③ ❹⓹ ❹⓺ ❹⓼

成年後見人は、取消権・追認権・代理権を有する。

(3) **被保佐人**…精神上の障害によって事理弁識能力が著しく不十分な者で家庭裁判所の保佐開始の審判を受けた者をいう。被保佐人については、その保護者として、保佐人が家庭裁判所により選任される。

被保佐人は、原則として、単独で契約などの法律行為ができるが、借財、**不動産の売買**、長期の賃貸借（宅地の場合は5年超、建物の場合は3年超）などの**重要な財産上の行為**を、保佐人の同意を得ずに行ったときは、被保佐人自身および保佐人が取り消すことができる。㊸㊽

保佐人は、取消権・追認権・同意権を有するほか、審判により、当事者の選択した特定の法律行為について、被保佐人の申立てまたは同意を要件として、代理権を付与される。

語呂合わせ ▶ 被保佐人が単独でした場合に取り消すことができる長期賃貸借

郷 さんは、超気が長い。

5年（宅地）　3年（建物）　超える　　長期賃貸借

---

(4) **被補助人**…精神上の障害によって事理弁識能力が不十分な者で、申立てと本人の同意を要件として家庭裁判所の補助開始の審判を受けた者をいう。被補助人については、その保護者として補助人が家庭裁判所により選任される。

被補助人は、原則として、単独で法律行為ができるが、審判により、当事者の選択した特定の法律行為については、被補助人の申立てまたは同意を要件として、その保護者である補助人に代理権または同意権（同意権の対象となるのは不動産の売買などの重要な財産上の取引の一部に限定される）が付与されるので、補助人の同意を要する特定の法律行為を、被補助人が補助人の同意を得ずに行った場合には、被補助人自身および補助人が取り消すことができる。

第1節　権利・義務の主体　15

〈制限行為能力者の種類〉

種類	意義	保護者
未成年者	満20歳（2022年４月１日以降は18歳）未満の者	親権者または未成年後見人
成年被後見人	精神上の障害により事理弁識能力を欠く常況にある者で、家庭裁判所の後見開始の審判を受けた者	成年後見人
被保佐人	精神上の障害により事理弁識能力が著しく不十分な者で、家庭裁判所の保佐開始の審判を受けた者	保佐人
被補助人	精神上の障害により事理弁識能力が不十分な者で、家庭裁判所の補助開始の審判を受けた者	補助人

ココが出る!

（注） 制限行為能力者が行為能力者であることを信じさせるため**詐術**を用いたときは、その行為を取り消すことはできません（法定代理人等の保護者も取り消すことができないことに注意）。たとえば、未成年者が、成年者であると信用させるため年齢を偽ったりする場合がこれにあたります。[43][44][46][48]

しかし、相手方が未成年者に、「親権者の同意を得ているか」と質問したのに対して、未成年者が「同意を得ている」と口頭で答えた程度では、一般に詐術にはあたらないとされています。理由は、未成年者だと知って取引をする相手方には、親権者の同意の有無を独自に確認すること（たとえば、親権者に問い合わせる）が要求されるからです。

保護者の同意を得ないで行った行為の効力	
未成年者	原則として、取り消しうる。 ただし、 ①単に権利を得、または義務を免れる行為 ②法定代理人（親権者または未成年後見人）が目的を定め、または定めないで処分を許した財産の処分 ③法定代理人から営業の許可を受けた場合の営業に関する行為 は、単独で行うことができ、取り消すことはできない。
成年被後見人	原則として、取り消しうる。 ただし、日用品の購入その他日常生活に関する行為は、単独で行うことができ、取り消すことはできない。

注意

保護者の同意を得ないで行った行為は、保護者はもちろんその行為を行った制限行為能力者自身も取り消すことができることに注意しましょう。

被保佐人	原則として、有効であり、取り消すことはできない。ただし、借財、不動産の売買、長期の賃貸借（宅地5年超、建物3年超）などの重要な財産上の行為については、取り消しうる。
被補助人	原則として、有効であり、取り消すことはできない。ただし、特定の法律行為（不動産の売買や長期の賃貸借など）をなすのに補助人の同意を得ることを要する旨の審判があった場合には、その行為を補助人の同意、またはこれに代わる家庭裁判所の許可を得ずに行ったときは、取り消しうる。

〈制限行為能力者の保護者の権限〉

制限行為能力者の種類	保護者の種類	保護者の権限			
		代理権	同意権	取消権	追認権
未成年者	親権者または未成年後見人	○	○	○	○
成年被後見人	成年後見人	○	×	○	○
被保佐人	保佐人	○(注)	○	○	○
被補助人	補助人	○(注)	○(注)	○	○

○：あり　×：なし

（注）　家庭裁判所の審判により、特定の法律行為について、保佐人または補助人に権限が付与されます。

　　　未成年者の保護者である親権者等のように代理権を有する者が、制限行為能力者を代理して契約をした場合、当該契約は完全に有効であり、**当該保護者も制限行為能力者もその契約を取り消すことはできません。**

　ところで、取引を行う主体を「人」といいますが、人には、自然人（人間）のほかに、会社などの法人があります。そこで、以下においては、法人について説明することにします。

③ 法　人

❶ 法人の設立についての基準

　法人は、次のような基準によって設立されます。

① 準則主義

　これは、法の定める要件が具備されていれば、当然に法人の

設立を認める主義をいいます。

会社、労働組合、弁護士会、一般社団法人、一般財団法人等でこの主義がとられています。

② 認可主義

これは、法律の定める要件を具備し、主務官庁の認可を受けることによって法人が設立されるとする主義をいいます。

学校法人、医療法人、社会福祉法人、生活協同組合、農業協同組合、健康保険組合等でこの主義がとられています。

③ 認証主義

これは、所轄庁の認証により法人が設立されるとする主義をいいます。特定非営利活動法人（NPO）、宗教法人等でこの主義がとられています。

④ 特許主義

これは、その法人の設立について根拠法の制定が必要とされる主義をいいます。特殊銀行（日本政策投資銀行、国際協力銀行）、独立行政法人（住宅金融支援機構、都市再生機構等）、地方住宅供給公社等でこの主義がとられています。

❷ 法人の分類

① 公法人と私法人

公法人とは、国や法人格（権利能力）を持つ公共団体（地方公共団体、特殊法人）をいい、私法人とは、公法人以外の法人をいいます。

② 私法人の種類

イ 社団法人と財団法人

社団法人とは、自然人の集合体である団体自身に権利能力が与えられたものをいい、財団法人とは、財産の集合に権利能力が与えられたものをいいます。[45]

ロ 公益法人と営利法人

公益法人とは、学術、技芸、慈善その他公益を目的とする法人をいい、営利法人とは、営利事業を営むことを目的とする法人をいいます。

コーヒーブレイク

剰余金の分配を目的としない社団・財団について、その行う事業の公益性の有無にかかわらず、準則主義（登記）により簡便に法人格を取得することができるようにするため、平成20年12月１日から、「一般社団法人及び一般財団法人に関する法律」が施行されています。この法律に基づいて設立された社団法人または財団法人を「一般社団法人」または「一般財団法人」といいます。

コーヒーブレイク

その目的が公益でも営利でもない法人もあり、たとえば、団体の構成員間の利益を図ることを目的とする法人もあります。このような法人を「中間法人」といいます。この中間法人と公益法人を併せて「非営利法人」と呼ぶこともあります。

❸ 権利能力なき社団

　これは、法人と同じ働きをしていながら、法人格（権利能力）を持たない団体をいいます。法人格を取得していないマンション管理組合などがこれにあたります。

　権利能力なき社団は、権利主体性が認められないため、法人と異なり、社団名義で不動産の登記をすることはできないとされています。

　なお、町内会のような**地縁団体**については、市町村長の認可を得ることにより、その法人化が認められています。

❹ 特定非営利活動法人（NPO法人）

　これは、特定非営利活動を行うことを主たる目的とする団体であって、特定非営利活動促進法により設立された法人をいいます。特定非営利活動法人（NPO法人）は、保健、医療または福祉の増進を図る活動等であって、不特定かつ多数のものの利益の増進に寄与することを主たる目的とするものについて設立することができます。㊻

4 企業の取引活動と商法

❶ 商人とは

　商人とは、自己の名をもって（自分が権利・義務の主体となって）商行為を行うことを業とする者（営利の目的で継続的に同種の行為を反復して行う者）をいいます。

　各種の会社（合名会社、合資会社、合同会社、株式会社）が商人の代表格であり、商人の行う取引については、民法のほか、商法が適用されます。

❷ 商行為とは

　商行為には、次のものがあります。

> ① **絶対的商行為**㊽
> 　強度の営利性があるために誰が行っても常に商行為となるもの（売却して利益を得るための不動産や動産、有価証券の有償取得、取引所での取引など）

用語

「**地縁団体**」とは、町はまたは字の区域その他市町村内の一定の区域に住所を有する者の地縁に基づいて形成された団体をいいます。

特に「一方的商行為については当事者双方に商法が適用される」ことを押さえてください。

コーヒーブレイク

絶対的商行為と営業的商行為を併せて「基本的商行為」と呼びます。
附属的商行為は、基本的商行為に対して「補助的商行為」とも呼ばれます。

ココが出る!

民法と商法の規定の違いは、超頻出項目です。

② **営業的商行為** [44]
営業として反復的に営まれたときに商行為となるもの（賃貸して利益を得るための不動産や動産の有償取得、作業の請負、運送契約など）

③ **附属的商行為** [44][48]
商人が営業のためにする補助的な行為（営業資金の借入れなど）

④ **一方的商行為**
一方の当事者にとってのみ商行為となるもの（例えば、消費者が小売店で商品を購入する場合における小売店の商品の販売は、商人たる小売店にとってのみ商行為に該当する）
一方的商行為については当事者双方に商法が適用される。[44][46]

❸ 取引に関する民法と商法の規定の違い

	民　法	商　法
代理における顕名の要否（P24参照）[44]	必要	不要
債務者が複数存在する場合の債務の性質（P184参照）[43][44][48]	分割債務（債務額を債務者の人数で頭割りする）	連帯債務（債務者全員が債務全額の責任を負う）
保証契約の性質（P182参照）[43][44]	原則として通常の保証 保証人には催告の抗弁権と検索の抗弁権あり	当然に連帯保証 連帯保証人には両抗弁権なし
買主の検査・通知義務の有無（P85参照）	なし	あり
金銭消費貸借（P90参照）[43]	無利息が原則	当然に利息付
委任契約（P100参照）	無償委任が原則	当然に有償委任(注)
留置権が成立するための牽連性の要否（P187・188参照）[43][44][48]	必要	不要

（注）　商人がその営業の範囲内において他人のために行為をしたときは、報酬の約定がなくても、相当な報酬を請求することができます。

5 商業登記制度

商業登記とは、商人の営業に関する取引上重要な事項を公示するために、商業登記簿になされる登記をいいます。

商業登記簿は、株式会社についていえば、**本店所在地の登記所に備え付けられています**。

登記事項としては、株式会社についていえば、会社の目的、商号、本店および支店の所在場所、会社の存続期間・解散事由、資本金の額、発行可能株式総数、発行する株式の内容、取締役の氏名、代表取締役の氏名・住所等があります。

❶ 商業登記の効力

商業登記には、次のような効力があります。

① **一般的効力**
- 消極的公示力…登記事項については、登記がない限り**善意の第三者**に主張できない。
- 積極的公示力…登記があれば、原則として、**善意の第三者**に対しても、登記事項の存在を主張できる。

たとえば、会社が支配人（支店長、営業所長など）を解任した場合、解任後に支配人だった者が**善意の第三者**と取引をしたときは、解任の登記をしていない限り、会社は、その第三者に対して責任を負わなければなりません。㊽

② **特別な効力**

イ　商号の譲渡は、**登記**をすることにより、これを第三者に対抗できる。㊻

ロ　会社は、その**本店所在地**において**設立の登記**をすることによって成立する。㊻

③ **不実の登記**

真実に反する登記（不実の登記）は、無効です。しかし、故意または過失により不実の登記をした場合には、登記事項が真実でないことを**善意の第三者**に対抗できません（悪意の第三者には対抗できます）。

たとえば、会社が支配人として選任していない者を支配人として登記したとしても、その登記は無効ですが、**善意の第三者**には、登記された者が支配人でないことを対抗することができません。㊸

ココが出る!
商業登記の効力については、特に「善意の第三者」に主張（対抗）できるかどうかという点を押さえてください。

注意
「積極的公示力」について注意すべき点があります。それは、登記事項について登記をしたとしても、第三者が正当な事由（災害による交通途絶など）によってその登記があることを知らなかったときは、当該善意の第三者には、登記した事項の存在を主張することができないという点です。㊹

❷ 商　号

①　商号自由の原則

原則として、商号は自由に選定できます。

②　商号単一の原則[44][46]

一個の営業についての商号の数は、原則として一個に限られます。

ココが出る!
会社の商号は、会社設立時の登記事項の１つとされています。

③　会社の商号

会社は、商号を**必ず登記**し、商号中に会社の種類（合名会社・合資会社・合同会社・株式会社）を示す文字を使用しなければなりません。[45]

そして、会社でない者は、その名称または商号中に会社であることを示す文字を用いてはなりません。

ココが出る!

④　個人企業の商号

個人企業は、商号を登記するか否かは**自由**です。

⑤　同一・類似商号の使用禁止[45]

何人も、不正の目的をもって、他の商人であると誤認されるおそれのある商号を使用することは禁止されており、これに違反する行為により、営業上の利益を侵害され、または侵害されるおそれがある者は、侵害者に対し、その侵害の停止または予防を請求することができます。

商号の登記は、その商号が他人のすでに登記した商号と同一であり、かつ、その営業所（会社にあっては、本店）の所在場所が当該他人の商号の登記にかかる営業所の所在場所と同一であるときは、することができません。[45][48]

⑥　不正競争防止法による商号の保護[45][46]

不正競争防止法によれば、広く認識されている自己の商号と同一あるいは類似の商号を第三者が無断で使用し、自己の商品・営業と混同を生じさせ、それによって営業上の利益が侵害されるおそれがある場合、当該第三者にその侵害の予防を請求することができます。

⑦　名板貸人の責任

自己の商号を使用して営業または事業を行うことを他人（名義借受人）に許諾した商人（会社）は、当該商人（会社）が当

該営業または事業を行うものと誤認して当該他人と取引をした者に対し、当該他人と連帯して、当該取引によって生じた債務を弁済する責任を負います。この場合における自己の商号の使用を他人に許諾した者を「名板貸人」といいます。[45]

6 代理制度

契約などの行為を他人（代理人）に代わって行わせ、その行為の効果（契約の成立による権利の取得など）を取得する制度を「代理」といいます。

次の図における①～③が代理の成立要件です。[43][45]

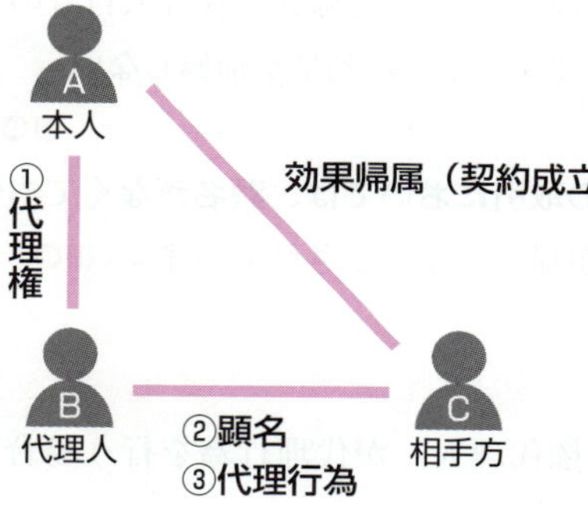

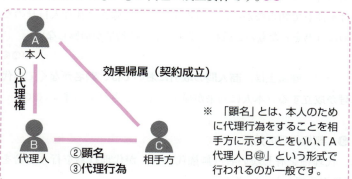

※ 「顕名」とは、本人のために代理行為をすることを相手方に示すことをいい、「A代理人B㊞」という形式で行われるのが一般です。

（注１） 代理と似た制度に**使者**がありますが、代理の場合は、代理人が意思決定をするのに対し、使者の場合は、本人が意思決定をする点で異なります。

また、**代表**とも異なります。すなわち、会社などの法人の代表者の行為は、法人の機関としてなされ、法人に代わってなされる代理行為とは異なります。

さらに、**問屋**（といや）（証券会社等）とも異なります。問屋の場合は、契約の効果がいったん問屋に帰属し、その後本人に移転します（間接代理）。

（注２） 他人（本人）の計算で自分の名でする法律行為を、**間接代理**といいます。

注意

委任状の交付があれば、通常、代理権の授与があったものと考えられますが、委任状の交付がなくても、原則として、代理権の授与は認められます。

❶ 代理の種類

① **任意代理**

これは、委任（本人の意思）により代理権が発生する場合をいいます。㊸

② **法定代理**

これは、法律により代理権が発生する場合（未成年者の法定代理人など）をいいます。㊸

❷ 顕名がない場合の代理行為の効果

民法上は、顕名がない場合には、相手方において、代理人が本人のために代理行為をしていることを知っていたり（悪意）または不注意で知らなかった（有過失）ときを除き、代理人自身のために行為をしたものと扱われます（本人に効果が帰属しない）。㊸㊻㊽

ココが出る！
商人間の取引では顕名は不要です。

なお、**商法上は、商人間の取引においては、顕名がなくても代理が成立する**（本人に効果が帰属する）とされています。㊹㊽

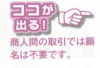

❸ 無権代理の効果

代理権を有しない者（無権代理人）が代理行為を行う場合を「無権代理」といいます。㊸

無権代理が行われた場合の効果等を整理すれば、以下のとおりです。

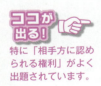

ココが出る！
特に「相手方に認められる権利」がよく出題されています。

①	**原則**…本人に効果が帰属しない（不確定的無効）。
②	**例外**…本人が追認すれば、契約時に遡って本人に効果が帰属する（有効に確定）。㊸㊺㊻ 無権代理人に対して追認がなされても、それを相手方が知れば、追認の効果を、本人は相手方に対して主張できる。 本人が追認拒絶をすれば、無効に確定する。㊸ 無権代理人に対して追認拒絶がなされても、それを相手方が知れば、追認拒絶の効果を、本人は相手方に対して主張できる。

③　相手方に認められる権利

イ　催告権………相当の期間を定めて本人に対して追認するか追認拒絶をするか確答を求める権利。**善意・悪意を問わない。**❹❽
本人が確答しない場合は、**追認拒絶**とみなされる。❹❸❹❹❹❻

ロ　取消権………**善意の場合（有過失でもよい）。**本人が追認しない間に行使できる。❹❸❹❹❹❺❹❻

ハ　無権代理人に対する責任追及………**善意・無過失**（ただし、**無権代理人が自己に代理権がないことを知っていたときは、無過失であることは不要**）の場合。履行請求または損害賠償請求のいずれかをなしうる。❹❽
ただし、無権代理人が制限行為能力者であるときは、無権代理人に対する責任追及はできない。❹❹

〈無権代理行為が行われた場合に、本人または相手方に認められる権利〉

本人	相手方
①追認権（無権代理人に対して追認がなされても、それを相手方が知れば、追認の効果を本人は主張できる） ②追認拒絶権（無権代理人に対して追認拒絶をした場合の効果は上記と同様）	①催告権（悪意でも認められる） ②取消権（本人が追認する前であれば行使できる。善意の場合に認められ、有過失でもよい） ③履行請求権または損害賠償請求権（善意・無過失（無権代理人が自己に代理権がないことを知っていたときは、無過失であることは不要）の場合） ただし、無権代理人が制限行為能力者であるときは、この権利を行使できない。

❹　代理権の濫用

　代理人が自己または第三者の利益を図る目的で代理権の範囲内の行為をした場合、たとえば、Aから土地売却の代理権を与えられたBが、売却代金を自己の借金の返済に充てる目的で、Aの代理人としてCに土地を売却したような場合、相手方がその目的を知り（悪意）、または知ることができた（有過失）ときは、その行為は、代理権を有しない者がした行為（無権代理行為）とみなされます。

　前例の場合、CがBの目的につき悪意または有過失の場合には、

第1節　権利・義務の主体　25

Bのした土地売却の効果は、Aには帰属しないことになります。

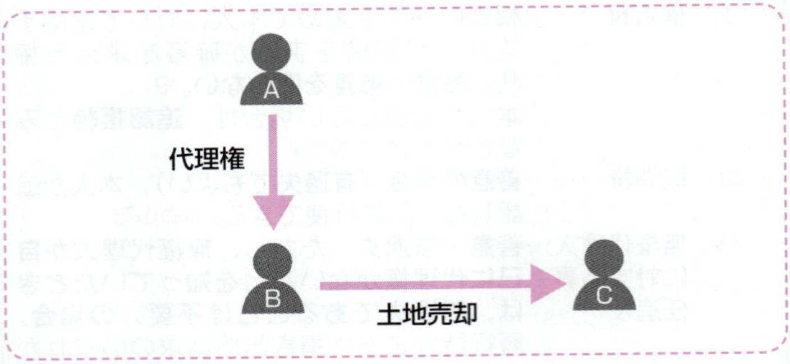

❺ 表見代理

代理権を有しない者が代理行為を行った場合でも、表見代理が成立する場合には、本人の追認がなくても、その代理行為は初めから有効であり、本人に効果が帰属します。[45]

注意 表見代理が成立するためには、相手方が「善意・無過失」でなければならないことを押さえてください。

表見代理が成立するためには、本人に帰責事由（帰責性）があること、相手方において無権代理人が代理権を有しないことにつき**善意・無過失**であること（正当の理由があること）が必要です。[45]

民法は、表見代理が成立する場合として、次の５つの場合を規定しています。

① 代理権授与の表示による表見代理[45]

これは、本人が代理人とされた者に対して実際には代理権を与えていないにもかかわらず、相手方に対してその者に代理権を与えた旨の表示がなされ、その者が代理行為を行った場合をいいます。

たとえば、ＡがＢを代理人とする予定でＢに白紙委任状を交付したが、結局代理権を与えなかったところ、Ｂが委任状の代理人欄にＢと記載して、これをＣに呈示して代理行為をしたような場合が該当します。この場合、Ｃが善意・無過失であれば、代理行為の効果がＡに帰属し、ＡＣ間に有効に契約が成立します。

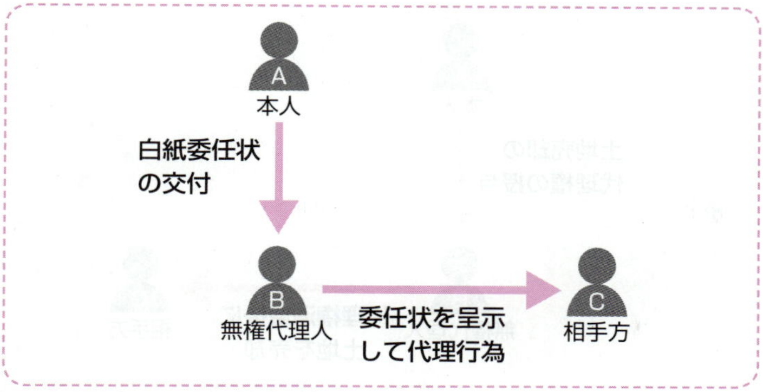

② 権限外の行為の表見代理[44][48]

これは、代理人が本人から与えられた代理権の範囲を超えて代理行為を行った場合をいいます。

たとえば、AがBに土地を賃貸する代理権を与えたところ、Bが土地をCに売却したような場合が該当します。この場合、Cが善意・無過失であれば（正当の理由があれば）、代理行為の効果がAに帰属し、AC間に有効に売買契約が成立します。

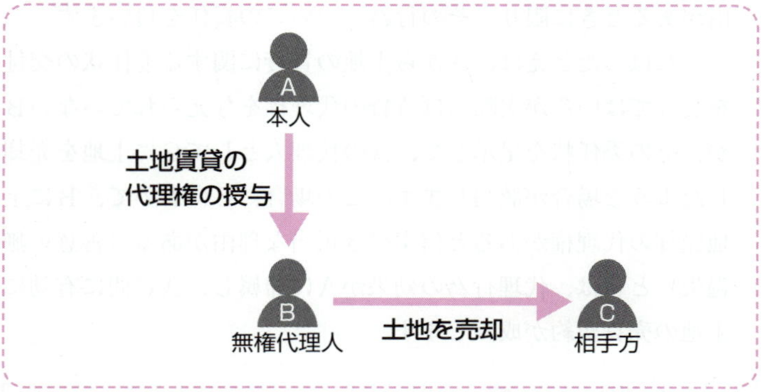

③ 代理権消滅後の表見代理

これは、かつて代理権を持っていた者が、代理権がなくなった後に代理行為を行った場合をいいます。

たとえば、BがAから土地を売却する代理権を授与されていたが、その後破産して代理権が消滅したにもかかわらず、Aの代理人として土地をCに売却したような場合が該当します。この場合、Cが善意・無過失であれば、代理行為の効果がAに帰属し、AC間に有効に契約が成立します。

コーヒーブレイク

表見代理が成立した結果、本人に損害が生じた場合には、本人は、代理人と称して法律行為を行った者に対して不法行為または債務不履行として被った損害の賠償を請求することができます。

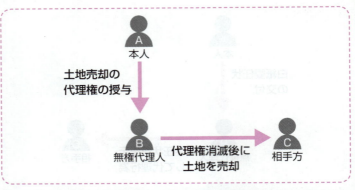

④ 代理権授与の表示による表見代理と権限外の行為の表見代理の重畳適用

　第三者に対して他人に代理権を与えた旨を表示した者は、その代理権の範囲内においてその他人が第三者との間で行為をしたとすればその責任を負うべき場合において、その他人が第三者との間でその代理権の範囲外の行為をしたときは、第三者がその行為についてその他人の代理権があると信ずべき正当な理由があるときに限り、その行為についての責任を負います。

　これは、たとえば、Aから土地の賃貸に関する委任状の交付を受けてはいるが実際には賃貸の代理権を与えられていないBが、その委任状を呈示して、Aの代理人としてCに土地を売却したような場合が該当します。この場合、Cにおいて、Bに土地売却の代理権があると信ずべき正当な理由がある（善意・無過失）ときは、代理行為の効果がAに帰属し、AC間に有効に土地の売買契約が成立します。

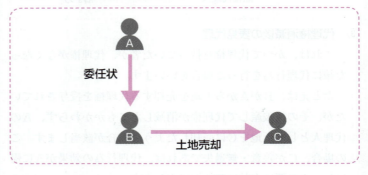

⑤ 代理権消滅後の表見代理と権限外の行為の表見代理の重畳適用

　他人に代理権を与えた者は、代理権の消滅後に、その代理権の範囲内においてその他人が第三者との間で行為をしたとすればその責任を負うべき場合において、その他人が第三者との間でその代理権の範囲外の行為をしたときは、第三者がその行為についてその他人の代理権があると信ずべき正当な理由があるときに限り、その行為についての責任を負います。

　これは、たとえば、BがAから土地を賃貸する代理権を授与されていたが、その後破産して代理権が消滅したにもかかわらず、Aの代理人として土地をCに売却したような場合が該当します。この場合、CにおいてBに土地売却の代理権があると信ずべき正当な理由がある（善意・無過失）ときは、代理行為の効果がAに帰属し、AC間に有効に土地の売買契約が成立します。

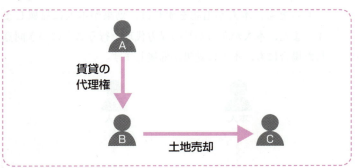

　なお、表見代理が成立する場合でも、相手方は、その主張をしないで、無権代理人との間でした契約を取り消したり、無権代理人に対して責任追及をすることができる（判例）点に注意してください。

❻ 自己契約・双方代理の禁止

① 同一の法律行為について当事者の一方が相手方の代理人となることを**自己契約**といいますが、本人に不利益を与えるおそれがあるため、自己契約は禁止され、これに違反してなされた場合には、本人に効果が帰属しません（無権代理となる）。

もっとも、本人が追認をすれば、本人に効果が帰属します。また、本人があらかじめ自己契約を行うことにつき同意した場合にも、本人に効果が帰属します。

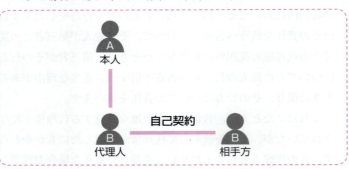

② 同一人が同一の法律行為の当事者双方の代理人を兼ねることを**双方代理**といいます。双方代理も、本人に不利益を与えるおそれがあるため、禁止され、これに違反してなされた場合には、本人に効果が帰属しません（無権代理となる）。

もっとも、本人が追認をすれば、効果が本人に帰属します。また、本人があらかじめ双方代理を行うことにつき同意した場合にも、本人に効果が帰属します。

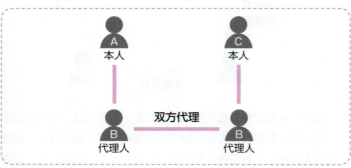

③ 自己契約・双方代理であっても、債務の履行（たとえば、買主が売主に代金を支払う）および本人があらかじめ許諾した行為については、本人に不利益を与えるおそれがないため、禁止されません。

双方代理が認められる例としては、同一人が登記権利者（買主のように登記をすることにより直接に利益を受ける者）および登記義務者（売主のように登記をすることにより直接に不利益を受ける登記名義人）の双方の代理人となって、売主から買主への所有権移転登記の申請手続をする場合をあげることができます。

第2節 会社のしくみ

重要度 A

この節で学習すること

① 会社の種類

①1 合名会社 —「直接・無限・連帯責任」を押さえましょう。

①2 合資会社 —「合名会社」と比較して、違いを押さえましょう。

①3 合同会社 —「間接・有限責任」を押さえましょう。

①4 株式会社 —「所有と経営の分離」を押さえましょう。

②株式会社

②1 株式会社の基本的なしくみ
やや抽象的でわかりにくいですが、「株式」の意味をしっかりつかむところから始めましょう。

「株主＝会社の所有者」なので、株主にはいろいろな権利があります。
②2 株主と会社との関係

公開会社と大会社の定義を押さえましょう。
②3 株式会社の種類

②4 株式会社の機関
人間でいえば「頭脳」にあたるもので、とても重要です。しっかり学習をしましょう。

②5 監査等委員会設置会社
会社法では、いろいろな構造・機関設計の会社を作ることができます。そのひとつです。

これも機関設計のひとつです。特徴は、代表取締役ではなく代表執行役が置かれるところです。
②6 指名委員会等設置会社

日常用語でいう社員のことを会社法では「使用人（従業員）」と呼びます。3種類あります。
②7 会社の従業員

1 会社の種類

　会社とは、営利を目的とした社団法人をいい、合名会社・合資会社・合同会社・株式会社の4種類があります。

　合名会社・合資会社・合同会社を総称して「**持分会社**」といいます。持分会社は、株式会社と異なり、民法上の組合に近い企業形態であり、組合的規律に服します。すなわち、持分会社は、社員（出資者）が原則として自ら業務執行を行い、重要事項の決定は、原則として社員の全員一致で行います（所有と経営の一致）。したがって、持分会社では、株式会社と異なり、社員とは別に経営者（取締役等）を置くことを予定していません。

　また、合名会社・合資会社・合同会社は、「**人的会社**」（社員の個性が重視され、社員と会社との関係および社員相互間の関係が密接な会社）とも呼ばれ、「**物的会社**」（社員の個性が重視されず、社員と会社との関係および社員相互間の関係が希薄な会社）である株式会社と区別されます。

1 合名会社

　合名会社とは、社員の全員が、会社債務につき直接・無限・連帯責任を負っている会社をいいます。

　たとえば、会社が取引先に対して100億円の債務を負担している場合に、会社財産が50億円しかないときは、会社財産の全部を債務の弁済に充てても、なお50億円の会社債務が残ることになります。この場合に、残る50億円につき、社員の全員が、直接・無限・連帯責任を負うような会社を合名会社といいます。

国税庁の発表によれば、令和元年7月31日現在で、合名会社の数は、全国で3,369社となっています。

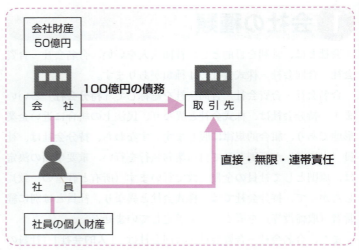

　「直接」とは、会社債権者から直接請求を受ければ、これに応じなければならないという意味であり、「無限」とは、会社債務が完済されるまで限度なく債務を負担するという意味です。そして、「連帯」とは、社員が複数いても、個々の社員が会社債務全額について責任を負うという意味です。
　このように合名会社においては、社員の責任が極めて重いため、会社の経営に無関心ではいられなくなります。それゆえ、各社員が、会社の業務を執行し、会社を代表する権限を有します（**所有と経営の一致**）。
　なお、合名会社の社員の地位を**持分**といいますが、持分を他の者に譲渡するには原則として他の社員全員の同意が必要とされており、社員の交代が制限されているため、合名会社では、出資（持分）の払戻しを受けることにより退社をすること（社員の地位を失うこと）が認められています。

人的会社である合名会社・合資会社・合同会社の社員の地位は、いずれも持分といいます。

国税庁の発表によれば、令和元年7月31日現在で、合資会社の数は、全国で14,165社となっています。

❷ 合資会社

　合資会社とは、会社債務につき直接・無限・連帯責任を負う「無限責任社員」と、会社債務につき直接・有限・連帯責任を負う「有限責任社員」から構成されている会社をいいます。
　無限責任社員の権利・義務は、合名会社の社員と同様ですが、

34

有限責任社員は、会社債務につき、直接・連帯責任は負うものの、その出資額を限度とした有限の責任を負うにすぎない点で、無限責任社員と異なります。

❸ 合同会社

　合同会社とは、会社債務につき間接・有限責任を負う社員のみからなる会社をいいます。
　合同会社の内部関係については、組合的規律が適用され、定款の変更、社員の加入、持分の譲渡は、原則として社員全員の一致によるものとされ、**社員自らが会社の業務執行にあたります**。

❹ 株式会社

　株式会社とは、会社に対して株式の引受価額を限度とした出資義務を負うのみで、会社債務につき会社債権者に対して直接の責任を負わない（間接・有限責任）社員（株主）のみから構成されている会社をいいます。❹❹

　ただ、「間接・有限責任」といっても、実際には、株主は、株式の引受けの際に会社に対して出資義務を履行（株金の払込み）すれば、その後は、何らの義務も負うことはありません。

　株式会社にあっては、社員たる株主は、会社の実質的所有者ではありますが、通常、会社経営の意思もなければ、その能力もありませんので、会社の業務を執行したり、会社を代表する権限を有しません。それゆえ、業務執行については、株主総会において選任された取締役等に一任されます（**所有と経営の分離**）。❹❺

国税庁の発表によれば、令和元年7月31日現在で、合同会社の数は、全国で98,440社となっています。

国税庁の発表によれば、令和元年7月31日現在で、株式会社の数は、全国で2,539,808社となっています。

第2節　会社のしくみ　35

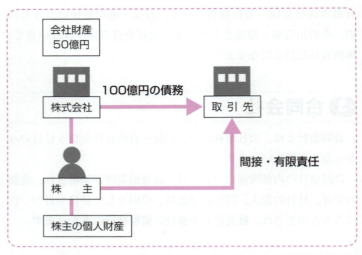

なお、会社法上、有限会社を新たに設立することはできませんが、会社法が施行される前に存在していた有限会社は、会社法の施行後も「特例有限会社」として存続することができます。

〈4種の会社の比較〉

	合名会社	合資会社	合同会社	株式会社
社員の責任	直接・無限・連帯責任	直接・無限・連帯責任か直接・有限・連帯責任	間接・有限責任	間接・有限責任
会社の業務執行	各社員が行う	各社員が行う	各社員が行う	取締役等が行う
社員の地位の譲渡	制限される	制限される	制限される	原則として自由

特に「社員の責任」の違いを押さえてください。

2 株式会社

　会社法は、端的に言えば、大規模な株式会社を想定して、どのようにすれば、会社は大きな利益（利潤）をあげることができるか、ということを定めた法律です。

　そこで、以下においては、株式会社のしくみについて、より詳しく説明することにします。

❶ 株式会社の基本的なしくみ

❶ 株主の地位

① 株式会社の社員の地位は、細分化された割合的単位の形をとり、これを「株式」といいます。株式の所有者を「株主」といいます。㊸

② 株主は、原則として、その有する株式の内容および数に応じて会社から平等に扱われます（**株主平等の原則**）。㊸㊻㊽

③ 株式の譲渡は、原則として自由です（**株式譲渡自由の原則**）。㊸㊺㊻

④ 株主は、間接・有限責任を負うにすぎません。㊻

> **注意**
> 資本の充実・維持の観点から、株主には出資の払戻しを受けることにより退社することは認められていません。㊸

❷ 所有と経営の分離

取締役会設置会社を例にとれば、株式会社の実質的所有者である株主は、株主総会において会社の根本的事項に関する意思決定をしますが、その他の会社の経営に関する意思決定は、取締役会に委ねられ、実際の業務執行行為は代表取締役に一任されます。そして、株主総会で選任した監査役に取締役の業務執行状況を監査させます（大会社には、さらに監査役会が置かれることがあります）。

> **用語**
> 「取締役会設置会社」とは、取締役会を置く株式会社および会社法の規定により取締役会を置かなければならない株式会社をいいます。

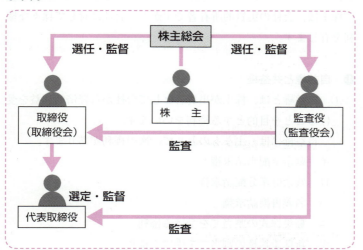

☕ コーヒーブレイク

平成17年の会社法の制定により従来の最低資本金制度は廃止されました。その結果、資本金の額を1円とする株式会社の設立が可能となり、また、既存の株式会社も、資本減少の手続により、資本金の額を1円とすることが可能となりました。ただ、これでは会社債権者が害されるおそれがあります。そこで、会社債権者保護の観点から、資本金の額にかかわらず、純資産額が300万円を下回る場合には、剰余金があるときでも、これを株主に分配することはできないとする規制が設けられています。

---

❸ 資本制度（会社財産確保の基準）

株式会社においては、社員たる株主は、間接・有限責任を負うにすぎず、会社債権者に対しては何らの責任も負わないため、会社債権者にとっては、債権の回収を図るうえで会社財産が唯一のたよりとなります。そこで、株式会社においては、会社債権者保護の要請から、会社財産確保の基準として資本制度が採用されています。

① 資本とは

資本とは、会社財産を確保するための基準となる一定の金額をいいます。この意味の資本は、一般に資本金と呼ばれ、会社の定款には記載されませんが、登記および貸借対照表により公示されます。

② 資本充実・維持の原則

資本は、会社財産を確保するための基準となる一定の金額ですから、その額が名目的に定まるだけでなく、資本額に相当する財産が現実に会社に拠出され、かつ、保有されなければなりません。これを「資本充実・維持の原則」といいます。

2 株主と会社との関係（株主の会社に対する権利）

株主は、会社の実質的所有者ですから、会社に対して様々な権利を有します。

❶ 自益権と共益権

① 自益権とは、株主が出資者として会社から経済的利益を受けることを目的とする権利をいいます。

自益権には、主なものとして、次の権利があります。

イ 剰余金配当請求権

ロ 残余財産分配請求権

ハ 名義書換請求権

ニ 募集株式の割当てを受ける権利

ホ 新株予約権の割当てを受ける権利

ヘ 株式買取請求権

② 共益権とは、株主が会社の管理運営に参加することを目的とする権利をいいます。共益権のうち、議決権（株主総会に出席し、議題に対して賛否を表示する権利）以外の権利は、会社の管理運営が適法ないし妥当に行われない場合に株主の利益を保護するために認められる権利であり、監督是正権と呼ばれます。㊻

❷ 単独株主権と少数株主権
① 単独株主権とは、1株しか有しない株主でも行使できる権利をいいます。
② 少数株主権とは、総株主の議決権の一定割合以上または一定数以上の議決権を有する株主だけが行使できる権利をいいます。

自益権はすべて単独株主権ですが、共益権には単独株主権と少数株主権とがあります。

ここで、以下に共益権についてのまとめの表を掲げておきましょう。

〈共益権〉

単独株主権	保有期間等の要件がないもの	①議決権 ②各種解散命令請求権 ③累積投票請求権 ④株主総会決議取消請求権 ⑤設立無効の訴え提起権 ⑥募集株式差止請求権 ⑦定款閲覧謄写権 ⑧計算書類閲覧謄写権 ⑨議事録閲覧謄写権 ⑩特別清算開始申立権
	6ヶ月前より継続保有	①代表訴訟提起権 ②取締役等の違法行為差止請求権
	総株主の議決権の1％以上（公開会社である取締役会設置会社の場合は6ヶ月前より継続保有も要件）	株主総会の招集手続等に関する検査役選任請求権

「議決権」「代表訴訟提起権」「取締役等の違法行為差止請求権」がよく出題されています。

取締役会非設置会社では、株主提案権は、単独株主権とされており、他の少数株主権についても、定款の定めにより、その行使要件を引き下げ、または単独株主権とすることができます。

近年、1人の株主が膨大な数の議案を提案するなど、株主提案権の濫用的な行使事例が発生し、株主総会が混乱する事態がありました。そこで、令和元年12月4日に成立した改正法は、取締役会設置会社の**株主が提案することができる議案の数を10までとすること**としました（令和3年3月1日施行）。

少数株主権	公開会社の場合は総株主の議決権の1％以上か300個以上の議決権を6ヶ月前より継続保有（公開会社でない取締役会設置会社の場合は保有期間の要件なし、取締役会設置会社でない場合は単独株主権）	議題提案権・議案の要領の通知請求権
	総株主の議決権の3％以上を6ヶ月前より継続保有（公開会社でない場合は保有期間の要件なし）	株主総会招集権・株主総会招集請求権
	総株主の議決権の3％以上か発行済株式の3％以上を6ヶ月前より継続保有（公開会社でない場合は保有期間の要件なし）	①取締役等の解任請求権 ②清算人の解任請求権
	総株主の議決権の3％以上か発行済株式の3％以上を保有	①帳簿閲覧権 ②業務執行に関する検査役選任請求権
	総株主の議決権の10％以上か発行済株式の10％以上を保有	会社解散請求権
	総株主の議決権の10％以上を保有	会社更生手続開始申立権

語呂合わせ ▶株主の権利

取締役等の違法行為差止請求権 ─┐
　　　　　　　　　　　　　　　├6ヶ月前より株式を継続保有する株主
代表訴訟提起権 ────────┘

ろくでもない取締役の違法行為を訴えてやる！

3 株式会社の種類

❶ 公開会社

公開会社とは、その発行する全部または一部の株式の内容として譲渡による当該株式の取得について株式会社の承認を要する旨の定款の定めを設けていない株式会社をいいます。これに対し、

その発行する株式の全部について定款で譲渡制限を設けている会社を**非公開会社**といいます。

❷ 大会社

大会社とは、次に掲げる要件のいずれかに該当する株式会社をいいます。

① 最終事業年度にかかる貸借対照表に資本金として計上した額が5億円以上であること。
② 最終事業年度にかかる貸借対照表の負債の部に計上した額の合計額が200億円以上であること。

4 株式会社の機関

機関とは、会社が法人として活動をするために不可欠の組織上の存在をいいますが、会社法が要求する機関設計は、次のとおりです。

① すべての株式会社は、株主総会および1人または2人以上の取締役を置かなければなりません。
② 取締役会の設置は、原則として任意ですが、公開会社、監査役会設置会社、監査等委員会設置会社および指名委員会等設置会社の場合には、取締役会を置かなければなりません。
③ 監査等委員会設置会社および指名委員会等設置会社(注)でない取締役会設置会社は、監査役を置かなければなりません。
　さらに、公開会社である大会社（監査等委員会設置会社および指名委員会等設置会社を除く）は、監査役会も置かなければなりません。
　ただし、大会社以外の非公開会社の場合には、会計参与を置けば、監査役を置くことを要しません。
　(注) 監査等委員会設置会社とは、監査等委員会を置く株式会社をいう。**指名委員会等設置会社**とは、指名委員会、監査委員会および報酬委員会を置く株式会社をいう。
④ 監査等委員会設置会社および指名委員会等設置会社には、監査等委員会または監査委員会が置かれるため、監査役を置

> **注意**
> 「公開会社＝上場会社」ではないことに注意してください。公開会社にあたるか否かと株式の上場の有無とは無関係です。

特に、取締役会の設置の要否、監査役の設置の要否を押さえてください。

くことはできませんが、会計監査人は置かなければなりません。

また、大会社の場合も、会計監査人の設置が必要です。

⑤　監査等委員会設置会社および指名委員会等設置会社でない会社が会計監査人を置く場合には、監査役を置かなければなりません。

⑥　会計参与は、すべての株式会社において任意に置くことができます。

❶ 株主総会

①　株主総会は、株式会社における意思決定の最高機関です。

②　定時株主総会と臨時株主総会とがあり、どちらも原則として取締役が招集します。

ただし、取締役会設置会社の場合は、取締役会の決議に基づき代表取締役が招集します。

定時株主総会は、毎事業年度の終了後一定の時期に招集しなければなりませんが、臨時株主総会は、必要がある場合には、いつでも、招集することができます。㊻

なお、令和元年12月4日に成立した改正法は、株式会社が定款に電子提供措置をとる旨を定めることにより、株主から個別の承諾を得ていない場合であっても、株主総会資料を適法に提供したものとする「**株主総会資料の電子提供制度**」（令和4年中に施行予定）を創設しました。具体的には、株主総会資料をウェブサイトに掲載し、株主に対してそのアドレス等を書面で通知する方法により、株主総会資料を株主に提供することができることとされました。ただし、書面での資料提供を希望する株主は、書面の交付を請求することができます。

③　株主総会は、会社法に規定する事項および株式会社の組織、運営、管理その他株式会社に関する一切の事項について決議をすることができますが、**取締役会設置会社**の場合、株主総会で決議できる事項は、**会社法および定款に定められた株式会社の基本的事項**（定款の変更、資本の減少、会社の解

注意

株主総会における株主の議決権は、株式1株ごとに1個の議決権が与えられます（一株一議決権の原則）。

令和元年12月4日成立の改正法により、株主総会資料の電子提供制度が創設されました。

取締役会設置会社の場合を押さえましょう。

散・合併・事業の譲渡、取締役・監査役・会計参与の選任・解任、取締役・監査役・会計参与の報酬の決定等）に限られます。❹

❷ **取締役**
① **意　義**

　取締役会を設置するか否かによって、取締役の意義・地位が異なります。

注意
株主も当該株式会社の取締役に就任することができます。❹

イ　取締役会非設置会社

　　取締役会非設置会社にあっては、取締役は、**株主総会によって選任**され、各取締役は、会社の業務執行を行う権限を有し、対外的に会社を代表する機関であり、必要的・常置機関です。❹

　　取締役の人数については1人でも足りますが、2人以上いるときは、原則としてその過半数で業務を決定します。また、代表取締役を選定したときは、その者が会社を代表します。

ロ　取締役会設置会社

　　取締役会設置会社にあっては、取締役は、**株主総会によって選任**され、取締役会を通じて会社の業務執行の意思決定を行うとともに、取締役の業務執行の監督をする者です。つまり、取締役は、取締役会の構成員にすぎず、取締役自身は、原則として会社の業務を執行し、または対外的に会社を代表することはできません。会社の業務を執行するのは、取締役会において取締役の中から選定される代表取締役または業務執行取締役であり、対外的に会社を代表するのは、代表取締役です。

　　ただし、後述する指名委員会等設置会社においては、取締役会決議により選任された執行役が会社の業務を執行し、取締役会が執行役の中から選定した代表執行役が対外的に会社を代表します。

　　取締役会設置会社においては、取締役は、3人以上でなければならないとされています。❹

第2節　会社のしくみ　43

	取締役会非設置会社	取締役会設置会社
取締役の選任方法	株主総会で選任	株主総会で選任
取締役の権限	原則として業務執行権・代表権を有するが、代表取締役を選定したときは代表取締役が会社を代表する	業務執行権も代表権も有しない （業務執行は代表取締役または業務執行取締役が行い、代表取締役が会社を代表する）
取締役の人数	１人でもよい	３人以上

② **取締役と会社の関係**

取締役と会社の関係は、民法上の委任または準委任の関係であり、取締役は、会社に対して善良な管理者としての注意義務（**善管注意義務**）を負います。そして、この会社に対して負う善管注意義務は、会社法上は、**忠実義務**（法令および定款ならびに株主総会の決議を遵守し、株式会社のため忠実にその職務を行う義務）として具体化されています。[45][46]

ココが出る！

用語

「善管注意義務」とは、委任を受けた人の、職業、地位、能力等において、社会通念上要求される注意義務をいいます。

③ **競業避止義務**[45]

ビールの製造販売の事業を営む甲株式会社の取締役Aが、自ら別のビール会社を設立してビールの製造販売の事業を始めるように、取締役が自己または第三者のために会社の事業の部類に属する取引（競業取引）を自由にできることにすると、会社の取引先を奪うなど会社の利益を害する危険が大きいといえます。

そこで、会社法は、取締役が競業取引をする場合には、**株主総会（取締役会設置会社においては取締役会）**において、その取引につき重要な事実（取引の相手方、目的物、数量、価額、取引期間、利益など）を開示して、その**承認**を受けなければならないものとしました。これを**競業避止義務**といいます。[45][48]

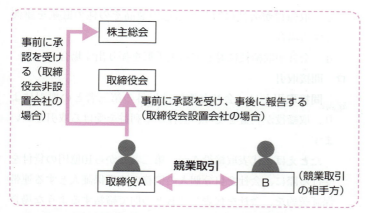

なお、取締役会設置会社においては、競業取引をした取締役は、取締役会の承認の有無を問わず、その取引につき重要な事実を取締役会に報告しなければなりません。

④ **利益相反取引の制限**㊺

取締役が会社から金銭の貸付を受けたり、取締役個人の債務につきその取締役が会社を代表して連帯保証をする場合のように、取締役が会社の犠牲のもとで自己または第三者の利益を図るおそれがある取引を**利益相反取引**といいます。

会社法は、取締役が利益相反取引を行う場合には、**株主総会（取締役会設置会社**においては**取締役会）の承認**を要することとしました。さらに、取締役会設置会社においては、利益相反取引を行った取締役は、取締役会の承認の有無にかかわらず、その取引についての重要な事実を取締役会に報告する義務を負います。㊺

利益相反取引には、次の２種類があります。

イ　直接取引

直接取引とは、取締役が自ら当事者として（自己のために）、または他人の代理人もしくは代表者として（第三者のために）、会社と取引をすることをいいます。

直接取引の例としては、以下の場合があります。

a　取締役が会社から金銭の貸付を受ける場合
b　取締役が会社から会社の製品その他の財産を譲り受ける場合

> **注意**
> 取締役の業務執行については、監査役だけでなく、取締役相互間でも監視する義務があります。

第２節　会社のしくみ　45

c　取締役が会社に対して自己の製品その他の財産を譲渡する場合
　　d　会社が取締役に対して約束手形を振り出す場合
　ロ　間接取引
　　間接取引とは、会社と取締役以外の第三者との取引により、取締役が利益を受け、会社が不利益を受ける取引をいいます。

　　たとえば、代表取締役Aが、第三者Bから10億円の貸付を受ける際に、会社を自分個人の債務の連帯保証人とする連帯保証契約を、会社を代表してBとの間で締結するような場合が、間接取引に該当します。この場合、もしもAが10億円の借金を返済しないときは、会社が連帯保証人として10億円をBに返済しなければならず、会社が返済すれば、Aは債務を免れます。しかし、会社は明らかに損害を受けています。それゆえ、この連帯保証契約は、会社と代表取締役Aとの利益が相反する取引といえるのです。

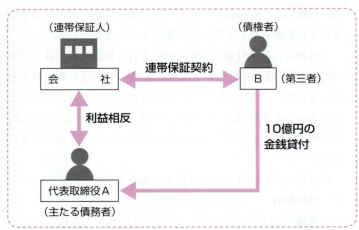

⑤　取締役の報酬
　　取締役の報酬は、定款に取締役の報酬に関する事項が定められている場合には、それに従って決定されます。定款に定めがない場合には、株主総会の決議によって決定されます。

⑥ 取締役の責任

イ 会社に対する責任

取締役が法令や定款の定めに違反する行為をするなど、その任務を怠り、会社に損害を与えた場合には、その取締役は、会社に対して損害賠償責任を負います。㊹

この場合、当該行為が取締役会の決議に基づいて行われたときは、その**決議に賛成した取締役も連帯して損害賠償責任を負います**。

ロ 第三者に対する責任

取締役が故意または過失によって会社債権者等の第三者に損害を与えた場合には、その第三者に対して民法の不法行為責任を負い、その損害を賠償する責任を負います。

また、取締役がその職務を執行するについて、悪意または重大な過失によって第三者に損害を与えた場合には、その第三者に対してその損害を賠償する責任を負います。この場合、当該行為が取締役会の決議に基づいて行われたときは、その**決議に賛成した取締役も連帯して損害賠償責任を負います**。㊸

ハ 株主代表訴訟

取締役がその任務を怠り、会社に損害を与えた場合、その取締役に対する責任追及は、本来、会社自身がすべきですが、会社がこの責任追及を怠っているときは、6ヶ月前から引き続き株式を保有する株主（非公開会社の場合、6ヶ月前から引き続き株式を保有する必要はない）等は、会社のために取締役の責任を追及する訴えを提起することができます。この責任追及の訴えを株主代表訴訟といいます。㊽

さらに、子会社の監督および親会社の株主保護の観点から、一定の要件を満たす親会社の株主は、子会社の取締役などの責任を追及できる**多重代表訴訟**の制度があります。

なお、令和元年12月4日に成立した改正法は、取締役等の役員等の責任を追及する訴えが提起された場合等において、株式会社が費用や賠償金を補償すること（会社補償）についての必要な手続規定や会社補償をすることができる費用等の範囲に関する規定を新たに設けるとともに、株式会社が役員

コーヒーブレイク

配当可能な利益がないのに、自己株式の取得・買取りまたは剰余金の配当がなされた場合、当該行為に関する職務を行った取締役は、その交付した金銭等の帳簿価額に相当する金銭を会社に支払う義務を負います。

ココが出る！

ココが出る！

注意

株主代表訴訟を提起するには、原則として、会社に対する提訴請求を経る必要があります。

改正比較

令和元年12月4日成立の改正法により、会社補償に関する規定や役員等賠償責任保険に関する規定が設けられました。

等を被保険者とする会社役員賠償責任保険（D&O保険）に加入するために必要な手続規定等（いずれも令和3年3月1日施行）を新たに設けています。

❸ 取締役会

① 取締役会の意義・権限

取締役会は、取締役全員によって構成され、会社の業務執行の意思決定と取締役の職務執行の監督をする権限を有する機関です。取締役会の設置は、原則として任意ですが、公開会社においては必ず設置する必要があります。

取締役会は、法令・定款により株主総会の決議事項とされた事項を除き、業務執行に関する重要事項につき決定する権限を有します。

取締役会の主な決議事項としては、次のものがあります。

イ　**重要な財産の処分および譲受け**
ロ　**多額の借財**
ハ　**支配人その他の重要な使用人の選任・解任**
ニ　支店その他の重要な組織の設置・変更・廃止
ホ　社債の発行
ヘ　取締役の職務の執行が法令および定款に適合することを確保するための体制その他株式会社の業務等の適正を確保するために必要なものとして法務省令で定める体制の整備（内部統制システムの構築等）
ト　定款規定に基づく取締役等の責任の一部免除

[ココが出る!]

なお、**取締役会は、上記の事項その他の重要な業務執行の決定を取締役（代表取締役）に委任することはできない**ことに注意してください。[44]

② 特別取締役

特別取締役とは、取締役会から委任された一定の事項の決定を行う取締役をいいます。特別取締役は、重要な財産の処分および譲受け、多額の借財について、取締役会の委任に基づいて決定することができます。

これは、取締役の人数が多く、迅速な業務執行の意思決定が

できない場合に、迅速な業務執行の意思決定を可能とするための制度です。そのため、特別取締役を設置することができるのは、指名委員会等設置会社でない取締役会設置会社であって、取締役の人数が6人以上であり、かつ、取締役のうち1人以上が社外取締役であるものに限定されています（監査等委員会設置会社では一定の場合を除く）。

特別取締役が設置された場合には、その旨が登記されます。

③ **代表取締役**

代表取締役とは、対内的には会社の業務を執行し、対外的には会社を代表する権限を有する機関（指名委員会等設置会社でない取締役会設置会社では必要的機関）をいいます。㊻

なお、いわゆる**役付取締役**（**取締役会長、社長、副社長、専務取締役、常務取締役等**）は、会社法上の制度ではなく、代表取締役に選定されない限り、会社を代表する権限を有しないことに注意してください。

また、**代表取締役であるというだけで、会社債務について当然に連帯保証債務を負担するというような直接的な責任を負うわけではない**ことにも注意してください。

イ **代表取締役の選定**

a 取締役会非設置会社では、原則として取締役が会社を代表します（取締役が2人以上ある場合には、各自、株式会社を代表します）ので、代表取締役を選定しなくてもかまいませんが、2人以上の取締役が存在する場合には、定款、定款の定めに基づく取締役の互選または株主総会決議によって、取締役の中から代表取締役を定めることができます。㊽

代表取締役は、株式会社の業務に関する一切の裁判上または裁判外の行為をする権限を有し、**この代表取締役の権限に加えた制限は、善意の第三者に対抗することができません**。㊻

b 取締役会設置会社（指名委員会等設置会社を除く）では、取締役会は、取締役の中から代表取締役を選定しなければなりません。

当然には責任を負わないことを押さえてください。

代表取締役が2人以上ある場合でも、各自は、単独で会社を代表して業務執行をすることができます。

指名委員会等設置会社では、取締役会で

> 選定される代表執行役が業務執行権・代表権を有するため、代表取締役を設置することはできません。

ロ **表見代表取締役**

株式会社は、代表取締役以外の取締役に社長、副社長その他株式会社を代表する権限を有するものと認められる名称を付した場合には、当該取締役がした行為について、善意の第三者に対してその責任を負わなければなりません。この場合の取締役を**表見代表取締役**といいます。

たとえば、甲株式会社の平取締役（代表権を有しない取締役）Aが、社長、副社長、専務取締役、常務取締役等代表権を有するものと認められるような名称を使用して、甲株式会社を代表してBと取引をしたときは、取引の安全の観点から、Aを代表取締役と誤認したBを保護するため、その取引の効果は、甲株式会社に帰属することになります。

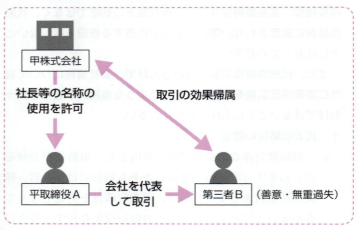

なお、条文上は第三者には善意しか要求されていませんが、判例は、**無重過失**をも要求しています。

> ⚠ 注意
> 第三者に過失があったとしても、その過失が「軽過失」にとどまるときは、会社は第三者に対して責任を負わなければなりません。

❹ **会計参与**

会計参与とは、取締役（指名委員会等設置会社にあっては、執行役）と共同して、計算書類、臨時計算書類、連結計算書類等を作成する機関であり、取締役や監査役と同様に株式会社の役員です。株式会社は、定款の定めによって、会計参与を置くことができます（会計参与を置く株式会社を会計参与設置会社といいます）。

会計参与は、公認会計士もしくは監査法人または税理士もしくは税理士法人でなければならず、当該株式会社またはその子会社の取締役、監査役もしくは執行役または支配人その他の使用人は会計参与となることができません。

❺ **監査役**
① **意　義**

監査役とは、取締役（会計参与設置会社にあっては、取締役および会計参与）の職務の執行を監査する機関をいいます。

監査役を置く株式会社（その監査役の監査の範囲を会計に関するものに限定する旨の定款の定めがあるものを除く）または会社法の規定により監査役を置かなければならない株式会社を監査役設置会社といいます。

注意
監査役には、公認会計士でなくても就任することができます。

なお、**監査役は、当該株式会社もしくはその子会社の取締役もしくは支配人その他の使用人または当該子会社の会計参与**（会計参与が法人であるときは、その職務を行うべき社員）**もしくは執行役を兼ねることができない**とされています。

監査役の人数は、原則として、1人でも複数でもかまいません。ただし、監査役会設置会社においては、監査役は**3人以上**で、そのうち半数以上は**社外監査役**（株式会社の監査役であって、その就任の前10年間当該株式会社またはその子会社の取締役、会計参与（会計参与が法人であるときは、その職務を行うべき社員）もしくは執行役または支配人その他の使用人となったことがないもの等一定の要件に該当するもの）でなければなりません。

ココが出る！

② **選任・解任**

監査役は、株主総会の普通決議で選任します。しかし、その解任には、株主総会の特別決議を要します。㊻

③ **監査役の権限・義務**

監査役の行う監査には、**業務監査**（取締役の職務執行の監査）と**会計監査**（計算書類の監査）とがありますが、非公開会社（監査役会設置会社および会計監査人設置会社を除く）においては、定款の定めにより、監査役の監査の範囲を会計監査に

第2節　会社のしくみ　51

限定することができます。

なお、監査役の業務監査の範囲は、取締役の行為が法令・定款に違反するか否かという**適法性監査**にとどまり、取締役の行為が妥当か否かという**妥当性監査**にまでは及ばないと解されています。

監査役の具体的な権限と義務について以下にまとめておきます。

監査役の権限・義務
はどれも重要です。

監査役の権限・義務	
報告聴取・調査権48	監査役は、いつでも、取締役・会計参与・支配人その他の使用人に対して事業の報告を求め、会社の業務および財産の状況を調査することができる。
子会社調査権	監査役は、その職務を行うため必要があるときは、子会社に対して事業の報告を求め、子会社の業務および財産の状況を調査することができる。
報告義務	監査役は、取締役が不正の行為をしたり、当該行為をするおそれがあると認めるとき、法令・定款に違反する事実や著しく不当な事実があると認めるときは、遅滞なく、その旨を取締役(取締役会設置会社の場合は取締役会)に報告しなければならない。
取締役会出席義務・意見陳述義務	監査役は、取締役会に出席し、必要があると認めるときは、意見を述べなければならない。
取締役会招集請求権・取締役会招集権	監査役は、報告義務を負う場合に、必要があると認めるときは、取締役に対して取締役会の招集を請求することができる。 所定の期間内に取締役会の招集通知が発せられないときは、招集請求をした監査役は、自ら取締役会を招集することができる。
取締役の違法行為差止請求権	監査役は、取締役が会社の目的の範囲外の行為その他法令・定款に違反する行為をしたり、これらの行為をするおそれがある場合に、当該行為によって会社に著しい損害を生ずるおそれがあるときは、当該取締役に対し、当該行為をやめることを請求することができる。
会社・取締役間の訴訟提起権	会社と取締役との間の訴訟等においては、監査役が会社を代表する。

意見陳述権	監査役は、その選任・解任・辞任・報酬について、株主総会で意見を述べることができる。監査役を辞任した者は、辞任後最初に招集される株主総会に出席して、辞任した旨およびその理由を述べることができる。
監査役選任議案の同意権	取締役が監査役の選任に関する議案を株主総会に提出する場合には、監査役(監査役が2人以上いる場合はその過半数)の同意を得なければならない。

❻ 監査役会

監査役会とは、監査役の全員によって構成され、監査報告の作成、常勤の監査役の選定および解職、監査の方針、監査役会設置会社の業務および財産の状況の調査の方法その他の監査役の職務の執行に関する事項の決定を行う機関をいいます。

大会社(非公開会社および監査等委員会設置会社および指名委員会等設置会社を除く)には、監査役会を設置しなければなりませんが、その他の株式会社については、監査役会を設置するか否かは任意です(監査役会を置く株式会社または会社法の規定により監査役会を置かなければならない株式会社を監査役会設置会社といいます)。

> **注意**
> 大会社で公開会社の場合には、監査役会、監査等委員会または監査委員会のいずれかの設置が必要となります。

❼ 会計監査人

① 意　義

会計監査人とは、株式会社の計算書類およびその附属明細書、臨時計算書類ならびに連結計算書類を監査する機関をいいます。

監査等委員会設置会社、指名委員会等設置会社および**大会社**には会計監査人の設置が義務づけられていますが、その他の会社についてはその設置は任意です。

なお、会計監査人は、取締役・監査役・会計参与と異なり、会社の役員ではありませんが、**役員に準じた扱いを受けており**、たとえば、**株主からの責任追及等の訴えにより、会社に対する責任を追及されることがあります**。

会計監査人を置く株式会社または会社法の規定により会計監査人を置かなければならない株式会社を「会計監査人設置会社」といいます。

② **会計監査人の資格・選任・解任**

会計監査人は、公認会計士または監査法人でなければなりません。会計監査人は、株主総会の普通決議によって選任・解任されます。

5 監査等委員会設置会社

❶ 意　義

監査等委員会設置会社とは、監査等委員会を置く会社をいいます。定款の定めによって、すべての株式会社は、監査等委員会設置会社となることができます。ただし、指名委員会等設置会社には、監査委員会が置かれるため、監査等委員会を置くことはできません。

❷ 構　成

監査等委員会設置会社には、取締役（取締役会）が置かれ、代表取締役が存在します。監査等委員会設置会社の業務を執行するのは、代表取締役または業務執行取締役であることから、執行役は置かれません。また、監査等委員会が置かれるため、**監査役および監査役会を置くことはできません**。ただし、**会計監査人は置かれる**ことに注意してください。

日本取締役協会の調査によれば、監査等委員会設置会社の数は、2020年8月1日現在で661社となっています。

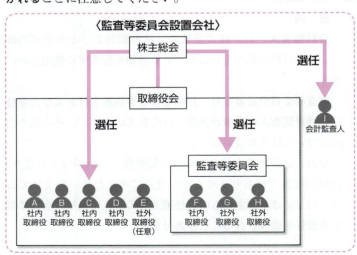

❸ 監査等委員会設置会社における取締役・取締役会

① 取締役

「監査等委員である取締役」と「それ以外の取締役（社外取締役の設置は任意）」に区別されます。**監査等委員である取締役は、3人以上で、その過半数は、社外取締役でなければなりません。**

② 取締役会

監査等委員会設置会社における取締役会は、会社の業務執行のすべてを決定する権限を有します。

ただ、取締役会において機動的な意思決定をするためには、取締役会がすべての業務執行を決定するのは効率的でないため、経営の基本方針の決定、支配人その他の重要な使用人の選任等の取締役会が決定しなければならない重要事項を除き、業務執行の決定を取締役に委任することができます。

③ 監査等委員会

監査等委員会は、取締役（会計参与設置会社にあっては、取締役および会計参与）の職務の執行の監査および監査報告の作成、株主総会に提出する会計監査人の選任および解任ならびに会計監査人を再任しないことに関する議案の内容の決定をする機関です。

監査等委員である取締役は、監査等委員会設置会社もしくはその子会社の業務執行取締役もしくは支配人その他の使用人または当該子会社の会計参与（会計参与が法人であるときは、その職務を行うべき社員）もしくは執行役を兼ねることができません。

⑥ 指名委員会等設置会社

❶ 意 義

指名委員会等設置会社とは、指名委員会、監査委員会および報酬委員会を置く株式会社をいいます。定款の定めによって、すべての株式会社は、指名委員会等設置会社となることができます。

❷ 構 成

指名委員会等設置会社には、指名委員会、監査委員会および報

酬委員会のほか、会社の業務執行権限を有する**執行役**を1人または2人以上置かなければなりません。

指名委員会等設置会社には、取締役（取締役会）は置かれますが、**代表取締役は置かれず**、代わって**代表執行役**が置かれます。また、監査委員会が置かれるため、監査役および監査役会を置くことはできません。ただし、**会計監査人は置かれる**ことに注意してください。

指名委員会等設置会社の機関構成を押さえてください。

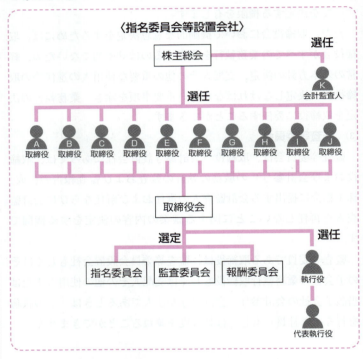

❸ 指名委員会等設置会社における取締役・取締役会

① 取締役

指名委員会等設置会社の取締役は、**会社法または会社法に基づく命令に別段の定めがある場合を除き、指名委員会等設置会社の業務を執行することができません**。これは、業務執行を行う執行役と業務執行を監督する取締役とに区別して、取締役に業務執行の監督に専念させる趣旨です。ただし、**取締役は、執行役を兼任することができます**（ただし、監査委員である取締

指名委員会等設置会社の取締役は、当該指名委員会等設置会社の支配人その他の使用人を兼ねることができません。

56

役は執行役を兼任できません）ので、執行役を兼任する取締役は、執行役の地位に基づいて業務を執行することができます。

② 取締役会

指名委員会等設置会社における取締役会は、会社の業務執行のすべてを決定する権限を有します。

ただ、取締役会において機動的な意思決定をするためには、取締役会がすべての業務執行を決定するのは効率的でないため、**経営の基本方針の決定、執行役の選任等の取締役会が決定しなければならない重要事項を除き、業務執行の決定を執行役に委任することができます。**

③ 各委員会

各委員会は、それぞれ、その過半数が社外取締役である3人以上の取締役によって構成され、各委員は、取締役会の決議によって選定されます。

イ 指名委員会

指名委員会は、株主総会に提出する取締役（会計参与設置会社にあっては、取締役および会計参与）の選任および解任に関する議案の内容を決定する機関です。

ロ 監査委員会

監査委員会は、執行役等（執行役および取締役をいい、会計参与設置会社にあっては、執行役、取締役および会計参与をいう）の職務の執行の監査および監査報告の作成、株主総会に提出する会計監査人の選任および解任ならびに会計監査人を再任しないことに関する議案の内容の決定をする機関です。

監査委員会の委員（監査委員）は、指名委員会等設置会社もしくはその子会社の執行役もしくは業務執行取締役または指名委員会等設置会社の子会社の会計参与（会計参与が法人であるときは、その職務を行うべき社員）もしくは支配人その他の使用人を兼ねることができません。

ハ 報酬委員会

報酬委員会は、執行役等（執行役および取締役をいい、会計参与設置会社にあっては、執行役、取締役および会計参与

日本取締役協会の調査によれば、指名委員会等設置会社を採用している会社の数は、2020年8月1日現在で63社となっており、あまり採用されていません。その原因としては、指名委員会等設置会社を採用するためには3つの委員会を置かなければならずコストがかかること、これを採用しなくても社外取締役を置けば、経営の監視機能を高めることができると考える企業が増えていることなどをあげることができます。

をいう）の個人別の報酬等の内容を決定する機関です。[43]

④　**執行役・代表執行役**

イ　執行役

執行役は、取締役会の決議によって委任を受けた指名委員会等設置会社の業務の執行の決定および指名委員会等設置会社の業務の執行を行う機関です。

ロ　代表執行役

取締役会は、執行役の中から代表執行役を選定しなければなりません。この場合において、執行役が１人のときは、その者が代表執行役に選定されたものとされます。代表執行役は、指名委員会等設置会社の業務に関する一切の裁判上または裁判外の行為をする権限を有します。

7 会社の従業員

会社法は、会社の従業員（会社の使用人）として、①支配人、②事業に関するある種類または特定の事項の委任を受けた使用人、③物品の販売等を目的とする店舗の使用人の３種類を規定しています。

❶ 支配人

①　**意　義**

支配人とは、会社に代わってその事業に関する一切の裁判上または裁判外の行為をする権限（包括的代理権）を有する者をいいます。具体的には、支配人・支店長・営業所長といった肩書の者がこれにあたります。

株式会社の場合には、支配人は、**取締役（取締役会設置会社では取締役会）が選任・解任**します。[48]

注意
支配人は、株主総会で選任されるわけではないことに注意してください。

②　**支配人の権限**

支配人は、会社の事業に関し包括的代理権を与えられた者であり、他の使用人の選任・解任権も有します。

ココが出る!

支配人の代理権に加えた制限は、善意の第三者に対抗することはできません。[43][45][48]

③ 支配人の義務

支配人は、会社の許可を受けなければ、次の行為をすることができません。

イ　自ら営業を行うこと（営業禁止義務）
ロ　自己または第三者のために会社の事業の部類に属する取引をすること（競業避止義務）
ハ　他の会社または商人の使用人になること（営業禁止義務）
ニ　他の会社の取締役、執行役または業務を執行する社員となること（営業禁止義務）[43][44][45][48]

ココが出る！
特に「営業禁止義務」が重要です。

支配人に営業禁止義務が課せられた趣旨は、支配人には会社との雇用契約に基づいて包括的代理権が与えられているため、その精力を分散させずに集中して、会社の事業に専念させる点にあります。なお、営業禁止義務は、精力分散防止義務ともいいます。

④ 表見支配人

表見支配人とは、支配人としての権限を有しないにもかかわらず、会社の本店または支店の事業の主任者であることを示す名称（支配人、支店長、営業所長等）を付された使用人をいいます。

会社の本店または支店の事業の主任者であることを示す名称を付した使用人（表見支配人）は、相手方が悪意であったときを除き、当該**本店または支店の事業に関し、一切の裁判外の行為をする権限を有するものとみなされます**。

ココが出る！

❷ 事業に関するある種類または特定の事項の委任を受けた使用人

これは、事業に関するある種類または特定の事項、たとえば、販売、仕入、貸付などに関する代理権を与えられた使用人をいいます。部長、課長、係長、主任などがこれにあたります。

これらの使用人は、代理権が与えられた種類または事項については、**一切の裁判外の行為をする権限**（代理権）を有しており、会社がこれに制限を加えても、善意の第三者に対抗することはできません。[45]

ココが出る！

❸ 物品の販売等を目的とする店舗の使用人

デパートやブティックなどの物品の販売等を目的とする店舗の使用人は、その店舗内にある物品の販売等をする権限（代理権）を有するものとみなされます（**代理権の擬制**）。

ココが出る!

ただし、当該店舗の使用人がそのような権限を有していないことにつき悪意の相手方は保護されず、代理権は擬制されません。㊺

第2章はボリュームがありましたね。
でも、試験には一杯出るところですから、
しっかりと復習しましょう。

第2節 会社のしくみ 61

✓ 超重要事項チェックリスト

1 未成年者がその法定代理人の同意を得ずにした行為は、原則として、取り消すことができるが、この取消しは、法定代理人だけでなく、未成年者自身もすることができる。

2 成年被後見人が行った行為は、日用品の購入その他日常生活に関する行為以外は、成年被後見人自身および成年後見人が取り消すことができる。成年被後見人といえども、日用品の購入その他日常生活に関する行為は、単独で行うことができ、取り消すことはできない。

3 被保佐人が、借財、不動産の売買、長期の賃貸借（宅地の場合は5年超、建物の場合は3年超）などの重要な財産上の取引を、保佐人の同意を得ずに行ったときは、当該被保佐人および保佐人は、これを取り消すことができる。

4 補助人の同意を要する特定の法律行為を、被補助人が補助人の同意を得ずに行った場合には、当該被補助人および補助人は、これを取り消すことができる。

5 制限行為能力者が行為能力者であることを信じさせるため詐術を用いたときは、その行為を取り消すことはできない。

6 消費者が小売店から商品を購入した場合、小売店が消費者に商品を販売する行為は一方的商行為に該当するが、一方的商行為については、当事者双方に商法が適用されるため、消費者の商品購入行為についても、商法が適用される。

7 会社は、商号を登記することが義務付けられているが、個人（個人企業）は、商号を登記するか否かは自由である。

8 商号の登記は、その商号が他人のすでに登記した商号と同一であり、かつ、その営業所（会社にあっては、本店）の所在場所が当該他人の商号の登記にかかる営業所の所在場所と同一であるときは、することができない。

9 民法上は、代理が成立するためには顕名が必要であるが、商法上は、商人間の取引においては、顕名がなくても代理が成立する（本人に効果が帰属する）とされている。

10 無権代理が行われた場合、相手方は、善意・悪意を問わず、本人に対して催告権を行使することができる。

11 無権代理行為の相手方は、当該無権代理行為を行った者に代理権がないことを知らなかった場合（善意の場合）には、本人が追認をしない間は、当該無権代理行為に基づく契約を取り消すことができる。

12 無権代理行為がなされた場合、善意・無過失の相手方は、当該無権代理人が行為能力の制限を受けていないときは、当該無権代理人に対して責任を追及（履行請求または損害賠償請求）することができる。

13 ＡがＢを代理人とする予定でＢに白紙委任状を交付したが、結局代理権を与えなかったところ、Ｂが委任状の代理人欄にＢと記載して、これをＣに呈示して代理行為をした場合、Ｃが善意・無過失であれば、代理行為の効果がＡに帰属し、ＡＣ間に有効に契約が成立する（代理権授与の表示による表見代理）。

14 ＡがＢに土地を賃貸する代理権を与えたところ、Ｂが土地をＣに売却した場合、Ｃが善意・無過失であれば（正当の理由があれば）、代理行為の効果がＡに帰属し、ＡＣ間に有効に売買契約が成立する（権限外の行為の表見代理）。

15 □□□　BがAから土地を売却する代理権を授与されていたが、その後破産して代理権が消滅したにもかかわらず、Aの代理人として土地をCに売却した場合、Cが善意・無過失であれば、代理行為の効果がAに帰属し、AC間に有効に契約が成立する（代理権消滅後の表見代理）。

16 □□□　株式会社にあっては、社員たる株主は、会社の実質的所有者ではあるが、会社の業務を執行したり、会社を代表する権限を有しないので、業務執行については、株主総会において選任された取締役等に一任される（所有と経営の分離）。

17 □□□　株主が、その所有する株式の内容および数に応じて、会社から他の株主と平等に扱われることを株主平等の原則という。

18 □□□　株式の譲渡は、原則として自由である（株式譲渡自由の原則）。

19 □□□　取締役会設置会社の場合、株主総会で決議できる事項は、会社法および定款に定められた株式会社の基本的事項（定款の変更、資本の減少、会社の解散・合併・事業の譲渡、取締役・監査役・会計参与の選任・解任、取締役・監査役・会計参与の報酬の決定等）に限られる。

20 □□□　取締役は、株主総会によって選任されるが、取締役会設置会社においては、取締役は、3人以上でなければならない。

21 □□□　取締役が自己または第三者のために当該会社の事業の部類に属する取引（競業取引）をしようとする場合、当該会社が取締役会設置会社であるときは、当該取締役は、取締役会において、当該取引につき重要な事実を開示し、その承認を受けなければならない（競業避止義務）。

22 □□□　取締役が利益相反取引を行う場合には、取締役会設置会社においては取締役会の承認を得ることが必要である。

23 取締役会は、重要な財産の処分および譲受け、多額の借財、支配人その他の重要な使用人の選任・解任等の重要な業務執行に関する決定を代表取締役に委任することはできない。

24 代表取締役は、株式会社の業務に関する一切の裁判上または裁判外の行為をする権限を有し、この代表取締役の権限に加えた制限は、善意の第三者に対抗することができない。

25 監査役は、原則として、取締役等の機関の職務執行や会社の計算書類を監査する権限（業務監査権・会計監査権）を有する。そして、監査役は、いつでも、取締役・会計参与・支配人その他の使用人に対して事業の報告を求め、会社の業務および財産の状況を調査することができる（報告聴取・調査権）。

26 指名委員会等設置会社においては、会社の業務執行権限を有するのは執行役であり、指名委員会等設置会社の取締役は、会社法または会社法に基づく命令に別段の定めがある場合を除き、指名委員会等設置会社の業務を執行することができない。

27 支配人とは、会社に代わってその事業に関する一切の裁判上または裁判外の行為をする権限（包括的代理権）を有する者をいう。株式会社の場合には、支配人は、取締役（取締役会設置会社では取締役会）が選任・解任する。

28 支配人は、会社の事業に関し包括的代理権を与えられた者であり、その代理権に、会社が何らかの制限を加えたとしても、会社はその制限を善意の第三者に対抗することはできない。

29 会社法上、株式会社の支配人は、当該株式会社の許可を受けなければ、他の会社の取締役、執行役または業務を執行する社員となることができない（営業禁止義務）。

第3章

法人取引の法務

　本章では、法人が取引によって取得する債権または負担する債務を発生させる原因となる契約（売買、賃貸借、委任、請負など）、取引の過程で生じる債務不履行や不法行為、取引の決済の手段である手形・小切手の仕組みなどを学習します。

　本章は範囲が広いので、学習するのは大変ですが、万遍なく出題されており、また、配点も高いので、手を抜くことなくしっかりと学習してください。

第1節 ビジネスに関する法律関係

重要度 A

この節で学習すること

1 契約とは
簡単に言うと、人と人の間の約束のことです。「契約の種類」をしっかり押さえましょう。

2 売買契約
モノを売り買いする契約のことです。イメージしやすい売買契約を題材に、様々な問題点を学習しましょう。

3 消費貸借
なにか（お金が代表的）を借りて、同じ種類のものを返す契約です。借りたもの自体は使ってしまって（消費して）かまいません。

4 賃貸借
なにか（家が代表的）を借りて使って賃料を支払い、契約終了時には借りたもの自体を返す契約です。

5 請負
請負人がなにか（家が代表的）を完成させ、注文者がその対価としての報酬を支払うことを約束する契約です。

6 委任
他人に自分のかわりを務めてもらう契約です。弁護士に頼んで訴訟を起こしてもらう、などです。

7 寄託
他人のモノを預かって保管する契約です。無償（タダ）が民法上の原則です。

8 クレジットカード契約
消費者とカード会社、カード会社とカード加盟店のそれぞれの間での契約で構成されています。

9 不法行為
自動車で人をはねてしまったときに、治療費などの損害を賠償しなければなりません。これを不法行為といいます。

10 事務管理・不当利得
どちらも、法律上の根拠・理由がないのに利益を得た人から犠牲を払った人へその利益を償還させるという、公平を実現するための制度です。

11 国際取引
国をまたいだ取引のことです。その取引に対して日本の法律が有効なのか、発生したトラブルについて日本の裁判所で裁判できるのかなどが、問題となります。

第3章　法人取引の法務

第1節　ビジネスに関する法律関係　69

① 契約とは

❶ 契約の意義

契約とは、一定の権利・義務関係を発生・変更・消滅させることを目的とした当事者間の合意をいいます。

❷ 契約の拘束力

契約は、法的な強制力を背景とする権利・義務関係を発生・変更・消滅させることを目的とするものですから、以下のような拘束力があります。

① いったん契約が成立したら、勝手に内容を変更したり、取りやめることはできない。㊸

② いったん成立した契約を取りやめることができるのは、解除する場合（**法定解除・約定解除・合意解除**）と取消しが認められる場合のみ。㊸㊺㊽

（注1） **解除**とは、契約が成立した後に当事者の一方の意思表示で契約が最初からなかったことにすることをいいます。

（注2） **取消し**とは、一応有効に成立した契約を、一定の事由（制限行為能力・錯誤・詐欺・強迫）がある場合に、一定の者（制限行為能力者・法定代理人・錯誤に陥った者・だまされた者・強迫された者）が取り消すという意思表示をすることにより、初めに遡って無効にすることをいいます。

（注3） **無効**とは、外形上は契約が成立しているが、一定の事由（心裡留保・虚偽表示等）がある場合に、その契約によって発生するはずの効果が発生しないことをいいます。

③ 履行の強制

債務者が債務を履行しない場合には、強制執行などによって裁判所が契約内容の実現を法律的に強制することになります。**自力救済**（実力行使によって契約内容を実現すること）は禁止されています。㊸㊹㊻㊽

用語

「法定解除」とは、解除権の発生の根拠が法定の事由（債務不履行や担保責任など）であるものをいいます。
「約定解除」とは、解除権の発生の根拠が当事者間の約定であるもの（手付解除や買戻しなど）をいいます。
「合意解除」とは、契約当事者の合意により、契約によって生じた債権債務関係を契約前の状態に戻す契約をいいます。

注意

解除は、相手方に対する意思表示によってします。

ココが出る!

❸ 契約自由の原則

契約自由の原則とは、私的自治の原則の内容の１つであり、人は、契約をするかしないか、どのような内容の契約をするか等を自分の意思で自由に決めることができるという原則をいいます。

契約自由の原則の内容も押さえましょう。

❹❹❹

契約自由の原則 ─┬─ 相手方選択の自由（注）
　　　　　　　　├─ 締結の自由
　　　　　　　　├─ 契約内容に関する自由
　　　　　　　　└─ 方式の自由

契約自由の原則について、**平成29年改正民法**は、次のような規定を設けました。

① 何人も、法令に特別の定めがある場合を除き、契約をするかどうかを自由に決定することができる。
② 契約の当事者は、法令の制限内において、契約の内容を自由に決定することができる。
③ 契約の成立には、法令に特別の定めがある場合を除き、書面の作成その他の方式を具備することを要しない。

（注）相手方選択の自由の認められない契約として「附合契約」があります。これは、相手方当事者の作成した契約条項（**約款**）どおりに契約をするか、または契約をしないかの自由しかない契約をいい、ガス・電気の供給契約、電車・バスの運送契約、銀行や保険会社の預金・保険契約等がこれにあたります。約款については、その作成過程で行政庁が関与したり、約款を使用する場合に主務官庁の認可や届出が必要とされるなど、一定の規制が課される場合があります。

用語

「**約款**」は、「普通取引約款」ともいい、特定種類の大量同型の取引を迅速に処理するために、あらかじめ定型化された契約条項をいいます。約款について、**平成29年改正民法**は、**定型約款**について新たに規定を設けています。**定型約款**とは、定型取引（ある特定の者が不特定多数の者を相手方として行う取引であって、その内容の全部または一部が画一的であることがその双方にとって合理的なものをいう）において、契約の内容とすることを目的としてその特定の者により準備された条項の総体をいいます。

❹ 契約の種類

民法が規定する13種類の契約（売買、賃貸借、請負等）を**典型契約（有名契約）**といいますが、ファイナンス・リース契約のような民法に規定のない契約も多く存在し、これを**非典型契約（無名契約）**といいます。

契約は、様々な観点から、次のように分類できます。

第１節　ビジネスに関する法律関係　71

特に「消費貸借」と「委任」がよく出題されています。

① **大分類**
　イ　有償契約と無償契約
　　　当事者双方が対価的な経済的支出をする（有償契約）か否（無償契約）か。❹

　ロ　双務契約と片務契約
　　　当事者双方が対価的な債務を負担する（双務契約）か否（片務契約）か。❸❹❽

　ハ　諾成契約と要物契約
　　　合意だけで成立する（諾成契約）か、物の引渡しも必要（要物契約）か。❹

② **小分類（典型契約）**
　イ　所有権が移転する契約
　　a　贈与（無償・片務・諾成契約）
　　b　売買（有償・双務・諾成契約）❽
　　c　交換（有償・双務・諾成契約）

　ロ　貸し借りに関する契約
　　a　消費貸借　┬─無利息消費貸借（無償・片務・要物契約）
　　　　　　　　└─利息付消費貸借（有償・片務・要物契約）
　　b　使用貸借（無償・双務・諾成契約）
　　c　賃貸借（有償・双務・諾成契約）

　ハ　労務を提供する契約
　　a　雇用（有償・双務・諾成契約）
　　b　請負（有償・双務・諾成契約）❽
　　c　委任　┬─原則─無償委任（無償・片務・諾成契約）
　　　　　　└─例外─有償委任（有償・双務・諾成契約）
　　d　寄託　┬─原則─無償寄託（無償・片務・諾成契約）
　　　　　　└─例外─有償寄託（有償・双務・諾成契約）

　ニ　その他
　　a　組合（有償・双務・諾成契約）
　　b　終身定期金　┬─無償終身定期金（無償・片務・諾成契約）
　　　　　　　　　└─有償終身定期金（有償・双務・諾成契約）
　　c　和解（有償・双務・諾成契約）

（注１）　その他の分類に、継続的契約（契約関係が一定期間継続するもの、例えば賃貸借・雇用）と一時的契約（１回の履行で契約関係が終了するもの、たとえば売買）があります。

（注２）　**書面でする消費貸借**
　　　　平成29年改正民法は、「書面でする消費貸借」について規定を設けました。書面でする消費貸借は、当事者の一方が金銭その他の物を引き渡すことを約し、相手方がその受け取った物と種類、品質および数量の同じ物をもって返還をすることを約することによって、その効力を生じます。書面でする消費貸借は、

無利息の場合は無償・双務・諾成契約であり、**利息付の場合は有償・双務・諾成契約**です。

2 売買契約

❶ 売買契約の成立

売買契約は、契約の内容を示してその締結を申し入れる意思表示（「申込み」という）に対して相手方が承諾をしたときに成立します。㊸㊹㊽

なお、商人間の継続的取引における迅速性を確保するため、商人が平常取引をする者からその営業の部類に属する契約の申込みを受けたときは、遅滞なく、契約の申込みに対する諾否の通知を発しなければならないとされており（**諾否通知義務**）、商人がこの通知を発することを怠ったときは、その商人は、当該契約の申込みを承諾したものとみなされることに注意してください。㊹㊻

❷ 意思表示が問題となる場面

① 詐欺または強迫による意思表示

イ　詐欺による意思表示は、取り消すことができます。㊹㊺㊻㊽

ロ　強迫による意思表示も、取り消すことができます。㊹㊺㊻

ハ　第三者の詐欺・強迫

a　第三者が詐欺をした場合には、相手方がその事実を知り（悪意）、または知ることができたとき（有過失）は、その意思表示を取り消すことができます。

コーヒーブレイク

申込みに対して相手方が承諾の意思表示をしなくても、承諾の意思表示をしたのと同等のものと評価できる行為をした場合には、契約の成立が認められます。これを「意思実現による契約の成立」といいます。
たとえば、継続的な取引関係にあるA社とB社との間において、B社から商品の注文書を受領したA社が即日商品をB社に発送したような場合には、A社とB社との間で商品の売買契約が成立したものとみなされます。

ココが出る！

> **注意**
> 商品販売業者による商品カタログの送付は、申込みの意思表示ではなく、相手方からの申込みの意思表示を促す「申込みの誘引」とされています。したがって、商品カタログを見た者がそこに掲載されている商品を購入したい旨の意思を当該商品販売業者に表示したとしても、当該商品販売業者がこれを承諾しなければ、商品の売買契約は成立しません。㊻

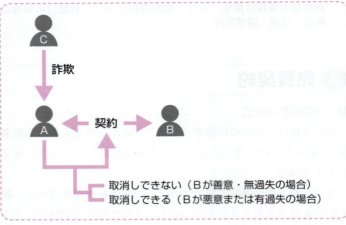

b 第三者が強迫をした場合には、相手方がその事実を知らなくても（善意でも）、意思表示を取り消すことができます。

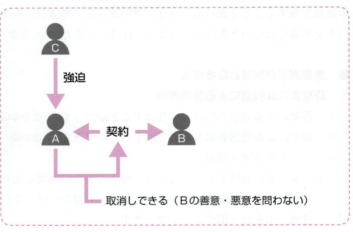

> 「詐欺による取消しは善意・無過失の第三者には対抗できない」が「強迫による取消しは善意・無過失の第三者にも対抗できる」という違いを押さえてください。

ニ 詐欺または強迫による意思表示の取消しと第三者
　a 詐欺による意思表示の取消しは、取消前に登場した**善意・無過失の第三者に対抗することができません。**㊽
　b 強迫による意思表示の取消しは、取消前に登場した**善意・無過失の第三者にも対抗することができます。**
　（注）取消後に登場した第三者との関係
　　詐欺・強迫いずれの場合も、取消しをした者と取消後の第三者とは、対抗関係となり、不動産の売買契約の場合は、先に登記を備えた方が勝ちます。したがって、取消

後の第三者が先に登記を備えたときは、取消しをした者は、第三者が悪意であっても、敗れます。

② **心裡留保**

イ　心裡留保（表意者が真意でないことを知りつつなす意思表示）による契約（たとえば、土地を売るつもりがないのに売却する契約を締結した場合）は、**原則として有効**です。[46]

注意！
心裡留保による契約は、原則として「有効」であり、「無効」ではないことに注意してください。

ロ　例外として、相手方がその意思表示が表意者の真意ではないことを知り（悪意）、または知ることができた場合（有過失）は、無効となります。[44][45]

ココが出る!

ハ　心裡留保による無効と善意の第三者

心裡留保による意思表示が例外的に無効となる場合、その無効を善意の第三者に対抗することはできません。

（注）第三者は過失があってもよく、また、登記を備えていることは不要です。

③ **虚偽表示（通謀虚偽表示）**

イ　相手方と通じてした虚偽の意思表示（たとえば、仮装売買）は、無効となります。[45]

ココが出る!

ロ　虚偽表示の無効は、**善意の第三者に対抗することはできません**。

（注１）第三者は過失があってもよく、また、登記を備えていることは不要です。

（注２）「第三者」には、転得者も含まれます。

次の図において、

ａ　Ｃが悪意の場合でも、Ｄが善意の場合には、Ａは、虚偽表示の無効をＤに対抗できません。理由は、転得者も「第三者」に含まれるからです。

ｂ　Ｃが善意の場合には、Ｄが悪意の場合でも、Ａは、虚偽表示の無効をＤに対抗できません。理由は、Ｄは、善意者Ｃの地位を承継するからです。

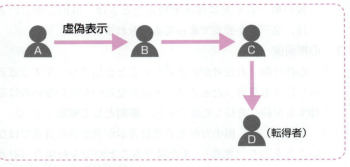

④ 錯誤による意思表示

　イ　錯誤（勘違い）による意思表示は、次の要件を充たす場合には、**取り消す**ことができます。㊺

　　（要件）

　　　a　その錯誤が次のいずれかに該当するものであって、法律行為の目的および取引上の社会通念に照らして重要なものであること（**要素の錯誤**）。

　　　　i　意思表示に対応する意思を欠く錯誤（**表示行為の錯誤**）

　　　　　たとえば、1,000万円で土地を売るつもりだったのに、契約書に100万円と誤記して、その誤記に気付かないまま100万円で土地を売ってしまったような場合がこれに該当します。

　　　　ii　表意者が法律行為の基礎とした事情についてのその認識が真実に反する錯誤（**動機の錯誤**）

　　　　　例えば、駅が廃止されるという噂を真実であると誤信して、駅前の土地を安く売却したような場合がこれに該当します。

　　　　　ただし、動機の錯誤については、その**動機**（表意者が法律行為の基礎とした事情）**が法律行為の基礎とされていることが表示されていたときに限り**、その意思表示を取り消すことができます。

　　　b　表意者に重大な過失がないこと（**無重過失**）。

　　　　ただし、次のいずれかに該当する場合には、表意者に重大な過失があったときでも、その意思表示を取り消す

> **注意**
> 表意者に重大な過失がある場合には、表意者は、原則として、取消しの主張をすることができないことに注意してください。

ことができます。

i　相手方が表意者に錯誤があることを知り（**悪意**）、または重大な過失によって知らなかったとき（**重過失**）。

ii　相手方が表意者と同一の錯誤に陥っていたとき（**共通の錯誤**）。

たとえば、駅が廃止されるという噂を売主・買主双方が真実であると誤信して、これを踏まえた安い地価で売買契約が締結された場合など、当事者双方が同じ錯誤に陥っていた場合のことを「共通の錯誤」といいます。

ロ　錯誤による意思表示の取消しは、**善意・無過失の第三者に対抗することができません**。

		効力	善意の第三者に対抗できるか
心裡留保	〈原則〉有効		問題とならない
	〈例外〉無効（相手方が悪意または有過失の場合）		対抗できない
虚偽表示	無効		対抗できない
錯誤	取り消しうる（要素の錯誤であり、かつ、無重過失の場合）		対抗できない（第三者が善意・**無過失**の場合）
詐欺	相手方の詐欺の場合	取り消しうる	対抗できない（第三者が善意・**無過失**の場合）
	第三者の詐欺の場合	取り消しうる（相手方が悪意または有過失の場合）	対抗できない（第三者が善意・**無過失**の場合）
強迫	相手方の強迫の場合	取り消しうる	対抗できる
	第三者の強迫の場合	取り消しうる（相手方が善意の場合でも）	対抗できる

第3章
法人取引の法務

コーヒーブレイク

試験では、善意（善意・無過失）の第三者に対抗できるかがよく問われていますので、この点をしっかりと押さえてください。

[注意]

通貨やクレジットカードの偽造を依頼し、それに対し報酬を支払う旨の契約のように、公序良俗に反する契約は、無効となります。㊺㊻

❸ 手　付

不動産の売買契約においては、手付と呼ばれる金銭が買主から売主に交付されることがありますが、この手付には、次の３種類があります。

① **証約手付**[44]

売買契約が成立したことの証拠としての意味を持つものです。**手付は、すべてこの性質を有します。**

ココが出る！

② **解約手付**

売買契約の当事者が解除権を留保する趣旨で授受されるものです。[48]

解約手付が授受された場合、相手方が契約の履行に着手するまでは、買主は手付を放棄し（手付損）、売主はその倍額を現実に提供して（倍戻し）、売買契約を解除できます。[43][44][45][48]

ココが出る！
「買主は手付損」「売主は倍戻し」により解除できるという点を押さえてください。

「履行に着手する」とは、**客観的に外部から認識できる形で履行行為の一部をなし、又は履行の提供をするために不可欠の前提行為をすること**をいいます。

具体的には、イ　買主が代金を用意できたことを売主に通知する、ロ　不動産の売主が、その義務の１つである物件の引渡しをし、または移転登記をする、ハ　農地の売買において、売主と買主が共同で許可申請をする、ニ　他人の不動産の売主が買主に対する所有権移転義務を履行するための前提として、その他人から不動産の所有権を取得するなどの行為があれば、「履行に着手」したものと認められます。

当事者間で手付を授受した目的が不明確な場合には、その手付は、解約手付と推定されます。

③ **違約手付**[44]

債務不履行の場合に当然に没収される趣旨で交付されるものです。

なお、内金は、本来、代金の一部前払いとしての意味を有するものですが、手付と解釈される場合もあります。

❹ 期限と条件

① 期　限

期限とは、契約の効力または履行を将来発生することが確実な事実にかからせる特約をいいます。

期限には、確定期限と不確定期限とがあります。

イ　確定期限……将来発生する期日が確定しているもの（例：来年の１月１日）㊻

ロ　不確定期限…いつ発生するかが不確定なもの（例：父が亡くなったら）㊹㊺㊻

ところで、Aが、2020年12月31日を返済期限として、Bから100万円の金銭貸付を受けた場合、Aは、その期限が到来するまでは、100万円を返済しなくてもかまわないという利益を有します。このように、期限が到来するまでは、債務の履行を強制されないという利益を**期限の利益**といいます。期限の利益は、**債務者のために定めたものと推定**され、債務者が享受できます。ただし、債務者の資産状態が極度に悪化した場合（破産手続開始の決定を受けた場合など）には、債権者は債務者に期限を猶予することなく直ちに債務の履行を請求できます。これを**期限の利益の喪失**といいます。㊸㊹㊺㊻㊽

② 条　件

条件とは、契約の効力または履行を将来発生することが不確実な事実にかからせる特約をいいます。

条件には、停止条件と解除条件とがあります。

イ　停止条件…条件成就によって契約の効力が発生する場合（例：３級試験に合格したら、10万円をやる）㊸㊹㊺㊻㊽

ロ　解除条件…条件成就によって契約の効力が消滅する場合（例：10万円をやるが、３級試験に落ちたら返してもらう）㊸㊺㊽

❺ 期間の計算方法

日、週、月または年によって期間を定めた場合には、その期間が午前零時から始まるときを除き、期間の初日は、算入しません

コーヒーブレイク

期限には、効力を発生させるために付されるもの（これを「始期」といいます）と、効力を消滅させるために付されるもの（これを「終期」といいます）とがあります。

ココが出る！

期限の利益は債務者のためにあることを押さえましょう。

（初日不算入の原則）。㊽

例えば、４月１日から７日間という場合、４月１日の午前零時から起算するときは、４月７日の午後12時に期間が満了し、そうでないときは、４月２日から７日間をカウントしますので、４月８日の午後12時に期間が満了することになります。

❻ 売買契約成立の効果

① 債権・債務の発生

売買契約が成立すると、当事者は互いに債権を有し、債務を負担することになります。すなわち、売主は買主に対して代金債権を有し、また、売買目的物の引渡義務を負うことになります。他方、買主は売主に対して売買目的物の引渡債権を有し、また、代金債務を負うことになります。

② 債務の履行（弁済）

債務の履行（弁済）の方法には、持参債務と取立債務とがあります。

イ　**持参債務**…契約で債務者が債権者の住所または営業所で債務を履行すべきことが定められた場合。

ロ　**取立債務**…契約で期日に債権者が債務者の住所または営業所で目的物を取り立てることが定められた場合。

ココが出る！

弁済をすべき場所について別段の意思表示がないときは、**特定物の引渡しは債権発生の時にその物が存在した場所**において、**その他の弁済**（借入金債務の弁済など）**は債権者の現在の住所（営業所）**において、それぞれしなければなりません。そして、**持参債務の場合、債務者は、債務の本旨に従い、約定の期日に目的物を所定の引渡場所に持参して債権者に提供すれば、債権者が目的物を現実に受領しなくても、債務不履行の責任を免れます**。また、取立債務の場合には、債務者は、約定の期日までに債権者の取立てに応じられるように目的物を準備してその旨を債権者に通知すれば、債務不履行の責任を免れます。㊹㊻㊽

注意
法令または慣習により取引時間の定めがあるときは、その取引時間内に限り、弁済をし、または弁済の請求をすることができます。

このように、債務者側で債務の履行のためにできるすべてのことを行って、あとは債権者が応じてくれれば履行が完了する

という債務者側の行為を**履行（弁済）の提供**といいますが、債務者は、この履行（弁済）の提供を行うと、債務不履行には陥りません。ただし、そのためには、債務者は、原則として、債務の本旨に従って（法律の規定・契約の趣旨・取引慣行・信義誠実の原則等に従った適切な方法で）現実に履行（弁済）の提供を行わなければなりません。㊺㊽

❼　債務不履行

①　意　義

債務不履行とは、**債務者がその債務の本旨に従った履行をしないことまたは債務の履行が不能であること**をいいます。

②　態　様

債務不履行には、以下のとおり、3つの態様があります。

イ　履行遅滞

履行が可能であるのに履行の期限を徒過したことをいいます。㊽

たとえば、売主が引渡期日に引渡しをしなかった、買主が代金を支払期日に支払わなかったというような場合が該当します。

（注）**同時履行の抗弁権**㊸㊺㊻

双務契約の当事者の一方は、相手方がその債務の履行（債務の履行に代わる損害賠償の債務の履行を含む）を提供するまでは、自己の債務の履行を拒むことができます。これを同時履行の抗弁権といいます。履行が可能であるのに履行の期限を徒過した場合でも、**この同時履行の抗弁権を主張できるときは、履行遅滞とはならない**ことに注意してください。

ロ　履行不能

債務の成立後に履行ができなくなったことをいいます。㊽

例えば、建物の売買契約の成立後に、売主が失火により建物を焼失させ、引渡しができなくなったというような場合が該当します。

用　語

「債務の本旨」とは、債務の本来の趣旨や目的という意味です。

第3章　法人取引の法務

第1節　ビジネスに関する法律関係　81

ハ　不完全履行

債務の履行として一応給付はなされたが、それが不完全すなわち債務の本旨に従ったものでないことをいいます。❽

たとえば、家具屋で注文した新品のタンスが後日自宅に配送されてきたが、その家具が疵だらけであったというような場合が該当します。

③　債務不履行の効果

イ　履行の強制

債務者が任意に債務の履行をしないときは、債権者は、民事執行法その他の強制執行の手続に関する法令の規定に従い、直接強制、代替執行、間接強制その他の方法による履行の強制を裁判所に請求することができます。

ロ　損害賠償請求

a　債務者がその債務の本旨に従った履行をしないときまたは債務の履行が不能であるときは、債権者は、これによって生じた損害の賠償を請求することができます。

ただし、その**債務の不履行が契約その他の債務の発生原因および取引上の社会通念に照らして債務者の責めに帰することができない事由によるものであるときは、損害賠償の請求をすることはできません。**

b　債権者は、損害賠償の請求をすることができる場合において、次に掲げるときは、債務の履行に代わる損害賠償（填補賠償）の請求をすることができます。

ⅰ　債務の履行が不能であるとき。

ⅱ　債務者がその債務の履行を拒絶する意思を明確に表示したとき。

ⅲ　債務が契約によって生じたものである場合において、その契約が解除され、または債務の不履行による契約の解除権が発生したとき。

c　損害賠償の方法・範囲

損害賠償は、金銭賠償が原則です。そして、損害賠償の範囲は、債務不履行によって通常生ずべき損害（通常損害）のほか、特別の事情によって生じた損害（特別損

用　語

「**直接強制**」とは、たとえば、買主が代金を支払わない場合に、裁判所が買主の預金・給与・不動産等を差し押さえ、これを代金債権の回収に充てることをいいます。

「**代替執行**」とは、たとえば、借地契約が解除されたため、地主に建物を取り壊したうえで土地を明け渡す債務を負う借地人がそれをしない場合に、借地人に費用を負担させて裁判所から権限を授けられた者が代わって建物を取り壊し、土地の明渡しをさせることをいいます。

「**間接強制**」とは、たとえば、養育費の支払債務を負う者がその支払いをしない場合に、裁判所が間接強制金を課すことを警告して債務者に心理的圧迫を加えて自発的な支払いを促すことをいいます。

82

害）のうち、当事者（債務者）がその事情を予見すべきであった損害も含まれます。㊽

d　過失相殺

債務の不履行またはこれによる損害の発生もしくは拡大に関して債権者に過失があったときは、裁判所は、これを考慮して、損害賠償の責任およびその額を定めます。

e　損害賠償額の予定

当事者は、債務の不履行について損害賠償の額を予定することができます。損害賠償額の予定をした場合には、債権者は、損害が発生したことや実際に被った損害額を証明しなくても、その予定額を請求することができます。反面、実際に被った損害額が予定額よりも大きくても、その予定額までしか請求できません。㊸㊺㊻

なお、**違約金**は、賠償額の予定と推定されます。㊸㊺

f　金銭債務の特則

金銭債務（金銭の給付を目的とする債務）の不履行については、その損害賠償の額は、債務者が遅滞の責任を負った最初の時点における法定利率によって定めます。ただし、約定利率が法定利率を超えるときは、約定利率によります。債権者は、損害の証明をすることなく損害賠償を請求でき、他方、債務者は、不可抗力を理由に責任を免れることはできません。㊻㊽

（注）　法定利率は、年３％とされ、３年を１期とし、１期ごとに変動するものとされます。

ハ　契約の解除

a　催告による解除

当事者の一方がその債務を履行しない場合において、相手方が**相当の期間を定めてその履行の催告**をし、その**期間内に履行がないときは、相手方は、契約の解除をすることができます**。ただし、その**期間を経過した時における債務の不履行がその契約および取引上の社会通念に照らして軽微であるときは、契約の解除をすることは**

注意

債務者が会社である場合において、会社の従業員等の履行補助者（債務者がその債務を履行するために使用する者）の故意または過失によって債務が履行されないときは、「債務の不履行が契約その他の債務の発生原因および取引上の社会通念に照らして債務者の責めに帰することができない事由によるものである」とはいえないため、会社は、債務不履行に基づく損害賠償義務を負うことになります。㊸㊺

ココが出る!

コーヒーブレイク

平成29年改正民法は、債務不履行による契約の解除の要件として債務者に帰責事由があることを不要としました。これは、解除制度は、債務の履行を怠った債務者に対する制裁を目的とするものではなく、履行を受けら

れない債権者を契約
関係から解放するも
のであるとの考え方
によるものです。

注意 ⚠️

履行遅滞の場合に、
相当の期間を定めて
履行を催告したにも
かかわらず、その履
行がないときは、契
約の解除をすること
ができますが、その
期間を経過した時に
おける債務の不履行
がその契約および取
引上の社会通念に照
らして軽微であると
きは、解除できない
ことに注意してくだ
さい。

できません。

b　催告によらない解除

　次に掲げる場合には、債権者は、**催告をすることな
く、直ちに契約の解除をすることができます。**

ⅰ　**債務の全部の履行が不能であるとき。**[43]

ⅱ　債務者がその債務の全部の履行を拒絶する意思を
明確に表示したとき。

ⅲ　債務の一部の履行が不能である場合または債務者
がその債務の一部の履行を拒絶する意思を明確に表
示した場合において、残存する部分のみでは契約をし
た目的を達することができないとき。

ⅳ　契約の性質または当事者の意思表示により、特定の
日時または一定の期間内に履行をしなければ契約を
した目的を達することができない場合において、債務
者が履行をしないでその時期を経過したとき。

ⅴ　ⅰからⅳまでに掲げる場合のほか、債務者がその債
務の履行をせず、債権者が催告をしても契約をした目
的を達するのに足りる履行がされる見込みがないこ
とが明らかであるとき。

　さらに、次に掲げる場合にも、債権者は、**催告をする
ことなく、直ちに契約の一部の解除をすることができま
す。**

ⅰ　**債務の一部の履行が不能であるとき。**

ⅱ　債務者がその債務の一部の履行を拒絶する意思を
明確に表示したとき。

　なお、債務の不履行が債権者の責めに帰すべき事由に
よるものであるときは、債権者は、契約の解除をするこ
とができないことに注意してください。

	損害賠償請求	契約の解除
履行遅滞	○（債務者に帰責事由があるとき）	○（原則として催告必要）
履行不能	○（債務者に帰責事由があるとき）	○（催告不要）

（注）　その債務の不履行が契約その他の債務の発生原因および取引上の社会通念に照らして債務者の責めに帰することができない事由によるものであるときは、損害賠償の請求をすることはできない。

④　**商人間の売買の特則（買主の検査・通知義務）**

　　商人間の売買において、買主は、その売買の目的物を受領したときは、遅滞なく、その物を検査しなければなりません。

　　この場合において、買主は、検査により売買の目的物が種類、品質または数量に関して契約の内容に適合しないことを発見したときは、直ちに売主に対してその旨の通知を発しなければ、その不適合を理由とする履行の追完の請求、代金の減額の請求、損害賠償の請求および契約の解除をすることができません。売買の目的物が種類または品質に関して契約の内容に適合しないことを直ちに発見することができない場合において、買主が6ヶ月以内にその不適合を発見したときも、同様です。

❽　売買の効力（売主の担保責任等）

①　**権利移転の対抗要件に係る売主の義務**

　　売主は、買主に対し、登記、登録その他の売買の目的である権利の移転についての対抗要件を備えさせる義務を負います。

②　**他人の権利の売買における売主の義務**

　　他人の権利（権利の一部が他人に属する場合におけるその権利の一部を含む）を売買の目的としたときは、売主は、その権利を取得して買主に移転する義務を負います。

③　**買主の追完請求権**

　　平成29年改正民法は、売主が**契約に基づき契約内容に適合する目的物を引き渡す義務**を負うことを前提に、債務不履行責任の一環として、売主は、引き渡した目的物が契約内容に適合しないものであったとき（欠陥がある、数量が足りない等）は、

第1節　ビジネスに関する法律関係　85

担保責任（**契約不適合責任**）を負う旨を規定しました。

イ　引き渡された目的物が種類、品質または数量に関して契約の内容に適合しないもの（**契約不適合**）であるときは、買主は、売主に対し、目的物の修補、代替物の引渡しまたは不足分の引渡しによる履行の追完を請求することができます。❹

　　例えば、Ａ所有の建物につきＡＢ間で売買契約が締結された場合において、当該建物に雨漏りのような欠陥があったときは、買主Ｂは、売主Ａに対し、雨漏りの修補を請求することができます。

　　ただし、売主は、買主に不相当な負担を課するものでないときは、買主が請求した方法と異なる方法による履行の追完をすることができます。

ロ　目的物の契約不適合が買主の責めに帰すべき事由によるものであるときは、買主は、履行の追完の請求をすることができません。

④　買主の代金減額請求権

イ　引き渡された目的物が種類、品質または数量に関して契約の内容に適合しないものである場合において、買主が相当の期間を定めて履行の追完の催告をし、その期間内に履行の追完がないときは、買主は、その不適合の程度に応じて代金の減額を請求することができます。

　　例えば、前例のＡＢ間の売買契約において、買主Ｂが売主Ａに対して相当の期間を定めて雨漏りの修補を請求したところ、Ａがその期間内に修補をしないときは、Ｂは、代金の減額を請求することができます。

ロ　次のいずれかに該当するときは、買主は、催告をすることなく、直ちに代金の減額を請求することができます。

　　ⅰ　履行の追完が不能であるとき。

　　ⅱ　売主が履行の追完を拒絶する意思を明確に表示したとき。

　　ⅲ　契約の性質または当事者の意思表示により、特定の日時または一定の期間内に履行をしなければ契約をした目的を達することができない場合において、売主が履行をしない

用　語

「追完」とは、改めて完全な債務の履行をすることをいいます。

でその時期を経過したとき。

iv　買主が催告をしても履行の追完を受ける見込みがないことが明らかであるとき。

ハ　目的物の契約不適合が買主の責めに帰すべき事由によるものであるときは、買主は、代金の減額の請求をすることができません。

⑤　**買主の損害賠償請求および解除権の行使**

前記③および④の場合における権利の行使は、損害賠償の請求および解除権の行使を妨げません。

⑥　**移転した権利が契約の内容に適合しない場合における売主の担保責任**

前記③〜⑤までの規定は、売主が買主に移転した権利が契約の内容に適合しないものである場合（権利の一部が他人に属する場合においてその権利の一部を移転しないときを含む）について準用されます。

⑦　**目的物の種類または品質に関する担保責任の期間の制限**

売主が種類または品質に関して契約の内容に適合しない目的物を買主に引き渡した場合において、買主がその不適合を知った時から1年以内にその旨を売主に通知しないときは、買主は、その不適合を理由として履行の追完の請求、代金の減額の請求、損害賠償の請求および契約の解除をすることができません。

ただし、売主が引渡しの時にその不適合を知り、または重大な過失によって知らなかったときは、この限りではありません。

なお、上記の通知によって保存された買主の権利は、債権の一般的な消滅時効に服して、買主が不適合を知った時から5年間で消滅時効にかかることになります。

⑧　**目的物の滅失等についての危険の移転**

イ　売主が買主に目的物（売買の目的として特定したものに限る）を引き渡した場合において、**その引渡しがあった時以後にその目的物が当事者双方の責めに帰することができない事由によって滅失し、または損傷したときは、買主は、その**

第1節　ビジネスに関する法律関係　87

滅失または損傷を理由とする履行の追完の請求、代金の減額の請求、損害賠償の請求および契約の解除をすることができません。この場合において、買主は、代金の支払いを拒むことができません。

ロ　売主が契約の内容に適合する目的物をもって、その引渡しの債務の履行を提供したにもかかわらず、買主がその履行を受けることを拒み、または受けることができない場合において、その履行の提供があった時以後に当事者双方の責めに帰することができない事由によってその目的物が滅失し、または損傷したときも、前記イと同様とされます。

⑨　競売における担保責任等

イ　民事執行法その他の法律の規定に基づく競売における買受人は、債務不履行の際の契約の解除の規定ならびに前記④および⑥の代金減額請求の規定により、債務者に対し、契約の解除をし、または代金の減額を請求することができます。

ロ　イの場合において、債務者が無資力であるときは、買受人は、代金の配当を受けた債権者に対し、その代金の全部または一部の返還を請求することができます。

ハ　前記イ・ロの場合において、債務者が物もしくは権利の不存在を知りながら申し出なかったとき、または債権者がこれを知りながら競売を請求したときは、買受人は、これらの者に対し、損害賠償の請求をすることができます。

ニ　前記イ～ハの規定は、競売の目的物の種類または品質に関する不適合については、適用されません。

⑩　抵当権等がある場合の買主による費用の償還請求

買い受けた不動産について契約の内容に適合しない先取特権、質権または抵当権が存していた場合において、買主が費用を支出してその不動産の所有権を保存したときは、買主は、売主に対し、その費用の償還を請求することができます。

⑪　抵当権の登記がある場合の買主による代金の支払いの拒絶

買い受けた不動産について契約の内容に適合しない抵当権の登記があるときは、買主は、抵当権消滅請求の手続が終わるまで、その代金の支払いを拒むことができます。この場合にお

いて、売主は、買主に対し、遅滞なく抵当権消滅請求をすべき旨を請求することができます。

⑫ **担保責任を負わない旨の特約**

売主は、担保責任を負わない旨の特約をしたときであっても、知りながら告げなかった事実および自ら第三者のために設定または第三者に譲り渡した権利については、その責任を免れることができません。

❾ 危険負担

① 意　義

危険負担とは、双務契約において一方の債務がその債務者の帰責事由によらずに履行不能となった場合に、その履行不能の危険（損失）を、当事者のいずれが負担するのかという問題をいいます。

② 債務者主義と債権者主義

イ　債務者主義

債務者主義とは、一方の債務がその債務者の帰責事由によらずに履行不能となった場合には、相手方の債務（反対債務）も消滅するという立場をいいます。

ロ　債権者主義

債権者主義とは、一方の債務がその債務者の帰責事由によらずに履行不能となった場合でも、相手方の債務（反対債務）は消滅せず、存続するという立場をいいます。

平成29年の改正前においては、民法は、特定物（当事者が物の個性に着目して取引をする場合のその物。不動産は特定物にあたる）の売買契約において、債権者主義を採っていました。この立場によると、たとえば、A所有の建物につきAB間で売買契約が締結された場合において、引渡し前に建物が隣家の火災の延焼により全焼した場合には、AのBに対する建物引渡債務は消滅しますが、BのAに対する代金支払債務は消滅せず、なお存続することになり、Bは、建物の引渡しを受けられなくても、代金を全額支払わなければならないことになります。

注　意 ⚠

建物の売買契約締結後、その引渡期日が到来する前に建物が売主の過失によって滅失・損傷した場合は、債務不履行の問題となります。

また、売主が引渡期日が過ぎても建物の引渡しをしないでいたところ、その建物が不可抗力（落雷や大地震など）によって滅失・損傷した場合も、債務不履行の問題となります。

第1節　ビジネスに関する法律関係　89

しかし、**平成29年改正民法**は、債権者主義の規定を削除し、そして、**特定物の売買契約における危険の移転時期について「目的物の引渡し時」とする規定を設け**、さらに、従来の債務者主義の規定を改正したことにより、**引渡し前に建物が売主・買主双方の責めに帰することができない事由によって滅失・損傷した場合には、買主の代金債務は当然には消滅しないものの、買主は、代金の支払いを拒むことができる**とされました。

3 消費貸借

❶ 意　義

消費貸借とは、貸主が借主に対して金銭その他の代替物を交付して、後に借主がこれと同種・同等・同量のものを返還することを約する契約をいいます。

民法上は、貸主は、特約がなければ、借主に対して利息を請求することはできないとされており、無利息の消費貸借が原則とされます。これに対し、**商人間の金銭消費貸借は、利息の約定がなくても、利息付金銭消費貸借となります。**[43][45]

ココが出る！
民法と商法との違いを押さえてください。

❷ 利息・利率に対する制限

① 法定利率

消費貸借においていくらの利息を取るかは、利率によって定まりますが、当事者間に利率についての約定がない場合には、法定利率によって利息を計算することになります。

法定利率は、年３％とされ、３年を１期とし、１期ごとに変動するものとされます。

② 利息制限法による制限

ココが出る！

当事者間で利率を定めた場合、その利率を約定利率といいますが、利息制限法は、約定利率について一定の上限を設けており、それを超えた部分の利息は無効となります。[46]

なお、利率については、出資法や貸金業法によっても、その最高限度について規制がなされています。

③ 貸金業法による制限

貸金業法上、貸金業者が消費者である個人を相手方として金銭の貸付けを行う場合、原則として、その相手方の年収等の3分の1を超える額を貸し付けることはできないとされています。[43]

ココが出る!

注意

金銭消費貸借契約において、利息制限法の定める上限を超える約定利率を定めても、当該金銭消費貸借契約自体が無効となるわけではありません。

❸ 返還の時期

① 当事者が返還の時期を定めなかったときは、貸主は、**相当の期間を定めて返還の催告**をすることができます。[43][44]

② 借主は、**返還の時期の定めの有無にかかわらず**、いつでも返還をすることができます。

③ 当事者が返還の時期を定めた場合において、貸主は、借主がその時期の前に返還をしたことによって損害を受けたときは、借主に対し、その賠償を請求することができます。

注意

返還時期の定めがない金銭消費貸借契約も有効です。

4 賃貸借

❶ 意　義

賃貸借は、当事者の一方がある物の使用および収益を相手方にさせることを約し、相手方がこれに対してその賃料を支払うことおよび引渡しを受けた物を契約が終了したときに返還することを約することによって、その効力を生じます。

❷ 不動産の賃貸借と借地借家法

建物の所有を目的とする土地の賃貸借と建物の賃貸借については、**借地借家法の規定が民法の賃貸借の規定に優先して適用**されます。

（注）　建物の所有を目的とする地上権と土地の賃借権を総称して「**借地権**」といいます。

ココが出る!

注意

使用貸借による権利（使用借権）は、借地権に含まれないことに注意してください。

❸ 賃貸人と賃借人の義務

①　賃貸人の義務

目的物を使用収益させる義務（貸す債務）、目的物の修繕義

務、賃借人が目的物につき支出した費用の償還義務。㊹㊻

② **賃借人の義務**

賃料支払義務、善管注意義務（目的物の返還までの間、善良な管理者の注意をもって目的物を管理する義務）、原状回復義務。㊺

❹ 賃借権の対抗要件

① **土地の賃借権の場合**

賃借権の登記または借地上の建物の登記（借地権の場合）。㊽

（注） 賃借権の登記には賃貸人の協力が必要ですが、賃貸人には協力義務がないため、賃借権の登記がされることはまれです。そこで、賃借人の保護を図るため、賃借人が単独でできる借地上の建物の登記に対抗力を認めたのです。㊽

② **建物の賃借権（借家権）の場合**

賃借権の登記または建物の引渡し。㊻

例えば、AがBに賃貸し、引渡しをしている建物をCに譲渡した場合、Bは、建物賃借権（借家権）の登記をしていなくても、建物の引渡しを受けているため、Cに対して建物賃借権（借家権）を対抗することができます。

❺ 借地契約・借家契約において授受される金銭

	意　義
敷　金	いかなる名目によるかを問わず、賃料債務その他の賃貸借に基づいて生ずる賃借人の賃貸人に対する金銭の給付を目的とする債務を担保する目的で、賃借人が賃貸人に交付する金銭。 賃貸借終了後**賃貸物の返還時に**、賃借人に賃料未払いその他の債務不履行があれば、その金額を控除した残額が返還され、債務不履行がなければ全額が返還される。
権利金	不動産賃貸借契約の締結に際し、賃料以外に賃借人から賃貸人に対して支払われる金銭。礼金ともいう。一般に権利設定の対価としての意味を持つ。敷金と異なり、賃借人に返還されない。

コーヒーブレイク

一時使用目的の借地権については、借地権の存続期間や更新の制約等に関する借地借家法の規定の適用がありません。
また、一時使用目的の建物の賃貸借についても、その存続期間や更新の制約等に関する借地借家法の規定の適用がありません。

ココが出る!

特に、敷金返還請求権は「賃貸物の返還時に」発生するという点を押さえてください。

保証金	一般にビルなどの賃貸借契約において、賃借人から賃貸人に対して支払われる金銭。権利金の性質を持つもの、敷金の性質を持つもの、年限に応じて償却するものとがある。
更新料	不動産賃貸借契約において、契約期間が満了したときに、契約を更新するための代償として、賃借人から賃貸人に対して支払われる金銭。
立退料	借地または借家の明渡しに際して、賃貸人から賃借人に対して支払われる金銭。賃貸人が契約の更新拒絶や解約申入れをするには正当事由が必要だが、立退料の提供があるからといって、必ずしも正当事由ありと認められるとは限らない。

❻　賃貸借の存続期間

	最長期間	最短期間
民　法	50年	制限なし
借地権（普通借地権）	制限なし	最初の借地契約の場合は30年以上^(注1) 最初の更新の場合は20年以上、2回目以降の更新の場合は10年以上
借家権	制限なし	1年未満の期間を定めた場合には、期間の定めがない建物賃貸借とみなされる^(注2)

（注1）　当事者間で30年よりも短い期間を定めても、期間は30年となります。また、期間を定めなかったときも、期間は30年となります。

（注2）　定期建物賃貸借（更新のない建物賃貸借）の場合には、1年未満の期間を定めても、その定めは有効であり、期間の定めのない建物賃貸借とはみなされません。

用　語

更新のない借地権（定期借地権）に対して、更新のある借地権をとくに「普通借地権」と呼ぶことがあります。

第3章　法人取引の法務

第1節　ビジネスに関する法律関係　93

ココが出る!

「書面の要否」「公正証書の要否」を押さえてください。

❼ 定期借地権（更新のない借地権）[45]

	存続期間	契約方式	契約目的
一般定期借地権	50年以上	書面による（公正証書でなくてもよい）	制限なし
建物譲渡特約付借地権	30年以上	口頭でも可	制限なし
事業用定期借地権	①10年以上30年未満	必ず公正証書による	専ら事業の用に供する建物の所有を目的とする場合に限る
	②30年以上50年未満		

（注１） 一般定期借地権、建物譲渡特約付借地権および事業用定期借地権のうち存続期間が30年以上50年未満のものの場合は、更新をしない旨の特約をしたときに初めて更新されないことに注意。

（注２） 賃貸マンション事業者が賃貸マンションを建築する目的で土地を借りる場合には、賃貸マンションが居住用の建物であるため、事業用定期借地権は設定できません。

語呂合わせ ▶定期借地権の存続期間

郷 **さんの**

50年以上（一般定期借地権） 30年（建物譲渡特約付借地権）

父 **さんは、サンコンさんです。**

10年以上30年未満 30年以上50年未満

事業用定期借地権

❽ 契約の更新

ココが出る!

借地契約・借家契約において、**賃貸人が更新を拒絶する場合**は**正当事由**があることが必要ですが、賃借人が更新を拒絶する場合は不要です。正当事由の有無は、賃貸人・賃借人双方の土地建物の使用を必要とする事情、借地借家の従前の経過および土地の利用状況ならびに立退料等を総合的に考慮して判断されます。[46][48]

① 借地契約の更新
イ　合意更新
当事者間の合意により、借地契約を更新することがで
きる。
ロ　請求による更新
借地権の存続期間の満了にあたり、借地権者が契約の
更新を請求した場合には、**建物があるときに限り**、従前
の契約と同一の条件で契約を更新したものとみなされ
る。ただし、借地権設定者（地主）が遅滞なく正当事由
に基づく異議を述べたときは、更新されない。
ハ　法定更新（使用継続による更新）
借地権の存続期間が満了した後、借地権者が土地の使
用を継続する場合にも、**建物があるときに限り**、従前の
契約と同一の条件で契約を更新したものとみなされる。
ただし、借地権設定者が遅滞なく正当事由に基づく異議
を述べたときは、更新されない。
② 借家契約の更新
イ　更新拒絶等の通知がなかった場合
ロ　法定更新（使用継続による更新）

> **注　意** ⚠
> 「請求による更新」と「法定更新」については、建物があることが更新のために必要となることに注意してください。

❾　契約の終了

①　原状回復義務

　賃貸借が終了したときは、賃借人は目的物を賃貸人に返還しなければなりません。その際、目的物に附属させた物（たとえば、パーテーションなどの間仕切り）を収去して、目的物を原状に復して返還することが必要です。❹❸

　また、賃借人は、賃借物を受け取った後に、これに生じた損傷がある場合において、賃貸借が終了したときは、通常の使用および収益によって生じた賃借物の損耗ならびに賃借物の経年変化を除き、その損傷を原状に復する義務を負います。❹❽

②　費用償還請求権

イ　必要費償還請求権

　賃借人が賃借物につき賃貸人の負担に属する必要費（修繕費などのように、賃貸目的物の保存に通常必要な費用をいう。）を支出したときは、賃借人は、賃貸人に対して、直ちにその全額の償還を請求することができます。❹❸ ❹❻ ❹❽

ロ　有益費償還請求権

　賃借人が賃借物につき有益費（改良費などのように、賃貸

目的物の価値を増加させる費用をいう）を支出したときは、賃貸人は、**賃貸借終了時**において、その選択に従い、賃借人の支出した費用または賃貸借終了時に現存する増加額のいずれかを償還しなければなりません。❹❹❽

③ **造作買取請求権**
　賃貸人の同意を得て建物に付加した造作については、契約終了時に賃貸人に時価で買い取るよう請求できます。ただし、この請求権は、特約で排除できます。❸❺❻

⑩ 賃貸不動産の譲渡、賃借権の譲渡・転貸

① **賃貸不動産の譲渡**

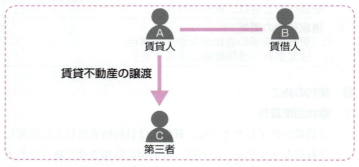

イ　賃貸不動産が賃貸人から第三者に譲渡されても、賃借人は、賃借権の**対抗要件**を具備していれば、新所有者に対して賃借権を主張できます。❺

ロ　新所有者は、新賃貸人として権利を行使（賃料の請求など）するには、賃貸不動産について所有権の移転の登記を具備していることが必要です。

☕ **コーヒーブレイク**

借地権の存続期間が満了した場合において、契約の更新がないときは、借地権者は、借地権設定者に対し、建物その他借地権者が権原により土地に附属させた物を時価で買い取るべきことを請求することができます（建物買取請求権）。

⚠ **注意**

「対抗要件」とは、借地の場合は賃借権（借地権）の登記または借地上の建物の登記、借家の場合は賃借権（借家権）の登記または建物の引渡しを指します。❺

② **賃借権の譲渡・転貸**

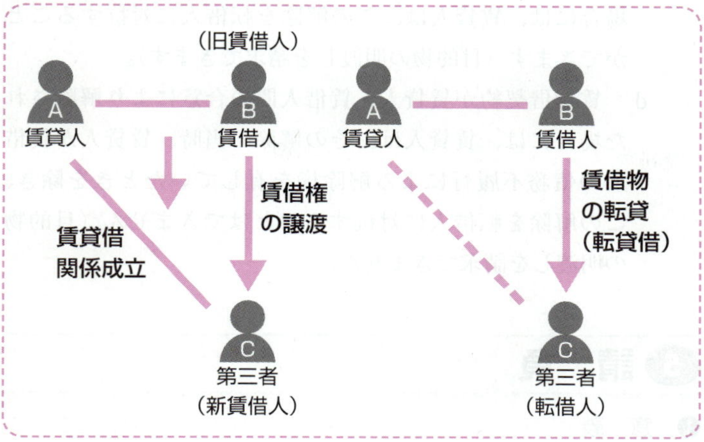

イ　賃借人が賃借権を第三者に譲渡したり、賃借物を第三者に転貸するには、賃貸人の承諾を得ることが必要です。㊺

ロ　**無断譲渡・転貸がなされた場合には、原則として、賃貸人は賃貸借契約を解除**できます。

ハ　例外として、無断譲渡・転貸がなされた場合でも、賃貸人に対する背信的行為と認めるに足りない特段の事情があるときは、賃貸人は賃貸借契約を解除できません(譲渡・転貸は有効となります)。

ニ　賃借権の譲渡・転貸が有効である場合の法律関係

a　賃借権の譲渡の場合には、譲渡人は賃貸借関係から離脱し、賃貸借関係は、賃貸人と譲受人との間に移行します。

b　賃借物の転貸の場合には、転貸人(賃借人)は賃貸借関係から離脱せず、原賃貸借(賃貸人と賃借人との間の賃貸借)とは別個に、新たに転貸借(賃借人と転借人との間の賃貸借)が成立し、両賃貸借が併存します。この場合、転借人は、賃貸人と賃借人との間の賃貸借に基づく賃借人の債務の範囲を限度として、賃貸人に対して転貸借に基づく債務を直接履行する義務を負います。したがって、賃借人が賃料を支払わないときは、賃貸人は転借人に対して賃料の支払いを請求することができます。

ココが出る!

コーヒーブレイク

Aがその所有する建物をBに月額20万円で賃貸し、BがAの承諾を得たうえで、建物の一部をCに月額10万円で転貸した場合、転借人Cは、賃借人Bが賃料を支払わないときは、月額10万円の限度で、賃貸人Aに対して賃料支払義務を負うことになります。

c　賃貸借契約が賃借人の債務不履行を理由に解除された場合には、賃貸人は、この解除を転借人に対抗することができます（目的物の明渡しを請求できます）。

d　賃貸借契約が賃貸人・賃借人間の合意により解除された場合には、賃貸人は、その解除の当時、賃貸人が賃借人の債務不履行による解除権を有していたときを除き、この解除を転借人に対抗することはできません（目的物の明渡しを請求できません）。

5 請　負

❶ 意　義

請負とは、請負人がある仕事を完成させることを約束し、注文者がその仕事の結果に対して報酬を与えることを約束する契約をいいます。請負契約が成立するためには、**契約書の作成を必要とせず**、当事者間の意思表示の合致があれば成立します。[44][45]

ココが出る!

請負人の報酬請求権は、契約成立時に発生しますが、報酬の支払時期については、特約がなければ、民法上、注文者は、**目的物の引渡しを要する場合には引渡しの時**に、目的物の引渡しが不要の場合には仕事完成の時に、報酬を支払わなければならないとされています。したがって、建設請負の場合には、目的物の引渡しを要することから、報酬（請負代金）は、仕事の目的物（建物）の引渡しと同時に支払わなければならないことになります。[43][45]

ココが出る!

なお、注文者の責めに帰することができない事由によって仕事を完成することができなくなった場合または請負が仕事の完成前に解除された場合において、請負人が既にした仕事の結果のうち可分な部分の給付によって注文者が利益を受けるときは、その部分を仕事の完成とみなし、請負人は、注文者が受ける利益の割合に応じて報酬を請求することができます。

❷ 注文者の解除権

注文者は、**請負人が仕事を完成する前**であれば、いつでも損害を賠償して契約を解除できます。これは、請負人に債務不履行が

ココが出る!
仕事完成前の解除は

なくても、注文者に解除権の行使を認めるものです。㊸㊺㊻㊽

これに対し、請負人には、仕事を完成させる義務があるため、仕事完成前に一方的に契約を解除する権利はありません。㊸㊽

注文者にのみ認められることを押さえましょう。

❸ 一括下請負の禁止

民法上、請負人が請け負った仕事の全部または一部を他人に請け負わせること（下請け）は禁止されていません。また、下請けについて注文者の承諾を要する旨の規定もありません。これに対し、**建設業法では、原則として**、自分が請け負った仕事を一括して他人に請け負わせる**一括下請負は、禁止されています。**㊺

ココが出る！
民法と建設業法との違いを押さえてください。

❹ 請負人の担保責任

① 売主の担保責任の規定の準用

請負人の担保責任については、売買における売主の担保責任の規定が準用されます。すなわち、請負人が種類または品質に関して契約の内容に適合しない仕事の目的物を注文者に引き渡したとき（その引渡しを要しない場合にあっては、仕事が終了した時に仕事の目的物が種類または品質に関して契約の内容に適合しないとき）、たとえば、完成した建物に欠陥があったような場合には、注文者は、**履行の追完の請求（修補請求等）**、**報酬の減額の請求**ができ、また、債務不履行に基づく**損害賠償の請求**および**契約の解除**をすることができます。

平成29年の改正前においては、建物その他土地の工作物の請負においては、旧635条ただし書の規定により契約の解除は認められていませんでしたが、改正により、この規定は削除されました。その結果、建物その他土地の工作物の請負においても、債務不履行の規定に基づき契約の解除ができることとなりました。

② 請負人の担保責任の制限

請負人が種類または品質に関して契約の内容に適合しない仕事の目的物を注文者に引き渡したとき（その引渡しを要しない場合にあっては、仕事が終了した時に仕事の目的物が種類または品質に関して契約の内容に適合しないとき）は、注文者

は、**注文者の供した材料の性質または注文者の与えた指図によって生じた不適合**を理由とする履行の追完の請求、報酬の減額の請求、損害賠償の請求および契約の解除をすることができません。

ただし、**請負人がその材料または指図が不適当であることを知りながら告げなかったとき**は、注文者は、担保責任を追及することができます。

③ **目的物の種類または品質に関する担保責任の期間の制限**

仕事の目的物が契約の内容に適合しない場合において、**注文者がその不適合を知った時から１年以内にその旨を請負人に通知しないとき**は、注文者は、その不適合を理由とする履行の追完の請求、報酬の減額の請求、損害賠償の請求および契約の解除をすることができません。

ただし、仕事の目的物を注文者に引き渡した時（その引渡しを要しない場合にあっては、仕事が終了した時）において、**請負人が当該不適合を知り、または重大な過失によって知らなかったとき**は、注文者は、担保責任を追及することができます。

注意
新築住宅については、住宅の品質確保の促進等に関する法律により、瑕疵担保責任の存続期間は、引渡しの時から10年間とされます。この期間は、特約により20年まで延長することができますが、短縮することはできません。

6 委　任

❶ 意　義

委任とは、委任者が受任者に法律行為をなすことを委託し、受任者がこれを承諾することによって成立する契約をいいます。

❷ 委任契約の効果

① **無償委任の原則**

民法上は、委任契約は**無償委任**（報酬の支払いを内容としない）が原則です。したがって、受任者は、特約があってはじめて報酬の支払いを請求できます。

しかし、商法上は、委任契約により商人が受任者としてその営業の範囲内で行う行為については、報酬についての特約がない場合でも、報酬の支払いを請求できます（**有償委任**となる）。㊹

ココが出る！
民法と商法との違いを押さえてください。

ココが出る！

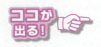

② **善管注意義務**

受任者は、**有償・無償を問わず**、善管注意義務を負います。 [43][45][46][48]

ココが出る！

（注） A社がB社に対し、A社の保有する個人情報に関するデータの管理を委託する場合のように、**法律行為以外の事務の委託**を目的とする契約を「**準委任**」といいます。準委任については、委任の規定が準用され、委託を受けた者は、善良な管理者の注意をもって委託を受けた事務を処理しなければなりません。

7 寄　託

❶ 意　義

寄託とは、他人の商品などの品物を他人のために保管することを約束する契約をいいます。品物を預けた者を寄託者、預かった者を受寄者といいます。

❷ 寄託契約の効果

① **無償寄託の原則**

民法上、受寄者は、特約がある場合にのみ報酬請求権を有します。

商法上も、商人がその営業の範囲内で行う場合や倉庫営業の場合を除き、受寄者は、特約がある場合にのみ報酬請求権を有します。

② **注意義務**

イ　民法上は、受寄者は、有償寄託の場合にのみ善管注意義務を負い、無償寄託の場合には**自己の財産に対するのと同一の注意義務**を負うにすぎません。[44]

ココが出る！
民法と商法との違いを押さえてください。

ロ　商法上は、商人が寄託を受ける場合には、**有償・無償を問わず**、**善管注意義務**を負います。[43][46][48]

ココが出る！

❸ 消費寄託契約

受寄者が契約により寄託物を消費することができる場合を**消費**

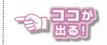

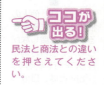

寄託契約といいます。その典型例は、**預金契約**で、これは**金銭消費寄託契約**に該当します。金銭消費寄託契約において、返還時期を定めなかった場合、寄託者は、受寄者に対し、いつでも寄託した金銭の返還を請求することができます。

なお、**平成29年改正民法**は、金銭消費寄託契約においては、受寄者（金融機関等）は、返還時期の定めの有無にかかわらず、いつでも寄託物（預金等）を返還することができるものとしています。

❽ クレジットカード契約

クレジットカード契約とは、クレジット会社・消費者（会員）間のカード利用契約（立替払契約）とクレジット会社・加盟店（販売会社）間の加盟店契約から成り立っている契約をいいます。

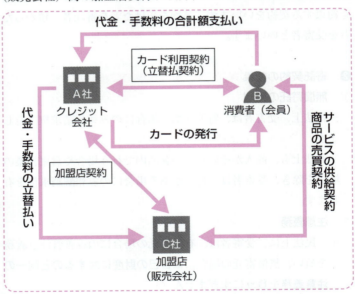

❾ 不法行為（契約によらない債権・債務の発生）

不法行為とは、**故意**または**過失**によって他人の権利または法律上保護される利益を侵害し、これによって損害を与える行為（加害行為）をいいます。不法行為を行った者は、これによって生じ

用語

「故意」とは、他人の権利や利益を侵害することを認識しながらあえて加害行為を行うことをいいます。
「過失」とは、自分の行為の結果他人に損害を与えるであろうということが予測できたのにそれを避けるための注意をしなかったことをいいます。

た損害を賠償する責任（不法行為責任）を負います。不法行為責任は、加害者と被害者との間に契約関係があるか否かにかかわらず、次の要件を具備すれば、成立します。㊺

❶ 不法行為責任の成立要件

① 損害が発生していること

損害は、財産的損害（積極的損害・消極的損害）と非財産的損害とに分けられます。

財産的損害のうち、積極的損害とは、治療費や修理費等の現実に出費された金銭等の損害をいい、消極的損害とは、休業損害等の収入として見込まれたものが得られなかった場合の損害（「**逸失利益**」または「**得べかりし利益**」ともいう）をいいます。㊸㊹㊻㊽

なお、抵当権の目的物である建物が毀損された場合、判例によれば、毀損されただけでは損害は生じず、**目的物の残存価値が被担保債権額を下回る場合に初めて損害が生ずる**とされています。この判例の見解に従えば、建物が毀損されたことにより**抵当権によって担保されなくなった部分**が「損害」額となります。

非財産的損害とは、精神的苦痛（精神的損害）に対する慰謝料や名誉・信用毀損等の損害をいいます。㊹㊻

② 加害行為と損害との間に因果関係があること

因果関係は、条件関係（ある原因行為がなければその結果が生じなかったという関係）が存在することを前提にして、**相当因果関係**（その行為があれば通常そのような結果が発生したであろうと一般的に予見ができるという関係）が存在する場合に認められます。㊺

③ 加害者の故意または過失による行為であること

④ 加害行為が違法であること

加害行為に正当防衛や緊急避難といった**違法性阻却事由**が存在しないことが必要です。㊸㊺

（注１） **正当防衛**とは、他人の不法行為に対し、自己または第三者の権利または法律上保護される利益を防衛するためやむを得ずした加害行為をいいます。たとえば、強盗に

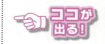

注意
不法行為責任が成立するためには、①～⑤の要件のすべてを満たすことが必要です。

ココが出る!

ココが出る!

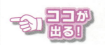

コーヒーブレイク
「相当因果関係」は、債務不履行責任における損害賠償の範囲を定める基準ともなります。

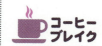

用語
「違法性阻却事由」とは、通常は法律上違法とされる行為について、その違法性を否定する事由をいいます。

対して自己や家族の身を守るためにこれを殺傷した場合や、強盗から逃れるために隣家に飛び込んで家屋や什器を損壊した場合が該当します。❹❹❺

（注2） **緊急避難**とは、他人の物から生じた急迫の危険を避けるためその物を損傷することをいいます。たとえば、咬みついてきた他人の飼犬から身を守るためにその犬を殺傷した場合が該当します。

⑤ 加害者に責任能力があること❹❹❹❹

責任能力とは、自分の行為の結果を予測でき、かつそれを回避するのに必要な行動をとることができる精神的能力をいいます。小学校卒業程度（11〜12歳程度）の者であれば認められる傾向にあります。❹❹❺

加害者に責任能力がない場合でも、親権者や未成年後見人などの監督義務者に監督義務違反があるときは、監督義務者が損害賠償責任を負います。❹❹❹

❷ 不法行為の効果

① 不法行為責任が成立すると、加害者は被害者に対して損害賠償責任を負います。

② 損害賠償は、金銭によるのが原則です（**金銭賠償の原則**）が、例外的に、他人の名誉を毀損した者に対しては、裁判所は、被害者の請求により、名誉を回復するのに適当な処分である**原状回復**を命ずることができます。❹❻

被害者側に過失があった場合には、**過失相殺**によってその額が減額されることがあります。また、**損益相殺**によって損害賠償額が調整されることがあります。❹❹❹❻❹

（注1） **過失相殺**とは、被害者側にも過失があって損害の発生や拡大の一因となった場合に、損害額から被害者側の過失割合に相当する額を差し引いて賠償額を決定する方法をいいます。過失相殺をするためには、被害者に責任能力があることは不要ですが、**事理弁識能力**（物事の善し悪しを判断できる能力）があることは必要です。❹❹❹

過失相殺に当たって考慮される過失は、被害者自身の過失に限られません。判例は、被害者と身分上ないしは生活関係上一体をなすとみられるような関係にある者の過失（**被害者側の過失**）も含まれるとしています。「被

害者側」に当たる例としては、被害者が幼児の場合でいえば、その父母や父母の被用者である家事使用人などを挙げることができます。しかし、判例は、保育園の保育士は、被害者側には当たらないとしています。[46]

（注２）　**損益相殺**とは、被害者が不法行為によって損害を受ける一方で何らかの利益を受けた場合に、その利益額を損害額から差し引いて賠償額を決定することをいいます。死亡の場合でいえば、生存していたならば、支出したであろう生活費相当分が損益相殺の対象となります。[43][48]

③　**不法行為による損害賠償請求権**は、次に掲げる場合には、**時効によって消滅**します。

イ　**被害者またはその法定代理人が損害および加害者を知った時から３年間**（人の生命または身体を害する不法行為による損害賠償請求権の場合は５年間）行使しないとき。

ロ　**不法行為の時から20年間**行使しないとき。

注意
任意加入の生命保険金や傷害保険金は、損益相殺の対象とはなりません。
香典や見舞金も損益相殺の対象とはなりません。

❸ 特殊な不法行為責任

①　監督義務者の責任

加害行為を行った者が３歳児のような責任無能力者であった場合、その監督義務者（親権者や後見人）に監督義務違反があれば、監督義務者が損害賠償責任を負います。[43]

ココが出る！

②　使用者責任

ある事業のために他人を使用する者（使用者）は、被用者がその事業の執行について第三者に加えた損害を賠償する責任を負います。[46]

たとえば、運送会社Ａ社の配送員Ｂが荷物をトラックで配送中に、その前方不注意によりＣをはねて怪我を負わせた場合、Ａは、Ｃに対して損害賠償責任を負います。

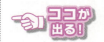

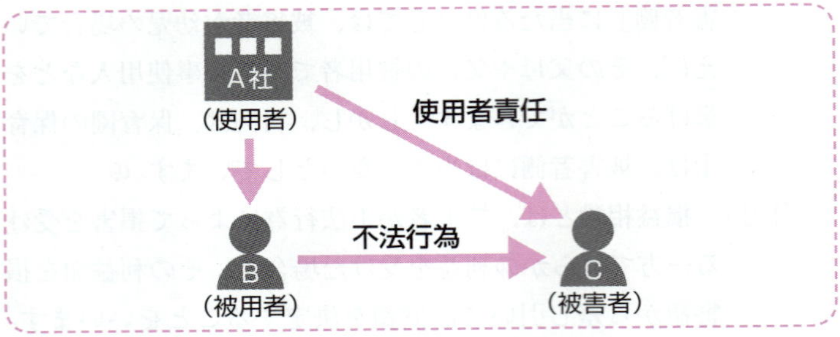

使用者責任は、他人（被用者）を使用することによって自己の活動範囲を拡張し、利益を収める可能性を増大させている者（使用者）は、それに伴って生ずる損害も負担するのが公平であるとする「報償責任の原理」に基づくものです。

ここに「事業」とは、広い意味に解されており、営利目的か否か、継続的か一時的か、企業の仕事か家庭の仕事か等は問われません。また、「使用関係」は、**雇用契約等の契約関係になくても、事実上、監督・指揮命令に服する関係にあれば認められます。**

なお、使用者は、被用者の選任およびその事業の監督について相当の注意をしたとき、または相当の注意をしても損害が生ずべきであったことを立証すれば、免責されます。ただし、この立証は極めて困難であり、実際上、使用者責任は無過失責任に近いものとなっています。

使用者責任が成立する場合でも、被害者は、加害行為を行った被用者に対して損害賠償責任を追及できます。使用者が被害者に対して損害賠償をしたときは、被用者に求償することができますが、この求償の範囲は、損害の公平な分担という見地から信義則上相当と認められる限度に制限されています（判例）。

③ **土地工作物責任**

建物その他土地の工作物の設置または保存に欠陥（瑕疵）があり、そのために他人に損害が発生した場合、その工作物の占有者は、被害者に対して損害賠償責任を負います。ただし、占有者が損害の発生を防止するのに必要な注意をしたことを証明したときは、所有者が損害賠償責任を負います。

たとえば、BがAの所有する建物を賃借し、そこで劇場を経

ココが出る！

注意
使用者責任が成立するためには、その前提として、被用者に一般の不法行為責任が成立することが必要です。㊸

注意
責任追及できる相手方は、使用者に限られないことに注意しましょう。

営していたところ、建物の天井がその設置に欠陥があったために落下して、観客Cが怪我を負った場合、**第一次的**には建物の**占有者**であるBがCに対して損害賠償責任を負い、Bが損害の発生を防止するのに必要な注意をしたことを証明したときは、**第二次的**に建物の**所有者**であるAがCに対して損害賠償責任を負います。所有者には免責事由は認められておらず、その責任は**無過失責任**となっています。

> **注意**
> 土地工作物責任については、第一次的には占有者が損害賠償責任を負うことと、占有者が責任を免れたときは、第二次的に所有者が無過失責任を負うことを押さえてください。

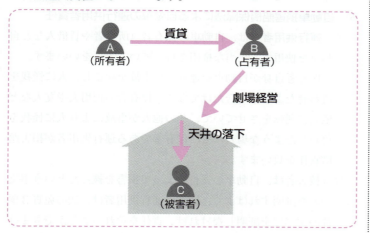

　土地工作物責任は、他人に損害を生ぜしめるかもしれない危険性を持った瑕疵ある工作物を支配している者は、その工作物の瑕疵より生ずる損害について責任を負うのが公平であるとする「危険責任の原理」に基づくものです。

④ **製造物責任**

　イ　製品等の製造物の欠陥によって他人の生命・身体・財産を害した場合、製造業者等が損害賠償責任を負います。

　ロ　被害者は、**製造業者等の故意・過失を証明する必要はな**く、製造物に欠陥が存在し、これによって損害を被ったことを証明すれば足ります。�43�44

　ハ　製造物責任は、製造物の欠陥によって人の生命・身体・財産に生じた損害（**拡大損害**）について成立します。損害が欠陥のある製造物だけにとどまり、**拡大損害が生じなかった場合には、製造物責任は成立しません**。�44�45

　ニ　「製造物」とは、**製造・加工された動産**をいいます。不動

製造物責任は、「無過失責任」です。

第1節　ビジネスに関する法律関係　107

産やサービス、**未加工の農林水産物は含まれません。**㊹

ホ　責任を負う「製造業者等」には、製造・加工業者のほか、**輸入業者も含まれます**。しかし、**単なる流通業者や販売業者は含まれません**。ただし、有名デパート等の大手の販売業者が中小のメーカーに製造させた製品に自社ブランドをつけて販売するような場合には、大手の販売業者も「製造業者等」にあたります。㊽

ココが出る！

⑤　**自動車損害賠償保障法による自動車の運行供用者責任**

注意
自動車損害賠償保障法は、人の生命・身体を害した場合（対人事故）にのみ適用され、物損は適用対象外です。

イ　**運行供用者**とは、自動車の保有者（所有者や賃借人など自動車を使用する正当な権限を持っている者）をいいます。

保有者自身が自動車を運転して事故を起こし、人に怪我を負わせたような場合だけでなく、保有者の使用人や友人など他人に運転をさせていて、その他人が事故により人に怪我を負わせたような場合にも、保有者である運行供用者が損害賠償責任を負います。㊸㊺

ココが出る！
運転者が保有者以外である場合でも、運行供用者責任が成立します。

ロ　被害者は、自動車の運行によって損害を被ったという事実のみを証明すればよく、他方、運行供用者は、次の免責３要件のすべてを証明しなければ、責任を免れることができません。その結果、運行供用者責任は、実質的に無過失責任となっています。

a　自己および実際に運転をしていた運転者が、自動車の運行に関し注意を怠らなかったこと

b　被害者または運転者以外の第三者に故意または過失があったこと

c　自動車に構造上の欠陥または機能の障害がなかったこと

⑥　**共同不法行為責任**

２人（２社）以上が共同して不法行為を行った場合、加害者は各自が連帯して**全損害についての賠償責任**を負います。㊺

たとえば、複数の企業の工場廃液により、河川や海が汚染されて、住民が健康被害等を受けた場合等においては共同不法行為責任が問題となることが多くあります。

⑦　**失火についての責任**

過失によって火事を起こし、これによって他人に損害を与え

た場合、失火者は、重過失がある場合にのみ不法行為責任を負います。その過失が軽過失（通常の過失）にとどまるときは、不法行為責任を負いません。

過失 ┬ 軽過失（通常の過失）…不注意の程度が軽い場合
　　 └ 重過失……………………不注意の程度が通常の過失に比べ著しい場合

なお、**債務不履行責任と不法行為責任の両方の成立要件を充たす場合、債権者（被害者）は、いずれの責任でも自由に選択して損害賠償を請求することができる**とされています（判例）。

10 事務管理・不当利得

❶ 事務管理

① 意義

事務管理とは、法律上の義務がないのに他人のためにその事務（仕事）を管理（処理）することをいいます。たとえば、Aが、隣人Bの留守中にB宅の屋根が台風で壊れたのを見つけて、Bに頼まれたわけでもないのに、その屋根を修繕するというような場合をいいます。

② 管理者の義務

法律上の義務がないにもかかわらず、他人のために事務の管理を始めた者（管理者）は、その事務の性質に従い、**最も本人の利益に適合する方法**によって、その事務の管理（事務管理）をしなければなりません。そして、管理者は、原則として、本人またはその相続人もしくは法定代理人が管理をすることができるに至るまで、事務管理を継続しなければなりません。[43]

ココが出る！

❷ 不当利得

① 意義

不当利得とは、法律上の原因なく（正当な理由がないにもかかわらず）、他人の財産または労務によって利益を受け、これによってその他人に損失を及ぼした場合に、利得者にその利益の返還を命ずる制度をいいます。[44]

ココが出る！

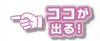

たとえば、Aが、Bの詐欺に遭って、その所有する土地を廉価でBに売却し、これを引き渡した後、Bの詐欺を理由として売却の意思表示を取り消した場合、Bは、Aに対して、引渡しを受けた土地を返還する義務を負います。また、XがYの建物を勝手にZに賃貸して、Zから賃料を収受していた場合には、Xは、Yに対して、Zから受け取った賃料相当額を返還する義務を負います。

なお、返還義務の範囲については、法律上の原因がないことにつき**善意の受益者は、その利益の存する限度（現存利益）で返還**すれば足りますが、**悪意の受益者は、その受けた利益に利息を付して返還**しなければならず、この場合において、なお損害があるときは、その賠償の責任を負います。

② **不法原因給付**

ココが出る！

不法な原因のために給付をした者は、その給付したものの返還を請求することができません。すなわち、給付が法律上の原因を欠くため、本来ならば、不当利得返還請求権が成立する場合であっても、不法な原因のための給付であるときは、原則としてその給付したものの返還を請求することができないとされます。[45]

たとえば、賭博で負けて支払った金銭のように、給付の基礎となった法律関係が公序良俗違反によって無効である場合が不法原因給付に当たります。この場合、負けた者が約束の金銭の支払いを拒んだときは、そのような公序良俗違反の行為を国家は是認するものではないため、勝った者は、賭金の取立てのために裁判所に救済を求めることはできません。

11 国際取引

❶ 国際裁判管轄

国際取引においてトラブルが発生したときに、どの国の裁判所に訴えることができるかという問題を、国際裁判管轄の問題といいます。

わが国では、民事訴訟法の国内**土地管轄**規定で定める**裁判籍**が

わが国にある場合には、原則としてわが国の裁判所に国際裁判管轄を認め、そのうえでそれが当事者の公平や裁判の迅速・適正等に反する特段の事情があるときは、国際裁判管轄を否定しています。すなわち、民事訴訟法によれば、**被告の住所、居所、法人の場合はその主たる事務所や営業所が日本国内にあるとき等に、日本の裁判所に管轄を認めています**。また、契約上の債務の履行請求、不法行為に関する訴えなどの訴えの類型に応じて、特別裁判籍に相当する管轄を認めています。

国際裁判管轄について当事者間であらかじめ合意をしておいても、その合意は有効とされない場合もあります。

❷ 準拠法

国際取引においてトラブルが発生したときに、どの国の法律に基づいてトラブルを解決するかという問題を、準拠法の問題といいます。[45]

わが国では、**法の適用に関する通則法**が準拠法を決定する基準を定めており、同法は、準拠法選択の決定を当事者の意思に委ねる立場（**当事者自治の原則**）を採用しています。[45]

準拠法を当事者間であらかじめ定めていない場合には、契約に最も密接に関係する地の法（**最密接関係地法**）を準拠法とすることになります。

❸ 国際取引と契約書作成

合意事項について、書面による確認の方式として、交渉議事録であるミニッツ・オブ・ミーティングを作成するやり方と、予備的な合意事項や了解事項を簡潔に記載したレター・オブ・インテント、エム・オー・ユーを作成するやり方等があります。

用語

「土地管轄」とは、裁判所がそれぞれ地域的分担をして裁判権を行使する権限をもつ土地の区域をいいます。
「裁判籍」とは、民事訴訟において、裁判を受ける側からみた裁判所の土地管轄をいいます。

用語

「準拠法」とは、国際取引における法的紛争を解決するために適用される法律をいいます。

第2節 手形と小切手

重要度 B

この節で学習すること

1 手形・小切手の経済的役割
信用供与のため、送金のため、支払いのためなど、いろいろな役割があります。

2 手形・小切手の種類
約束手形、為替手形、線引小切手などがあります。名称と定義を正確に押さえましょう。

3 手形・小切手の性質
いろいろな性質がありますが、なかでも「無因証券性」が重要です。

4 手形・小切手の取扱上の注意点
用紙や印紙貼付などのルールがあります。

5 約束手形・小切手の支払い
支払いには「呈示」（＝見せること）が必要です。細かいルールがあります。

6 約束手形・小切手の記載事項
記載事項は多岐にわたり、そのルールは極めて厳格です。正確に押さえましょう。

7 白地手形
「しらぢてがた」と読みます。未完成手形ですが、無効な手形との違いを押さえましょう。

8
裏書

手形や小切手を譲渡（売買）するときに、その「裏に」譲渡人と譲受人が名前などを「書くこと」です。

お金が支払われないことを、不渡りといいます。半年で2回不渡りを出すと、銀行取引停止になり、倒産します。

9
手形・小切手の不渡り

手形・小切手はお金に近い意味があるので、失くすと大変です。失くしたときの手続きが決められています。

10
手形・小切手を紛失した場合の処理

11
手形の偽造

偽造された手形であっても、流通した場合には、かかわった人に様々な責任が生じることがあります。

12
手形訴訟

手形を呈示したのに支払いがなかったときのためだけの特殊な訴訟の手続きです。

第3章 法人取引の法務

第2節 手形と小切手　113

会社などの商人間の取引においては、決済の手段として手形・小切手が利用されることがあります。そこで、本節では、手形・小切手の基礎知識について説明します。

1 手形・小切手の経済的役割

ココが出る!
手形・小切手の経済的役割の違いを押さえてください。

① **手形の経済的役割**

イ　信用の手段─約束手形・為替手形

ロ　送金の手段─為替手形

② **小切手の経済的役割──現金取引の代替手段（支払手段）**㊺

③ **手形・小切手訴訟**

債務者が手形金・小切手金を支払わない場合には、債権者は、簡易・迅速な訴訟制度である「手形・小切手訴訟」（126ページ参照）により、容易に債権の回収を図ることができます。

2 手形・小切手の種類

❶ 手形の種類

① **約束手形**

振出人が受取人（名宛人）に対して、一定期日に一定金額を支払うことを約束した証券（**支払約束証券**）です。

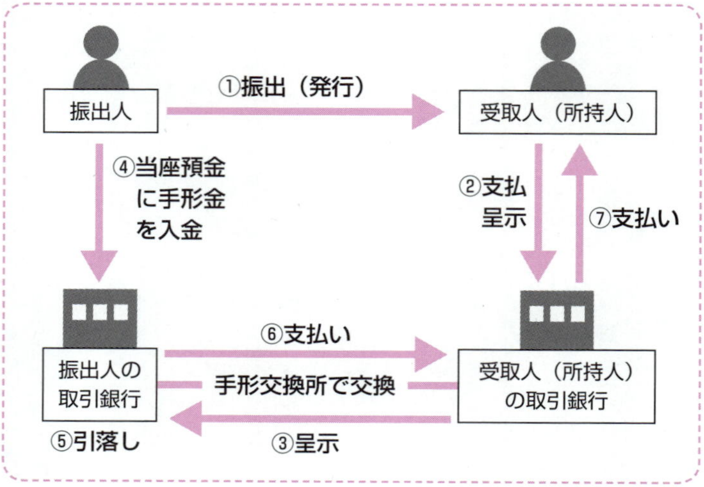

② 為替手形

振出人が支払人（名宛人）に対して、一定期日に一定金額を受取人に支払うよう委託した証券（支払委託証券）です。

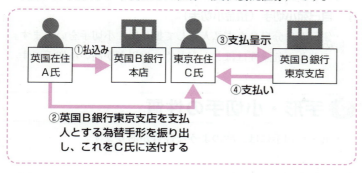

❷ 小切手の種類

小切手とは、振出人が支払人（名宛人）に対して、一定期日に一定金額を受取人に支払うよう委託した証券（支払委託証券）をいいます。

① 線引小切手（横線小切手）

イ　一般線引小切手

小切手用紙の表面に2本の平行線を引いただけか、またはその間に「銀行」、「Bank」、「銀行渡り」などの文字が記載された小切手をいいます。

支払銀行は、「他の銀行」または「支払銀行の取引先」（支払いの呈示をした者がその支払銀行と取引のある者であること）に対してのみ支払いをすることができます。

ロ　特定線引小切手

2本の平行線の間に特定の銀行名が記載された小切手をいいます。

支払銀行は、「線内に記載された銀行」に対してのみ支払うことができます。特定線引で指定された銀行と支払銀行が同一の場合には、支払銀行は、自己の取引先に対してしか支払えません。

② 先日付小切手45

実際に小切手を振り出す日よりも先の日付を振出日として

線引小切手は、小切手の不正取得者に対して支払いがなされるのを防止するために用いられます。

記載する小切手をいいます。

ココが出る！

法律上は、「**振出日」前でも支払いを受けられる**ことになっています。

ココが出る！

③ **自己宛小切手（預金小切手）**㊺

銀行が自分自身を支払人として振り出す小切手をいいます。不渡りの危険性はほとんどなく、信用力が高い小切手です。

3 手形・小切手の性質

手形・小切手には、次のような性質があります。

❶ 有価証券性

有価証券とは、債権などの財産権をあらわす証券であって、権利の移転に証券の交付を、権利の行使に原則として証券の所持を必要とするものをいいます。

❷ 設権証券性

一定の金額を記載して振り出せば、証券に表示された内容の債権が発生します。

❸ 無因証券性㊻㊽

ココが出る！
手形関係は、原因関係の影響を受けないことを押さえてください。

いったん振り出すと、証券上の債権は振出の原因となった取引（原因関係、たとえば、売買・消費貸借など）とは切り離された独立した別個の債権となります。**原因関係が無効、取消し、解除となっても、手形関係は有効に成立**します。手形は裏書により譲渡できるので、もし、有因すなわち原因関係が無効、取消し、解除となった場合には手形関係も無効となるという扱いをするならば、手形取引の安全が害されるからです。

❹ 文言証券性

証券上の権利・義務の内容は証券の記載事項に基づいて決定されます。

❺ 要式証券性㊺

証券の記載事項は法律によって定められています。

4 手形・小切手の取扱上の注意点

銀行実務では、手形・小切手として使用する用紙は統一手形用紙・統一小切手用紙に限られています。

手形・小切手は、必ず統一手形用紙・統一小切手用紙によって作成されているものを受け取る必要があります。

また、手形には収入印紙の貼付欄があります。**印紙の貼付がない手形も有効**ですが、その場合には、必要な印紙税額とその2倍の過怠税が徴収されます。

ココが出る！

注意
小切手には収入印紙を貼付する必要はありません。

5 約束手形・小切手の支払い

❶ 約束手形の支払い

約束手形の所持人が手形金の支払いを受けるには、**満期か、それに続く2取引日**内に支払人に対して手形を呈示することが必要です（この呈示は実際には所持人の取引銀行を通じて行います）。

ココが出る！

なお、**支払呈示期間を経過しても、時効にかからない限り、当該約束手形は無効とはならず、約束手形の所持人は、振出人に呈示して手形金の支払いを受けることができる**ことに注意してください。

❷ 小切手の支払い

小切手の所持人が小切手金の支払いを受けるには、支払銀行に対し、振出日の翌日から起算して10日以内に小切手を呈示することが必要です。

6 約束手形・小切手の記載事項

❶ 約束手形の必要的記載事項

必要的記載事項とは、その記載を欠くと手形が無効となる事項をいい、「手形要件」ともいいます。

① 約束手形文句　② 手形金額　③ 支払約束文句
④ 支払期日（満期）　⑤ **支払地**　⑥ 受取人
⑦ 振出日　⑧ **振出地**　⑨ 振出人の署名

（注）　実務では、振出人欄にあらかじめ銀行に届け出た印鑑が押されていないと、銀行は手形金を支払いません。会社などの法人が振り出す場合は、振出人欄に会社名・代表者肩書・代表者の氏名・銀行届出印の押印が必要です。

用語

「支払地」とは、満期に手形金の支払いがなされるべき地域をいい、最小独立行政区画（市町村、東京23区）で記載されます。

「振出地」とは、手形が振り出された地として手形上に記載されている地域をいい、最小独立行政区画で記載されます。

〈約束手形の見本〉

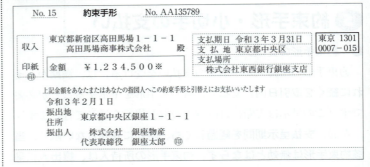

満期の種類には4つあることを押さえてください。

満期には、次の種類があります。

① **確定日払**
　「令和3年3月31日」というように、特定の日を満期とするもの。

② **日付後定期払**
　「日付後60日払」というように、振出日から手形に記載した期間を経過した日を満期とするもの。

③ **一覧払**
　一覧の日、すなわち、支払いのための呈示があった日を満期とするもの。「一覧次第」、「請求次第」などと表示します。

④ **一覧後定期払**
　「一覧後10日」というように、一覧のために手形を振出人に呈示した日から手形に記載した期間を経過した日を満期とする

もの。

❷ 約束手形の有益的記載事項

有益的記載事項とは、記載しなくても、手形は無効とはならないが、記載すれば、その効力が認められる事項をいいます。

① **利息文句**

一覧払手形と一覧後定期払手形の場合に限られます。**確定日払手形と日付後定期払手形の場合には、無益的記載事項**となります。

ココが出る!

② **支払場所**

統一手形用紙では、銀行の支店名が印刷されています。

③ **振出人の肩書地**

振出地の記載がない場合でも、振出人の名称に肩書地の記載があるときは、これが振出地の記載とみなされて、手形が無効となることが回避されます。

④ **裏書禁止文句（指図禁止文句）**

この記載があると、手形を裏書により譲渡できなくなりますが、民法の債権譲渡の方法により譲渡することはできます。

❸ 約束手形の無益的記載事項

無益的記載事項とは、記載しても効力が生じない事項をいいます。次のような事項が該当します。

① 確定日払手形と日付後定期払手形における利息文句
② 支払遅滞による損害賠償額の予定
③ 「本手形は取り立てしないこと」という不呈示約款

❹ 約束手形の有害的記載事項

有害的記載事項とは、記載すると、その記載自体が無効となるだけでなく、手形全体までが無効となる事項をいいます。次のような事項が該当します。

① 法律が認める態様以外の満期の記載
② 「手形金額の支払は分割払とする」旨の記載
③ **「商品と引換えに支払うこと」**という旨の記載㊸

ココが出る!
有害的記載事項の具体例3つを確実に押さえてください。

❺ 小切手の必要的記載事項

次のうちの1つでも欠けると、小切手は無効となります。

①小切手文句　②小切手金額　③支払委託文句
④支払人の名称　⑤支払地　⑥振出日　⑦振出地
⑧振出人の署名

（注）支払期日（満期）は記載事項ではありません。理由は、小切手は、常に一覧払い（支払いのための呈示がなされた日を満期とする支払方法）とされるため、その記載をしても無意味だからです。[44][45]

ココが出る！
小切手は、常に一覧払いであることを押さえてください。

7 白地手形

❶ 意義

実務では、受取人欄を空白（白地（しらち））にしたまま手形を振り出したり、支払期日（満期日）や手形金額が定まっていない場合に、これを空白にしたまま振り出して、後日、手形の所持人にその空白を補充させる場合があります。

このように、手形要件の全部または一部を記入しないまま、のちに所持人に空白を補充させる趣旨で振出人として署名した手形を**白地手形**といいます。

白地手形は、**手形要件を欠くため、そのままでは効力は生じませんが、手形要件が補充されれば有効となる**ことが予定された「未完成な手形」として、商慣習法上、その効力が認められています。[46]

ココが出る！
白地手形は「未完成な手形」であり、「無効な手形」ではないことに注意してください。

❷ 白地手形の不当補充

白地手形の空白部分を補充する権利を「補充権」といいます。振出人が金額欄を空白にして手形を振り出す場合には、たとえば、「100万円の範囲内で補充すべきこと」というように、補充権の範囲を制限するのが通常です。ところが、これが「1,000万円」と不当補充された後に手形が流通して、満期日において、現在の所持人が振出人に対して1,000万円の支払いを請求してきた場合、振出人が支払いの義務を負うかが問題となります。

この点について、手形法は、手形取引の安全を図る見地から、あらかじめなされた補充権の合意に反して不当補充がなされた場合でも、**不当補充につき善意・無重過失**で手形を取得した者に対しては、**振出人は不当補充の内容どおりの債務を負う**ものとしています。

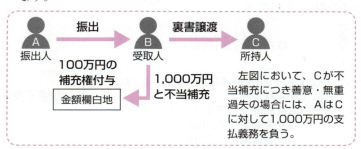

8 裏　書

❶ 裏書とは

　裏書とは、手形の裏面に裏書文句と被裏書人（譲受人）の名前を書き、裏書人（譲渡人）が署名捺印または記名押印することをいいます。手形の譲渡は、裏書した手形を被裏書人に渡すことによって行われます。

❷ 裏書の連続

　裏書の連続とは、手形面に記載された受取人が第一裏書人となり、第一裏書の被裏書人が第二裏書の裏書人となる、というように受取人から最後の被裏書人に至るまでの各裏書が途切れることなく続いていることをいいます。

　銀行実務では、原則として、裏書の連続を欠く手形は取り扱いません。

注意　相続や合併、商号変更等により裏書の連続を欠くに至った場合でも、その不連続部分の実質的な権利移転を立証すれば、当該不連続手形の所持人は、手形金の支払いを受けることができます。

〈裏書の見本〉

表記金額を下記被裏書人またはその指図人へお支払いください 令和3年3月1日　　　　　　　　　　　　　　　拒絶証書不要 住所　東京都新宿区高田馬場1－1－1 　　　　高田馬場商事株式会社 　　　　代表取締役　甲野太郎　㊞ （目的）手形譲渡	
被裏書人	株式会社乙川商会　　　殿
表記金額を下記被裏書人またはその指図人へお支払いください 令和3年4月1日　　　　　　　　　　　　　　　拒絶証書不要 住所　東京都豊島区高田1－1－1 　　　　株式会社　乙川商会 　　　　代表取締役　乙川次郎　㊞ （目的）手形譲渡	
被裏書人	丙田不動産株式会社　　　殿

❸ 裏書の効力

① 権利移転的効力

　裏書により手形上の権利が裏書人から被裏書人に移転します。

② 人的抗弁の切断

　手形債務者に裏書人に対する人的抗弁事由（手形授受の原因である法律関係（原因関係）の無効・取消しなど手形外の原因により手形金の支払請求を拒むことができる事由）があっても、被裏書人が善意であるときは、人的抗弁が切断され、手形債務者は被裏書人からの手形金の支払請求を拒むことができません。

　手形債務者は、善意の被裏書人からさらに裏書を受けた者が悪意の場合でも、手形金の支払いを拒むことができません。

③ 担保的効力

　裏書人は、被裏書人その他後者全員に対し担保責任（遡求義務）を負います。

　手形が支払呈示期間（満期日とそれに次ぐ2取引日）内に適法に呈示されたのに、振出人が支払いを拒絶した場合には、裏

書人が代わって支払う義務（遡求義務）を負います。
(注) 支払呈示期間を過ぎると、裏書人の遡求義務が消滅するため、振出人が支払いを拒絶した場合でも、手形所持人は、裏書人に遡求権を行使して手形金の支払いを受けることができなくなります。

④ **資格授与的効力**

裏書の連続した手形の所持人は、正当な権利者と認められます。㊻

ただし、裏書の連続を欠く手形を所持する者でも、その不連続部分の実質的な権利の移転を立証すれば、手形金の支払いを受けられることは、前述したとおりです。

❹ 手形の割引

約束手形の所持人は、満期日前に手形を現金化する手段として、その約束手形を銀行等の金融機関に裏書により譲渡して、現金化することができます。これを**手形の割引**といいます。銀行等に手形の割引を依頼した者は、手形金額から満期日までの金利相当分を差し引いた額を銀行等から受け取り、他方、銀行等は、その手形を満期日まで保管して、振出人から手形金額の全額を取り立てることになります。

なお、**手形割引の法的性質**は、**手形の売買**と解されています。

❾ 手形・小切手の不渡り

❶ 意 義

不渡りとは、振出人の当座預金が残高不足のため、手形金・小切手金の引き落としができないことをいいます。

❷ 銀行取引停止処分

手形・小切手の不渡りを出した者が、それから6ヶ月以内に2回目の不渡りを出すと、銀行取引停止処分（処分の通知の日から2年間、手形交換所に加盟しているすべての銀行で当座勘定取引や貸出取引を禁止する処分）を受けます。㊻

> **語呂合わせ** ▶手形・小切手の不渡りの場合の銀行取引停止処分
>
> 不渡りを出すと、すべてが無 に帰する。
>
> 6ヶ月以内に2回目の不渡り

❸ 手形の不渡事由

① **0号不渡事由**

形式不備、裏書不備、呈示期間内に呈示されなかったこと等、主に手形所持人に原因のあるものです。振出人は支払いを拒絶しても不渡処分を受けることはありません。

② **1号不渡事由**

資金不足や取引なしという振出人の一方的な責任を原因とするものです。この場合、不渡届が出され、振出人はそれに対し異議申立てをすることはできません。

振出人は、不渡処分を免れるための手段として、手形所持人に直接依頼して取立銀行に手形を返却する旨申し入れてもらう（これを「依頼返却」という）ことがあります。

③ **2号不渡事由**

契約不履行や詐取、紛失、盗難、偽造、変造等手形自体に問題があって支払いを拒絶する場合です。この場合、振出人は、資金不足による不渡りではないことを明らかにするために、不渡手形の額面と同額の現金（これを「異議申立預託金」という）を提供して異議申立てを行えば、不渡処分を受けません。

1号・2号は、銀行等が作成する不渡届の種別を指します。0号は、不渡届を作成しないことからこの呼び名があります。

❿ 手形・小切手を紛失した場合の処理

手形・小切手の所持人が手形・小切手を紛失したり、盗難に遭ったりした場合、その手形・小切手を第三者により善意取得されて、手形・小切手上の権利を失うのを防止するためには、除権決定を得ることが必要です。

除権決定とは、権利と証券の結び付きを解いて、証券を単なる紙切れにするための決定をいいます。手形・小切手を紛失したり

盗まれた者が除権決定を得ていない場合には、いまだ権利と証券が分離されていないことになるため、その手形・小切手を善意取得した者から支払呈示を受けた振出人は、手形金・小切手金の支払いを拒絶できません。

以下に、除権決定を得るための手続を示しておきます。

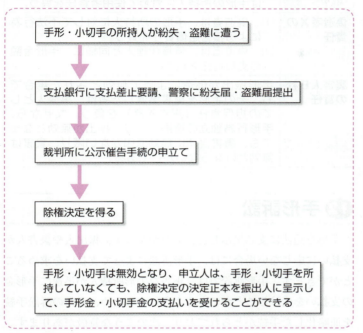

特に、除権決定によって手形・小切手が無効となることを押さえてください。

公示催告手続の申立ては、手形・小切手の支払地を管轄する簡易裁判所に対して行います。

（注） **公示催告手続**とは、権利を有する者が一定期間（少なくとも2ヶ月間）内に権利の届出をするよう官報や裁判所の掲示板に掲示して促す手続をいいます。

⓫ 手形の偽造

約束手形の振出人をA社、受取人をB社、B社から裏書譲渡されて、現在手形を所持している所持人をC社とします。C社が満期にA社に手形の支払呈示をしたところ、A社は、自社の経理部員Xが勝手に手形を振り出したので支払いには応じられないと主張しています。この場合、どのような問題が生じるでしょうか。この点について、以下に整理しておきます。

被偽造者A 社の責任	(1)　原則…手形上の責任を負わない。 (2)　例外…被偽造者の追認や表見代理が成立する事情があるときは、被偽造者は、手形上の責任を負う。 (3)　偽造者が被偽造者の被用者でありその職務に関して手形を偽造した場合には、被偽造者は手形の所持人に対して使用者責任を負う。
偽造者Xの 責任	(1)　偽造者は、手形の所持人に対して不法行為による損害賠償責任を負う。 (2)　偽造者は、無権代理人と同様に、手形金額の支払責任を負う。
裏書人B社 の責任	手形振出が偽造によって無効とされた場合でも、その手形を裏書譲渡した者は、裏書人としての担保責任（遡求義務）を負う。なぜなら、**手形行為独立の原則**により、振出が無効となっても、裏書自体に無効原因がない限り、裏書は無効とはならないからである。

用　語

「手形行為独立の原則」とは、同一手形上の各手形行為は、それぞれ独立して効力を生じ、その前提となった他の手形行為の効力の有無の影響を受けないとする原則をいいます。

⑫ 手形訴訟

　手形を適法に支払呈示したにもかかわらず、振出人や裏書人が支払いに応じない場合には、手形訴訟によって支払いを求めることができます。手形訴訟では、正当な手形所持人が迅速に手形金の支払いを受けることができるようにするため、通常の訴訟手続を簡略化した手続がとられており、次のような特徴があります。

① 証拠調べは、原則として手形や印鑑証明などの**書証**（文書に記載された意味内容を証拠とすること）に限られる。

② 尋問は、当事者に限定して行われる。

③ 原則として、1回の期日で結審する。

④ 被告は、**反訴**（民事訴訟の係属中、被告が口頭弁論の終結前に原告を相手方として本訴（従前から係属している訴訟）に併合して提起する訴え）の提起が認められない。

⑤ 原告勝訴の判決には、原則として無担保の**仮執行宣言**（裁判の確定前にこれに執行することができる効力を与える裁判）が付されるため、直ちに強制執行することができる。

⑥ 被告は、判決に不服がある場合には、2週間以内に、その判決をした裁判所に異議申立てをすることができるが、控訴する

ことはできない。

　手形訴訟の提起は、手形訴訟による審理および裁判を求める旨の記載をした訴状に、手形の写しを添えて、被告の住所（営業所）または手形の支払地を管轄する裁判所の受付に提出して行います。

第2節　手形と小切手　127

第3節 契約書および契約関連文書

重要度 C

この節で学習すること

1 契約書を作成する理由

ほとんどの契約では、契約書はいらないのです。でも、慣習として契約を作成するのには、理由があります。

2 契約関連文書

「契約書」以外にも、いろいろな文書があります。

3 署名と記名押印

それぞれ定義があります。改めて確認しておきましょう。

4 実印と印鑑証明書

持っている方も多いでしょう。会社（法人）にも実印があります。

5 印紙の貼付

一定の契約書には、印紙（要するに税金です）を貼らなければなりません。

❶ 契約書を作成する理由

保証契約など一部の契約を除き、契約書を作成することは、契約の成立要件ではありませんが、実務上は、次の理由から契約書を作成するのが一般的です。

① 契約書を作成することで、契約の事実および内容が明確になる。
② 後日、契約について紛争が生じたときの証拠となる。
③ 取引を慎重に行うようになる。

> **注意** ⚠️
> 保証契約は、書面でしなければ、その効力を生じません。

❷ 契約関連文書

契約内容を表示する契約関連文書として、見積書、注文書、注文請書、納品書、受領書、覚書、念書等があります。ここでは、覚書と念書について説明をします。

❶ 覚 書

覚書とは、当事者間における簡単な合意の書面をいいます。契約書を補足するものとして、履行期の延期、地代額の変更、契約成立後に生じた一部条項の解釈上の疑義の明確化等の事項を定めます。

以下に覚書の見本を掲げます。

覚 書

売主甲野太郎、買主乙川次郎は、後記物件についての売買契約に関し、以下の通り合意した。

1. 甲と乙は、別紙地積測量図の通り、後記物件の地積が100㎡であることを確認する。
2. 売買代金額は、1㎡当たり単価金10万円を実測面積に乗じて、総額1,000万円とする。

以下略。

令和3年3月1日

　　　　　売主　東京都新宿区高田馬場1－1－1
　　　　　　　　甲野太郎　㊞
　　　　　買主　東京都豊島区高田1－1－1
　　　　　　　　乙川次郎　㊞

物件の表示（略）

第3章　法人取引の法務

第3節　契約書および契約関連文書　129

❷ 念 書

念書とは、一方当事者が、他方当事者に対して差し入れる形式をとっている文書をいいます。覚書と同様に契約書を補足する事項について作成されるのが一般的です。

③ 署名と記名押印

法律上は、署名と記名押印は同等の効力を持ちます。

❶ 署 名

署名とは、本人の手書きによるサイン（自署）をいいます。押印がなくても署名としての効力がありますが、実務上は、押印が重視されるため、併せて押印をすることが多いです。

❷ 記名押印

記名押印とは、署名以外の方法（ゴム印・ワープロの印字）で氏名を表示し、そのそばに印を押すことをいいます。

④ 実印と印鑑証明書

実印とは、個人の場合は、住民登録をしている市区町村役場に実印として届出をしている印をいい、会社の場合は、会社の登記がしてある法務局に会社の代表者印として届出をしている印をいいます。

実印は、市区町村役場（個人の場合）または法務局（会社の場合）において交付される印鑑証明書を添付することによって、その印が本人の印であることを証明します。

⑤ 印紙の貼付

印紙税の課税文書（売買契約書、交換契約書、請負契約書、土地賃貸借契約書等）を作成した場合には、作成者は、印紙税に相当する金額の印紙を、当該文書に貼り付ける方法により、印紙税

コーヒーブレイク

「押印」と同じ意味を有する用語として「捺印」があります。一般に、日常生活では「捺印」が多く使用され、法律上は「押印」が多く使用されています。なお、押印についてのQ＆A（令和2年6月19日、内閣府・法務省・経済産業省）は、「①私法上、契約は当事者の意思の合致により、成立するものであり、書面の作成およびその書面への押印は、特段の定めがある場合を除き、必要な要件とはされていない。②特段の定めがある場合を除き、契約に当たり、押印をしなくても、契約の効力に影響は生じない。」としています。

を納付しなければなりません。

　課税文書の作成者が、その納付すべき印紙税を課税文書の作成の時までに納付しなかった場合には、原則として、その**納付しなかった印紙税の額とその2倍に相当する金額との合計額**（すなわち印紙税額の3倍）に相当する**過怠税**を徴収されます。

注　意
印紙を貼付しなくても、契約は無効とならないことに注意してください。

第3章　法人取引の法務

本章の第1節は、「民法」の範囲ですが、平成29年の改正箇所は要注意です。

超重要事項チェックリスト

1 いったん成立した契約を取りやめることができるのは、解除する場合（法定解除・約定解除・合意解除）と取消しが認められる場合のみである。

2 自力救済（実力行使によって契約内容を実現すること）は禁止されている。

3 当事者双方が対価的な経済的支出をする契約を有償契約、当事者双方が対価的な債務を負担する契約を双務契約、合意だけで成立する契約を諾成契約という。

4 売買契約は、契約の内容を示してその締結を申し入れる意思表示（申込み）に対して相手方が承諾をしたときに成立する。

5 詐欺または強迫による意思表示は、取り消すことができる。

6 心裡留保による意思表示は、原則として有効であるが、相手方がその意思表示が表意者の真意ではないことを知り（悪意）、または知ることができた場合（有過失）は、無効となる。

7 相手方と通じてした虚偽の意思表示は、無効となる。ただし、虚偽表示の無効は、善意の第三者に対抗することはできない。

8 錯誤（勘違い）による意思表示は、取り消すことができるが、取消しができるためには、その錯誤が法律行為の目的および取引上の社会通念に照らして重要なものであり（要素の錯誤）、かつ、原則として、表意者に重大な過失がないこと（無重過失）が必要である。

9 買主が売主に解約手付を交付した場合、売主が契約の履行に着手するまでは、買主は、手付を放棄して、売買契約を解除することができる。

超重要事項チェックリスト 133

10 条件とは、契約の効力または履行を将来発生することが不確実な事実にかからせる特約をいうが、停止条件とは、条件成就によって契約の効力が発生する場合における当該条件をいい、解除条件とは、条件成就によって契約の効力が消滅する場合における当該条件をいう。

11 期限とは、契約の効力または履行を将来発生することが確実な事実にかからせる特約をいうが、確定期限とは、将来発生する期日が確定しているものをいい、不確定期限とは、いつ発生するかが不確定なものをいう。

12 期限の利益は、債務者のために定めたものと推定される。

13 双務契約の当事者の一方は、相手方がその債務の履行を提供するまでは、自己の債務の履行を拒むことができる（同時履行の抗弁権）。

14 当事者は、債務不履行があった場合の損害賠償について、あらかじめ、その賠償の額を予定することができる（損害賠償額の予定）が、違約金は、賠償額の予定と推定される。

15 債務者が会社である場合において、会社の従業員等の履行補助者の故意または過失によって債務が履行されないときは、会社は、債務不履行に基づく損害賠償義務を負う。

16 引き渡された目的物が種類、品質または数量に関して契約の内容に適合しないものであるときは、売主は、契約不適合責任を負う。すなわち、買主は、売主に対し、目的物の修補、代替物の引渡しまたは不足分の引渡しによる履行の追完を請求することができる。そして、買主が相当の期間を定めて履行の追完の催告をし、その期間内に履行の追完がないときは、買主は、その不適合の程度に応じて代金の減額を請求することができる。

17 　民法上は、貸主は、特約がなければ、借主に対して利息を請求することはできないが、商人間の金銭消費貸借は、利息の約定がなくても、利息付金銭消費貸借となる。

18 　賃借人は、建物の引渡しを受けていれば、賃借権の登記がなくても、賃貸人から建物を譲り受けた第三者に賃借権を主張することができる。

19 　賃貸人の同意を得て建物に付加した造作については、契約終了時に賃貸人に時価で買い取るよう請求できる（造作買取請求権）が、この請求権は、特約で排除できる。

20 　賃借人が賃借権を第三者に譲渡し、または賃借物を第三者に転貸するには、賃貸人の承諾を得ることが必要である。無断譲渡・転貸がなされた場合には、原則として、賃貸人は、賃貸借契約を解除することができる。

21 　賃貸借契約において、賃貸人が契約の更新を拒絶するためには、正当の事由があることが必要である。

22 　請負人は、原則として、仕事の目的物が完成した後でなければ、注文者に対して報酬を請求することができない。

23 　注文者は、請負人が仕事を完成する前であれば、いつでも損害を賠償して請負契約を解除することができる。これに対し、請負人には、仕事完成前に一方的に契約を解除する権利はない。

24 　請負人が種類または品質に関して契約の内容に適合しない仕事の目的物を注文者に引き渡したときは、注文者は、履行の追完の請求（修補請求等）、報酬の減額の請求をすることができ、さらに、債務不履行に基づく損害賠償の請求および契約の解除をすることができる。

第3章 法人取引の法務

超重要事項チェックリスト　135

25 民法上は、委任契約は無償委任が原則であるが、商法上は、委任契約により商人が受任者としてその営業の範囲内で行う行為については、報酬についての特約がない場合でも、有償委任となる。

26 受任者は、有償・無償を問わず、善良な管理者の注意をもって委任事務を処理する義務を負う。

27 民法上は、受寄者は、有償寄託の場合にのみ善管注意義務を負うが、商法上は、商人が寄託を受ける場合には、有償・無償を問わず、善管注意義務を負う。

28 不法行為に基づく損害賠償の範囲には、休業損害等の収入として見込まれたものが得られなかった場合の損害（消極的損害）も含まれる。

29 不法行為責任が成立するためには、加害行為に正当防衛や緊急避難といった違法性阻却事由が存在しないことが必要である。

30 不法行為責任が成立するためには、加害者に責任能力（自分の行為の結果を予測でき、かつそれを回避するのに必要な行動をとることができる精神的能力）があれば足り、行為能力があることは要しない。

31 製造物責任を追及するためには、被害者は、製造業者等の故意・過失を証明する必要はなく、製造物に欠陥が存在し、これによって損害を被ったことを証明すれば足りる。

32 製造物責任は、製造物の欠陥によって人の生命・身体・財産に生じた損害（拡大損害）について成立する。損害が欠陥のある製造物だけにとどまり、拡大損害が生じなかった場合には、製造物責任は成立しない。

33 　運行供用者とは、自動車の保有者（所有者や賃借人など自動車を使用する正当な権限を持っている者）をいうが、保有者自身が自動車を運転して事故を起こし、人に怪我を負わせたような場合だけでなく、**保有者の使用人や友人など他人に運転をさせていて、その他人が事故により人に怪我を負わせたような場合にも、保有者である運行供用者に損害賠償責任が成立**する。

34 　2人（2社）以上が共同して不法行為を行った場合、加害者は**各自が連帯して全損害についての賠償責任**を負う。

35 　手形をいったん振り出すと、証券上の債権は振出の原因となった取引（原因関係、たとえば、売買・消費貸借など）とは切り離された独立した別個の債権となる。**原因関係が無効、取消し、解除となっても、手形関係は有効に成立**する。

36 　**小切手は、常に一覧払い**（支払いのための呈示がなされた日を満期とする支払方法）とされるため、支払期日（満期）は記載事項ではない。

37 　**裏書の連続した約束手形**の所持人は、当該約束手形の正当な権利者と認められる（**資格授与的効力**）。

38 　実際に小切手を振り出す日よりも先の日付を振出日として記載する**先日付小切手**も、小切手法上、**有効**である。

第3章　法人取引の法務

第4章

法人財産の管理と法律

　本章では、法人財産の取得や管理にかかわる法律関係（不動産や動産の二重譲渡、債権譲渡、預金、不動産登記など）と法人財産として今日重要な地位を占めている知的財産権（特許権、実用新案権、意匠権、商標権、著作権等）について学習します。

　試験対策としては、不動産や動産の二重譲渡、知的財産権（特に、特許権と著作権）からの出題が多いので、これらに重点を置いて学習してください。

第1節 法人の財産取得にかかわる法律

重要度 A

この節で学習すること

1 売買契約による所有権移転の時期
「売ります」「買います」と合意した（＝契約した）とき、いったいいつ、そのモノは買主のモノになるのでしょうか。

2 所有権移転等の対抗要件
「所有権を対抗する」とは、「この家は私のモノです！」と主張することです。なにをすれば、このような主張ができるのでしょうか。

3 即時取得
借りている腕時計を売った場合、買った人は一定の条件のもと、所有権を取得できます。本当の持ち主は、腕時計を取り返せません。

1 売買契約による所有権移転の時期

❶ 原則

特約がない限り、当事者の**意思表示の合致があった時**に、売主から買主に所有権が移転します。㊽

❷ 例外

実務上は、目的物の引渡しまたは代金の支払いがあった時に所有権が移転するという特約を結ぶのが一般的です。

ココが出る！
物件の引渡しや登記の移転は、所有権移転の要件ではないことに注意してください。

2 所有権移転等の対抗要件

❶ 不動産の場合

① **不動産**とは、土地およびその定着物（建物など）をいいま

す。土地と建物は別個の不動産として取り扱われます。
② 民法177条は、不動産に関する物権変動（物権の取得や設定）は、**登記**をしなければ、これをもって第三者に対抗（主張）することができないと定めています。❸❻❽

このように、法律上、その譲渡の効力を当事者以外の第三者に主張するために備えなければならない要件（登記、引渡し等）のことを「対抗要件」といいます。❽

不動産の二重譲渡の場合には、先に登記をした者が優先することになります。❺

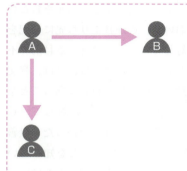

たとえば、Aがその所有する土地をBとCとに二重に譲渡した場合、BC間の優劣は、登記の有無によって決せられ、先に登記を備えた方が土地の所有権を取得できます。BがCよりも先に土地を買っていても、Cが先に登記を備えてしまえば、CがBに優先して土地の所有権を取得することになります。

また、AがBに対して負う債務を担保するため、自己の所有する甲土地に抵当権を設定したところ、Bが甲土地につき抵当権設定登記を経る前に、Aが甲土地を善意のCに譲渡し、Cが甲土地につき所有権移転登記を経た場合には、CがBに優先し、Cは、甲土地について抵当権の負担のない所有権を取得します。したがって、Bは、Cに対して抵当権を対抗することはできません。❺

③ 判例は、民法177条にいう「登記がなければ対抗できない第三者」とは、登記の欠缺（登記がないこと）を主張するにつき正当の利益を有する第三者を指すとしています。したがって、たとえば、他人の権利証や実印を盗んで、不動産の登記名義を自分名義に移転したような泥棒（無権利者）などは、正当の利益を有する第三者とはいえませんので、自分名義の登記を失ってしまった真の権利者は、登記がなくても、泥棒に対しては、自分に不動産の所有権があることを対抗

第1節 法人の財産取得にかかわる法律　141

ることができることになります。さらに、そのような泥棒から不動産を買った人に対しても、無権利者からは権利は取得できませんので、買った人もやはり無権利者であり、真の権利者は、登記がなくても、買った人に対して自分に不動産の所有権があることを対抗することができることになります。

また、判例は、自由競争の範囲を逸脱するような悪意者（これを「**背信的悪意者**」といいます）は、信義誠実の原則（信義則）に照らして、「登記の欠缺を主張するにつき正当の利益を有する第三者」にあたらないとしています。

> **注 意** ⚠️
>
> 「背信的悪意者」に対しては登記がなくても対抗できるが、「単純悪意者」に対しては登記がなければ対抗できないという違いに注意してください。

したがって、たとえば、Aがその所有する不動産をBとCとに二重に譲渡した場合において、CがBよりも先に登記を備えたとしても、CがBに対していやがらせをする目的で不動産を買ったような背信的悪意者であるときは、Bは、登記がなくても、Cに対して不動産の所有権は自分にあることを対抗することができることになります。これに対して、Cが、先にBが不動産を買っていることを知らなかったり（善意者）、単に、先にBが不動産を買っていることを知っているだけで、特に不当な目的をもって不動産を買ったわけではないとき（**単純悪意者**）は、Cは、なお「登記の欠缺を主張するにつき正当の利益を有する第三者」に当たりますので、Bは、Cに対して自分に不動産の所有権があることを対抗できないことになります。

④ 登記には公信力がありませんので、実体のない無効な登記の記載を信用して取引に入っても所有権は取得できません。

前述しましたように、泥棒から不動産を買った人は、たとえ、不動産の名義が泥棒の名義になっているので、その泥棒を真の権利者だと信頼して買ったとしても、不動産の所有権を取得することはできないのです。

(注) **公信力**とは、登記簿に記載されている権利者がたとえ真の権利者でなかったとしても、その記載を信じて取引をした者を保護する効力をいいますが、わが国の登記には、公信力は認められていません。

❷ 動産の場合

① **動産**とは、不動産以外のものをいいます。
② 動産物権変動の対抗要件は引渡しです。したがって、**動産の二重譲渡の場合には、先に引渡しを受けた者が優先**します。

たとえば、Aがその所有する腕時計をBとCとに二重に譲渡した場合には、先にAから腕時計の引渡しを受けた方が、その腕時計の所有権を取得することになります。

法人が譲渡人である動産の譲渡の場合には、「動産及び債権の譲渡の対抗要件に関する民法の特例等に関する法律」の規定により、これを登記することができ、当該登記が対抗要件となります。

❸ 債権の場合

① **債権譲渡の債務者に対する対抗要件は、譲渡人からする債務者への通知または債務者の承諾**です。

たとえば、AがBに対して有する100万円の貸金債権をCに譲渡した場合、CがBに対して100万円の支払いを請求できるためには、譲渡人Aから債務者Bに対して通知をするか、または債務者Bが譲渡人Aもしくは譲受人Cに承諾をすることが必要となります。

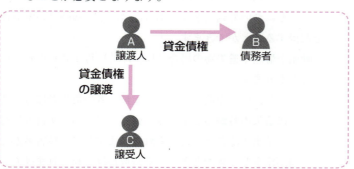

② 承諾は、譲渡人と譲受人のいずれに対してしてもよいですが、**通知は譲渡人からしなければならず、譲受人からしても無効**です。なぜなら、債務者にとって譲受人は面識のない者であり、そのような者から通知を受けても信用できないからです。
③ **債権譲渡を債務者以外の第三者に対抗するには、確定日付ある証書**（公正証書や内容証明郵便）**による通知または承諾が必要**となります。

したがって、たとえば、AのBに対する債権が、CとDとに二重に譲渡された場合には、CD間の優劣は、確定日付あ

「動産及び債権の譲渡の対抗要件に関する民法の特例等に関する法律」に従って登記をした場合にも、当該債権譲渡を債務者以外の第三者に対抗することができます。

注意
・不動産については、即時取得は認められません。
・また、即時取得が成立するためには、取引行為によって動産の占有を取得したことが必要であり、他人が置き忘れた万年筆を自分の物と過失なく持ち去ったような場合には、即時取得は成立しません。㊻

る証書による通知または承諾の有無によって決せられます。そこで、仮に、Cに対する譲渡の通知が通常の文書でなされ、他方、Dに対する譲渡の通知が内容証明郵便でなされたという場合には、DがCに優先して債権を取得することになります。

❸ 即時取得

① 売買などにより動産を取得した者が、取得の際に相手方の所有物であると信じ、かつ、そう信じたことについて過失がない場合（善意・無過失の場合）、相手方が実際には所有権を有しなかったとしても、その取得者はその動産に関する所有権を取得します。これを**即時取得（善意取得）**といいます。㊻

　たとえば、Aの所有する腕時計をBが借りている場合に、その腕時計をBが自分の所有物としてCに売却したときは、Cは、その腕時計がBの所有物であると信じ、かつ、そう信じたことについて過失がない場合には、その腕時計の所有権を取得することができます。

② 動産が盗品や遺失物の場合には、即時取得が認められない場合があります。

　すなわち、盗品や遺失物の場合、被害者や遺失者には、盗難または遺失の時から2年間は、盗品や遺失物の所持人に対して返還請求することが認められていますので、被害者がこの返還請求をしてきたときは、即時取得は認められません。

144

第2節 法人財産の管理と法律

重要度 B

この節で学習すること

1 預金
銀行にお金を預けることです。民法上は、消費寄託契約といいます。

2 不動産登記制度
土地と建物には、権利者の名前などを登記簿に記録して公示する制度があります。

1 預金

❶ 預金とは

預金とは、預金者が金融機関に金銭を寄託し、金融機関は受け入れた金銭を運用し、預金者から返還の請求があったときは、預金者に対して同額の金銭を返還するという制度です。預金契約の法的性質は、消費寄託契約です。

❷ 預金通帳・証書

預金通帳・証書は、預金債権が存在していることを証明する書類です。預金の払戻しにあたって、届出印章とともに預金通帳・証書が提出され、金融機関がその持参者を債権者であると信じて（善意・無過失）支払った場合、持参者が正当な権利者でなかったとしても、当該払戻しは、**受領権者以外の者であって取引上の社会通念に照らして受領権者としての外観を有する者（受領権者としての外観を有する者）**に対する弁済として有効となり、金融機関は免責され、真の預金者に対して責任を負いません（払い戻す責任を負わない）。

用 語

「受領権者」とは、債権者および法令の規定または当事者の意思表示によって弁済を受領する権限を

付与された第三者をいいます。

❸ 預金者保護法

① 偽造キャッシュカードや盗難キャッシュカードによって預貯金が不正に引き出された場合に、預貯金者を保護するため、「偽造カード等及び盗難カード等を用いて行われる不正な機械式預貯金払戻し等からの預貯金者の保護等に関する法律」（預金者保護法）が定められています。

② 預金者保護法は、偽造・盗難キャッシュカードを使った現金自動預払機（ATM）での預貯金の不正引出しにより預貯金者が受けた被害について、金融機関にその補償を義務づけています。

被害に遭った預貯金者が補償を受けるためには、警察と金融機関の双方に被害届を提出することが必要であり、金融機関には、原則として、その届出から30日間の被害につき補償が義務づけられています。

> **ココが出る！**
> 預貯金者は、重過失がなければ保護されることを押さえてください。

	預貯金者の過失の程度と補償の範囲		
偽造カードによる被害	無過失・軽過失		重過失
	100%補償		補償なし^(注1)
盗難カードによる被害	無過失	軽過失	重過失
	100%補償	75%補償^(注1)	補償なし^(注1・2)

（注1） 金融機関が善意・無過失の場合に限ります。
（注2） 預貯金者の配偶者・二親等内の親族等一定の者が払戻しを受けた場合、金融機関に対して虚偽の説明をした場合、盗難後2年以内に金融機関に通知をしなかった場合等も、補償は受けられません。

② 不動産登記制度

❶ 目 的

不動産登記制度は、不動産上の権利を明確に公示して、不動産について新たに法律関係に入ろうとする者にその権利内容を知らせ、取引の安全を図ることを目的とします。

❷ 不動産登記簿

不動産登記簿は、不動産の表示および権利の得喪・変更を記載

する帳簿で、磁気ディスクで調製され、登記官が登記簿に登記事項を記録します（**登記記録**）。土地および建物のそれぞれについて備えられ、表題部と権利部とに区分されます（権利部は甲区と乙区とに分かれる）。㊽

不動産登記簿は、一筆の土地または一個の建物について一つの登記記録を備えることとされています（一不動産一登記用紙主義）。ただし、区分所有建物（マンション）については、一棟の建物について一つの登記記録が備えられ、所有権の対象となる各区分建物（専有部分）ごとに土地利用権とともに公示されます。

不動産の登記記録

表題部 ㊸	土地・建物の物理的現況を記録	所在・地番・地目・種類・構造・地積・床面積・建物番号・附属建物の種類・登記日付など	
権利部 ㊸	権利に関する事項を記録	甲区 ㊸㊹	所有権に関する事項を記載（所有権保存の登記・所有権移転の登記・差押えの登記・仮差押えの登記・仮処分の登記など）
		乙区 ㊸	所有権以外の権利に関する事項を記載（地上権・賃借権・永小作権・地役権・先取特権・質権・抵当権・根抵当権など）

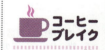

❸ 登記簿の閲覧等

① 登記簿は、その不動産の所在地を管轄する登記所（法務局・地方法務局・支局・出張所）で閲覧でき、謄本・抄本の交付を受けられます。

② 現在では、すべての登記所がコンピュータ庁（登記事務がコンピュータ化された登記所）となっています。コンピュータ庁においては、従来の登記簿謄本に代わり、登記事項証明書・現在事項証明書・請求事項証明書が発行されます。

ココが出る!

不動産登記簿の構成を押さえてください。

コーヒーブレイク

土地の単位を「筆（ひつ）」といいます。
一筆の土地を二筆以上の土地に分割することを「分筆」といい、数筆の土地を合併して一筆の土地にすることを「合筆」といいます。

第3節 知的財産権

重要度 A

この節で学習すること

1 知的財産基本法
知的財産の創造、保護および活用に関する施策を推進することを目的とし、そのために行うべき施策について定めた法律です。

2 特許権
自然法則を利用した発明のうち、一定の条件を満たしたものに、特許が認められます。

3 実用新案権
物の形状、構造または組合せについての工夫のうち、一定の条件を満たしたものに、実用新案権が認められます。

4 意匠権
物のデザイン（＝意匠）を独占的に使用できる権利のことです。

5 商標権
商品やサービスの名称を商標として登録することで、独占的に使用できるようになります。

6 著作権
小説や論文、絵画や音楽作品などの作者の権利を著作権といいます。

7 営業秘密
商品の設計図や作り方、販売マニュアルなどの営業秘密を保護する制度が不正競争防止法に規定されています。

❶ 知的財産基本法

　知的財産基本法は、**知的財産**について、「発明、考案、植物の新品種、意匠、著作物その他の人間の創造的活動により生み出されるもの（発見または解明がされた自然の法則または現象であって、産業上の利用可能性があるものを含む）、商標、商号その他事業活動に用いられる商品または役務を表示するものおよび営業秘密その他の事業活動に有用な技術上または営業上の情報をいう。」と定義しています。

　また、同法は、**知的財産権**について、「特許権、実用新案権、育成者権、意匠権、著作権、商標権その他の知的財産に関して法令により定められた権利または法律上保護される利益にかかる権利をいう。」と定義しています。

❷ 特許権

❶　意　義

　特許権とは、特許を受けた発明を、業として独占排他的に実施する権利をいいます。**特許権者は、業として特許発明の実施をする権利を専有します。**

❷　発明とは

　発明とは、自然法則を利用した技術的思想の創作のうち高度のものをいいます。

　特許を受けている発明を**特許発明**といいます。

❸　特許の要件

　特許権を取得するためには、その発明が①産業上の利用可能性、②新規性、③進歩性の３要件のすべてを満たすものであることが必要です。❹❺

①　産業上の利用可能性

　発明に特許権が付与されるためには、当該発明が産業上利用しうるものであることが必要です。

☕ **コーヒーブレイク**

特許庁が管轄している特許権、実用新案権、意匠権、商標権を総称して「産業財産権」といいます。

第**4**章　法人財産の管理と法律

第3節　知的財産権　149

産業には、工業のほか、農林水産業、鉱業、商業、サービス業も含まれます。

② **新規性**[45]

新規性とは、その発明がいまだ社会に知られていないものであることをいいます。したがって、他人によって公開された場合だけでなく、**特許を受ける権利を有する者が出願前に自ら公開した場合であっても、原則として新規性を喪失する**ことに注意してください。

③ **進歩性**

進歩性とは、当該発明の属する技術分野における通常の知識を有する者が、特許出願時の技術常識に基づいて容易にその発明をすることができないことをいいます。[45][46]

❹ 特許を受ける権利

特許を受ける権利は、発明の完成と同時に発生し、自然人である発明者に帰属します。

❺ 職務発明

① **意　義**

職務発明とは、従業者等（従業者、法人の役員、国家公務員または地方公務員）が行った発明であって、その性質上、その従業者等の属する使用者等（使用者、法人、国または地方公共団体）の業務範囲に属し、かつ、その発明をするに至った行為がその従業者等の現在または過去の職務に属するものをいいます。

注意
職務発明については、原則として、従業者等が特許を受ける権利を有することに注意してください。

従業者等がした職務発明については、**契約、勤務規則その他の定めにおいてあらかじめ使用者等に特許を受ける権利を取得させることを定めたときは、その特許を受ける権利は、その発生した時から当該使用者等に帰属**します。[43][46]

他方、こうした契約、勤務規則その他の定めを設けない場合には、職務発明の特許を受ける権利は、従業者等に帰属します。

使用者等は、従業者等がその職務発明につき特許を受けたと

きは、その特許権について**通常実施権**を有します。

② 職務発明における相当の利益

　従業者等は、契約、勤務規則その他の定めにより職務発明について使用者等に特許を受ける権利を取得させ、使用者等に特許権を承継させ、もしくは使用者等のため専用実施権を設定したとき、または契約、勤務規則その他の定めにより職務発明について使用者等のため仮専用実施権を設定した場合において、専用実施権が設定されたものとみなされたときは、相当の金銭その他の経済上の利益（「相当の利益」という）を受ける権利を有します。

　契約、勤務規則その他の定めにおいて相当の利益について定める場合には、相当の利益の内容を決定するための基準の策定に際して使用者等と従業者等との間で行われる協議の状況、策定された当該基準の開示の状況、相当の利益の内容の決定について行われる従業者等からの意見の聴取の状況等を考慮して、その定めたところにより相当の利益を与えることが不合理であると認められるものであってはならないものとされています。

　なお、経済産業大臣は、発明を奨励するため、産業構造審議会の意見を聴いて、上記の考慮すべき状況等に関する事項について指針を定め、これを公表するものとされています。

❻ 特許権取得手続

　特許を受けようとする者は、一定の事項を記載した願書を特許庁長官に提出しなければならず、願書には、明細書、特許請求の範囲、必要な図面および要約書を添付しなければなりません。

　特許権を取得するための手続の概要は、次のとおりです。

① 出　願

　いかに優れた発明であっても、特許出願しなければ特許権を取得することはできません。出願するには、法令で規定された所定の書類を特許庁長官に提出する必要があります。

　わが国では、同じ発明であっても先に出願された発明のみが特許となる**先願主義**を採用していますので、発明をしたら早急

用語

「先願主義」とは、最初に特許出願を行った者に特許権を与える考え方をいいます。
特許権の付与については、「先発明主義」という考え方もあり、これは、最初に発明をした者に特許権を与える考え方をいいます。

に出願すべきです。[43][44][48]

② **方式審査**

特許庁長官に提出された出願書類は、所定の書式通りであるかどうかのチェックを受けます。

書類が整っていない、必要項目が記載されていない等の場合は、補正命令が発せられます。

③ **出願公開**

出願された日から１年６ヶ月経過すると、発明の内容が特許公報によって公開されます。

④ **審査請求**

特許出願されたものは、すべてが審査されるわけではなく、出願人または第三者が審査請求料を払って出願審査の請求があったものだけが審査されます。

審査請求は、出願から３年以内であれば、いつでも誰でもすることができます。

⑤ **みなし取り下げ（審査請求期間内に審査請求なし）**

出願から３年以内に審査請求のない出願は、取り下げられたものとみなされます。

⑥ **実体審査**

審査は、特許庁の審査官によって行われます。

審査官は、出願された発明が特許されるべきものか否かを判断します。

審査においては、まず、法律で規定された要件を満たしているか否か、すなわち、拒絶理由がないかどうかを調べます。

⑦ **拒絶理由通知**

審査官が拒絶の理由を発見した場合は、それを出願人に知らせるために拒絶理由通知書を送付します。

⑧ **意見書・補正書**

出願人は、拒絶理由通知書により示された従来技術とはこのような点で相違するという反論を意見書として提出したり、特許請求の範囲や明細書等を補正することにより拒絶理由が解消される場合には、その旨の補正書を提出する機会が与えられます。

⑨ **特許査定**

　審査の結果、審査官が拒絶理由を発見しなかった場合は、特許すべき旨の査定（特許査定）を行います。

　また、意見書や補正書によって拒絶理由が解消した場合にも特許査定がなされます。

⑩ **拒絶査定**

　意見書や補正書をみても拒絶理由が解消されておらず、やはり特許できないと審査官が判断したときは、拒絶をすべき旨の査定（拒絶査定）を行います。

⑪ **拒絶査定不服審判請求**

　拒絶査定に不服があるときは、拒絶査定不服審判を請求することができます。

⑫ **審　理**

　拒絶査定不服審判の審理は、3人または5人の審判官の合議体によって行われます。

　審判官の合議体による決定を審決といいます。

　審理の結果、拒絶理由が解消したと判断される場合には特許審決を行い、拒絶理由が解消せず特許できないと判断される場合には、拒絶審決を行います。

⑬ **設定登録（特許料納付）**

　特許査定がされた出願については、出願人が特許料を納めれば、特許原簿に登録され特許権が発生します。

　ここではじめて、特許第何号という番号がつくことになります。

　特許権の設定登録後、特許証書が出願人に送られます。

⑭ **特許公報発行**

　設定登録され発生した特許権は、その内容が特許公報に掲載されます。

⑮ **無効審判請求**

　特許権が設定登録された後でも無効理由がある場合は、何人も無効審判を請求することができます。

⑯ **審　理**

　無効審判の審理は、3人または5人の審判官の合議体によっ

第4章　法人財産の管理と法律

第3節　知的財産権　153

て行われます。

審理の結果、特許に無効理由がないと判断された場合は、特許の維持の審決が行われます。

一方、特許に無効理由があると判断された場合は、特許無効の審決が行われます。

⑰ **知的財産高等裁判所**

拒絶査定不服審判の拒絶審決に対して不服がある出願人、特許無効審判の審決に対して不服がある当事者は、知的財産高等裁判所に出訴することができます。

❼ 先願主義

ココが出る！

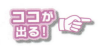

先願主義とは、複数の者が別個独立に同一の発明を完成した場合に、**最先の出願人に対して特許権を付与する**考え方をいいます。先願主義について、特許法は、「同一の発明について異なった日に二以上の特許出願があったときは、最先の特許出願人のみがその発明について特許を受けることができる。」と規定しています。㊸㊹㊽

同一の発明について同日に２以上の特許出願があったときは、特許出願人の協議により定めた１の特許出願人のみがその発明について特許を受けることができます。協議が成立せず、または協議をすることができないときは、いずれも、その発明について特許を受けることができません。また、協議が成立した場合でも、特許庁長官の指定する期間内にその協議の結果について届出をしなかったときは、いずれも、その発明について特許を受けることができません。

コーヒーブレイク

協議の結果、共同出願（数人が共同して特許出願をすること）とすることもできますが、この場合には、各出願人に当該特許の持分が発生します。

❽ 特許権の発生・存続期間

ココが出る！

特許権は、特許登録原簿に設定登録することにより発生（成立）します。特許権の存続期間は、**特許出願の日から20年**です。登録の日から20年ではないことに注意してください。㊹㊺㊽

なお、特許権の存続期間は、特許権の設定の登録が特許出願の日から起算して５年を経過した日または出願審査の請求があった日から起算して３年を経過した日のいずれか遅い日（「基準日」

注意

特許権については、更新の制度はありません。

という）以後にされたときは、延長登録の出願により延長することができます。

❾ 特許権の実施許諾

特許権者は、業として特許発明の実施をする権利を専有します。また、特許権者は、他人に自己の有する特許発明を利用する権利（実施権）を許諾することもできます。

実施権には、権利者（ライセンサー）とライセンスを受ける者（ライセンシー）との実施許諾契約（ライセンス契約）に基づく実施権と、権利者の意図とは関係なく法律上の要件を満たす者に与えられる実施権（法定実施権）とがあります。

実施許諾契約に基づく実施権には、**専用実施権**と**通常実施権**の2種類があります。

ココが出る！
専用実施権と通常実施権の相違点を押さえてください。

	専用実施権	通常実施権
意　義	設定行為等で定めた範囲内において、実施権者が業としてその特許発明を独占排他的に実施できる権利	設定行為等で定めた範囲内において、実施権者が業としてその特許発明を実施できる権利
特許登録原簿への登録の要否	必要 登録が専用実施権設定の効力発生要件	不要 登録をしなくても（そもそも登録できない）通常実施権設定の効力が発生する。
特許権者による実施の可否❹⁸	不可（専用実施権を設定した場合は、特許権者自身も特許発明を実施できない）	可（通常実施権を設定しても、特許権者自ら特許発明を実施できる）
特許権者による同様の実施権の設定の可否	不可（重ねて第三者に同様の実施権を設定できない）	可（重ねて第三者に同様の実施権を設定できる）

なお、**実施許諾契約の内容・条件**は、原則として、特許権者と実施権者との間で自由に定めることができますが、特許を実施する製品の販売価格・再販売価格を拘束するなど、その内容等によっては、独占禁止法上の「**不公正な取引方法**」に該当し、独占

禁止法違反となるおそれがあることに留意する必要があります。

⑩ 特許権侵害に対する措置

特許権者は、自己の特許権が侵害された場合には、当該特許権を侵害する者に対して、差止請求、損害賠償請求、信用回復措置請求、不当利得返還請求等を行うことができます。[43][48]

また、特許権を侵害した者には、刑事罰が科されます。

なお、令和元年の改正により、特許権の侵害の可能性がある場合、中立な技術専門家が、被疑侵害者の工場等に立ち入り、特許権の侵害立証に必要な調査を行い、裁判所に報告書を提出する制度が創設されました。

3 実用新案権

❶ 意　義

実用新案権とは、登録を受けた実用新案を独占排他的に実施する権利をいいます。

❷ 実用新案登録の対象

注意 自然法則を利用した技術的思想の創作のうち「高度」のものは「発明」であり、そうでないものは「考案」となることに注意しましょう。

実用新案登録の対象は、物品の形状、構造または組合せにかかる考案であり、**考案**とは、自然法則を利用した技術的思想の創作をいいます。[44]

❸ 実用新案権の取得手続

近年における技術革新の進展および加速化を背景として、実用新案登録出願には、出願後極めて早期に実施が開始されるものが多く、また、製品のライフサイクルも短縮化する傾向にあり、このような技術に対する早期権利保護を求めるニーズが顕著となっています。

ココが出る!

そこで、このような早期権利保護のニーズに対応するため、実用新案権の登録については、特許権の登録のような新規性、進歩性等の実体審査を行わず、方式審査（方式上の要件を満たしているかどうかの審査）および基礎的要件の審査（登録を受けるため

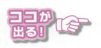

に必要とされる一定の要件（基礎的要件）を満たしているかどうかの審査）のみを行って権利を付与するという、**早期登録制度**が採用されています。

実用新案権は、設定の登録により発生し、実用新案権の存続期間は、実用新案登録**出願の日から10年**です。

4 意匠権

❶ 意　義

意匠権とは、物のデザイン（意匠）を独占的に実施することができる権利をいいます。

意匠権の存続期間は、**出願の日から25年**です。**更新登録は受けられない**ことに注意してください。

ココが出る！

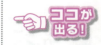

❷ 意匠とは

① 意匠の意義

意匠とは、物品（物品の部分を含む）の形状、模様もしくは色彩もしくはこれらの結合、建築物の形状等または一定の画像であって、視覚を通じて美感を起こさせるものをいいます。[44][48]

なお、令和元年の改正により、物品に記録・表示されていない画像や、建築物の外観・内装のデザインが、新たに意匠法の保護対象とされました。

注意
「意匠」と「考案」とは定義が似ていますので、混同しないよう注意してください。

② 部分意匠制度

部分意匠制度とは、物品の全体ではなく、物品の一部分のみで意匠登録の要件を備えている場合に、その物品の一部分を意匠登録の対象とする制度をいいます。[46]

部分意匠とは、物品の部分の形状、模様もしくは色彩またはこれらの結合をいい、たとえば、カメラのレンズ部分やコップの取っ手部分の意匠などがこれにあたります。

③ 組物の意匠

組物の意匠とは、コーヒーカップとソーサーの組合せのように、同時に使用される２以上の物品であって経済産業省令で定めるもの（組物）を構成する物品にかかる意匠が、組物全体と

して統一があるときに、一意匠として出願をし、意匠登録を受けることができるものをいいます。㊻

④　**動的意匠**

意匠法は、**動的意匠**制度を採用しており、この制度は、意匠にかかる物品の形状、模様または色彩がその物品の有する機能に基づいて変化する場合に、その変化の前後にわたるその物品の形状、模様もしくは色彩またはこれらの結合について意匠登録を受けることができる制度をいいます。動的意匠の具体例としては、四肢が自由に動く動物の人形、回すことで表面の模様が変化するこま、びっくり箱などが挙げられます。

❸ 関連意匠制度

関連意匠制度とは、デザイン開発の過程で、１つのデザインコンセプトから複数のバリエーションのデザインが創作された場合に、各々のデザインについて独自の意匠権を得ることができる制度をいいます。

意匠登録出願人は、自己の意匠登録出願に係る意匠または自己の登録意匠のうちから選択した１の意匠（「本意匠」という）に類似する意匠（「関連意匠」という）について、意匠登録を受けることができます。

なお、令和元年の改正により、関連意匠にのみ類似する意匠の登録が認められることとなりました。

コーヒーブレイク

たとえば♥が本意匠であるとした場合、♥や♥などを関連意匠として意匠登録することができます。

❹ 意匠登録の要件

意匠登録を受けるためには、①工業上利用性、②新規性、③創作非容易性の３要件を満たすことが必要です。

①　**工業上利用性**

工業上利用性とは、工業的方法により量産可能なものであることをいいます。㊻

②　**新規性**

新規性とは、出願前に公知となっていないことをいいます。㊹

③　**創作非容易性**

創作非容易性とは、既存のものから容易に創作できないこと

コーヒーブレイク

意匠登録出願は、経済産業省令で定める物品の区分により意匠ごとにしなければなりません（一意匠一出願）。

をいいます。

❺ 意匠権の効力

意匠権者は、原則として、意匠登録を受けた意匠（登録意匠）およびこれに類似する意匠を、業として独占排他的に実施する権利を専有します。

意匠権者は、その意匠権を侵害する者に対して差止請求、損害賠償請求等をすることができます。

注意 意匠権についても、先願主義が採られており、同一または類似の意匠について異なった日に２以上の意匠登録出願があったときは、最先の意匠登録出願人のみがその意匠について意匠登録を受けることができることに注意してください。

5 商標権

商標法は、商標を保護することにより、商標の使用をする者の業務上の信用の維持を図り、もって産業の発達に寄与し、あわせて需要者の利益を保護することを目的とします。[46]

❶ 商標の意義

商標とは、人の知覚によって認識することができるもののうち、文字、図形、記号、立体的形状もしくは色彩またはこれらの結合、音その他政令で定めるもの（「**標章**」という）であって、次に掲げるものをいいます。[44][46]

① 業として商品を生産し、証明し、または譲渡する者がその商品について使用をするもの（**商品商標（トレードマーク）**）

② 業として役務（サービス）を提供し、または証明する者がその役務について使用をするもの（**役務商標（サービスマーク）**）[44]

これら商標の利用者に与えられる独占的排他的使用権を商標権といいます。

ココが出る! 商標には２種類あることを押さえてください。

注意 その商品・役務の普通名称、慣用商標または品質表示のみからなる商標等は、商標登録を受けることはできません。

❷ 商標権の取得手続

商標登録を受けようとする者は、自己の業務に係る商品または役務について使用をする商標について商標登録を受けることができます。

① **商標登録出願**

商標登録を受けようとする者は、一定の事項を記載した願書に必要な書面を添付して特許庁長官に提出しなければなりません。

② **先願主義**

同一または類似の商品または役務について使用をする同一または類似の商標について異なった日に２以上の商標登録出願があったときは、最先の商標登録出願人のみがその商標について商標登録を受けることができます（**先願主義**）。[44][45]

③ **審　査**

方式審査（出願書類が所定の書式通りであるかどうかの審査）と実体審査（出願された商標が登録されるべき要件を満たしているかどうかの審査）を経た結果、拒絶の理由を発見しないときは、審査官は、商標登録をすべき旨の査定（登録査定）をしなければなりません。

④ **登　録**

登録査定がなされた場合、出願人は、原則として、当該査定謄本の送達日から30日以内に、10年分または５年分の登録料を納付しなければならず、登録料が納付されると、商標登録原簿に商標権の設定登録がなされます。

❸ 商標権の効力

① **専用権・禁止権**

商標権者は、指定商品または指定役務について登録商標の使用をする権利を専有します（**専用権**）。[43]

また、商標権者は、他人による自己の登録商標の類似範囲の使用を排除することができます（**禁止権**）。[43]

② **出所表示機能**

商標には、特定の商標が付された商品・役務は、特定の出所（生産者、販売者など）から提供されたものであるということを需要者に認識させる機能（**出所表示機能**）があります。

商標法は、この出所表示機能を発揮せしめるため、他人の登録商標と類似する商標の登録を排除し、また、登録商標と類似

ココが出る！

注意

他人が既に登録を受けている商標と同一の商標だけでなく、他人が既に登録を受けている商標と類似する商標についても、新たに商標登録を受けることはできません。[48]

コーヒーブレイク

地域ブランドの保護を図る目的で、「宇治」と「茶」、「関」と「さば」のように、地域名と商品名を組み合わせた商標であって、一定の範囲で周知となったものについて商標登録を認める「地域団体商標制度」が設けられています。

する商標を他人が無断で使用することを禁止する効力を認めています。

❹ 商標登録の取消しの審判（不使用取消審判）

継続して3年以上、日本国内において商標権者、専用使用権者または通常使用権者のいずれもが、正当な理由がなく、各指定商品または指定役務についての登録商標の使用をしていないときは、何人も、その指定商品または指定役務にかかる商標登録を取り消すことについて審判を請求することができます。この審判を**商標登録の取消しの審判（不使用取消審判）**といいます。

❺ 商標権の存続期間

商標権は、設定の登録により発生し、その存続期間は、設定の**登録の日から10年**です。ただし、**商標権の存続期間は、商標権者の更新登録の申請により更新することができます。**㊹

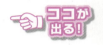

❻ 商標権の侵害とその救済

商標権者は、商標権を侵害した者に対して差止請求、損害賠償請求、信用回復措置請求、不当利得返還請求等をすることができます。また、商標権を侵害した者は、刑事罰の対象となります。

6 著作権

❶ 著作権の保護の対象となる著作物

著作物とは、思想または感情を創作的に表現したものであって、文芸、学術、美術または音楽の範囲に属するものをいいます。㊹㊺

❷ 著作物の種類

著作権法は、著作物の種類として、次のものを定めています。

① 小説、脚本、論文、講演その他の言語の著作物
② 音楽の著作物
③ 舞踊または無言劇の著作物
④ 絵画、版画、彫刻その他の美術の著作物

コーヒーブレイク
令和元年の改正により、国、地方公共団体または大学といった公益団体等を表示する著名な商標（**公益著名商標**）にかかる商標権について、通常使用権の許諾が可能となりました。

ココが出る！

ココが出る！

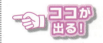

注意
・コンピュータ・ソフトウエアも著作物に含まれます。
・事実の伝達にすぎない雑報および時事の報道は、著作物に該当しません。

⑤　建築の著作物

⑥　地図または学術的な性質を有する図面、図表、模型その他の図形の著作物

⑦　映画の著作物

⑧　写真の著作物

⑨　プログラムの著作物

❸ 著作者

① 著作者とは

著作者とは、著作物を創作する者をいいます。

② 職務著作

> **注意**
> プログラムの著作物は、法人等の名義で公表されなくても、職務著作に該当します。

法人その他使用者（「法人等」という）の発意に基づきその法人等の業務に従事する者が職務上作成する著作物（プログラムの著作物を除く）で、その法人等が自己の著作の名義のもとに公表するもの（**職務著作**）の著作者は、その作成の時における契約、勤務規則その他に別段の定めがない限り、その法人等とされます。

❹ 著作者の有する権利

ココが出る！

著作者は、**著作者人格権**と**著作権（著作財産権）**を有します。この**著作者人格権および著作権は、著作物を創作するだけで成立**し、その享有には、**登録その他いかなる方式の履行をも要しません**。権利として保護されるために登録を受ける必要もありません。[44]

なお、著作権は相対的独占権であることから、複数の者が各々独立して創作を行い完成させたそれぞれの著作物が類似していた場合、著作権法上、これら複数の者それぞれに著作権が認められます。

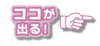

① 著作権の存続期間

著作権の存続期間は、著作物の創作の時に始まり、著作権は、原則として、著作者の**死後**（共同著作物にあっては、最終に死亡した著作者の死後）**70年**を経過するまでの間、存続します。[46]

② 著作者人格権

著作者人格権は、著作者が著作物について有する人格的利益を保護する権利であり、**著作者の一身に専属し**、**譲渡することができない**権利です。

著作者人格権は、**公表権**、**氏名表示権**および**同一性保持権**の3つの権利から成り立っています。㊸㊺㊽

なお、著作者人格権は、著作者の死亡と同時に消滅します。

③ 著作権（著作財産権）

著作権（著作財産権）は、著作者人格権と異なり、その全部または一部を譲渡することができます。

著作権（著作財産権）は、複製権、上演権、演奏権、上映権、公衆送信権、口述権、展示権、頒布権、譲渡権、貸与権、翻訳権などから成り立っています。

❺ 著作隣接権

著作隣接権は、著作物の利用者である実演家、レコード製作者、放送事業者等の利益を保護する権利です。たとえば、実演家には、自己の実演の録音、録画、放送、有線放送をする権利等が認められます。㊺

❻ 著作権の侵害とその救済

著作権者は、その著作権が侵害された場合には、侵害者に対し、差止請求、損害賠償請求、名誉回復措置請求、不当利得返還請求などをすることができます。

著作権を侵害した者には、刑事罰が科されることがあります。

なお、平成30年の改正法においては、①デジタル化・ネットワーク化の進展に対応した柔軟な権利制限規定の整備、②教育の情報化に対応した権利制限規定等の整備、③障害者の情報アクセス機会の充実に係る権利制限規定の整備、④アーカイブの利活用促進に関する権利制限規定の整備等がなされています。

たとえば、他人の著作物を利用する場合であっても、①AIによる情報解析や技術開発など、著作物に表現された思想または感情の享受を目的としない利用、②新たな知見や情報を創出するこ

ココが出る!

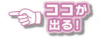

用　語

「公表権」とは、著作物でまだ公表されていないものを公衆に提供し、または提示する権利をいいます。

「氏名表示権」とは、著作物の原作品に、またはその著作物の公衆への提供もしくは提示に際し、その実名もしくは変名を著作者名として表示し、または著作者名を表示しないこととする権利をいいます。

「同一性保持権」とは、著作物およびその題号の同一性を保持する権利をいい、著作者は、その意に反して著作物およびその題号の変更、切除その他の改変を受けないものとされます。

とで著作物の利用促進に資する行為で、権利者に与える不利益が軽微である一定の利用を行う場合等については、著作権者の許諾を得ずに、当該著作物を利用できることとされました。

⑦ 営業秘密（トレードシークレット）

❶ 意　義

ココが出る!

営業秘密（トレードシークレット）とは、商品の製造方法、設計図・実験データ、製造ノウハウ等の技術情報および顧客リストや販売マニュアル等の営業情報など、**事業活動に有用**な技術上または営業上の情報で、**秘密として管理されている非公知**（公然と知られていないこと）のものをいいます。㊽

❷ 不正競争防止法による保護

ココが出る!

営業秘密は、不正競争防止法によって保護されます。登録は不要ですが、①**秘密管理性**、②**有用性**、③**非公知性**の各要件を満たすことが必要です。㊸㊽

注意
特許庁の登録を受けなくても、不正競争防止法に基づく差止請求などができます。㊻

❸ 営業秘密の侵害とその救済

不正競争によって営業秘密を侵害された場合には、差止請求、損害賠償請求、信用回復措置請求等の民事上の救済措置を求めることができます。

また、営業秘密を不正に侵害した者には、一定の要件の下で「営業秘密侵害罪」が成立し、刑事罰が科されます。

なお、法人の従業者が、その法人の業務に関し、営業秘密侵害行為をしたときは、当該従業者が罰せられるほか、その法人にも3億円以下の罰金刑が科されます（**両罰規定**）。

第4章 法人財産の管理と法律

> 特許権と著作権は出る可能性が非常に高いです。しっかり学習して絶対に得点しましょう！

超重要事項チェックリスト

1 　不動産に関する物権の変動は、その登記をしなければ、第三者に対抗することができない。不動産の二重譲渡の場合には、先に登記をした者が優先する。

2 　動産に関する物権の譲渡は、その動産の引渡しがなければ、第三者に対抗することができない。動産の二重譲渡の場合には、先に引渡しを受けた者が優先する。

3 　債権譲渡の債務者に対する対抗要件は、譲渡人からする債務者への通知または債務者の承諾である。債権譲渡の債務者以外の第三者に対する対抗要件は、確定日付ある証書（公正証書や内容証明郵便）による通知または承諾である。

4 　売買などにより動産を取得した者が、取得の際に相手方の所有物であると信じ、かつ、そう信じたことについて過失がない場合（善意・無過失の場合）、相手方が実際には所有権を有しなかったとしても、その取得者はその動産に関する所有権を取得する（即時取得）。

5 　即時取得が成立するためには、取引行為によって動産の占有を取得したことが必要である。

6 　不動産については即時取得は認められないため、土地の買主が不動産登記簿の登記事項を信じて当該土地を購入した場合において、登記簿に所有者として登記されている売主が当該土地の所有権を有していなかったときは、買主は、当該土地の所有権を取得することはできない。

7 預金者保護法によれば、盗難カードによる被害の場合、預貯金者が無過失のときは100%の補償を、軽過失のときは75%の補償（金融機関が善意・無過失の場合に限る）を金融機関に請求することができるが、預貯金者が重過失のときは、補償を請求することはできない（金融機関が善意・無過失の場合に限る）。

8 不動産の登記記録は表題部（土地・建物の物理的現況を記録）と権利部（権利に関する事項を記録）で構成され、権利部は甲区（所有権に関する事項を記録）および乙区（所有権以外の権利に関する事項を記録）で構成される。

9 発明とは、自然法則を利用した技術的思想の創作のうち高度のものをいう。

10 特許権を取得するためには、その発明が①産業上の利用可能性（発明が産業上利用しうるものであること）、②新規性（発明がいまだ社会に知られていないものであること）、③進歩性（発明の属する技術分野における通常の知識を有する者が、特許出願時の技術常識に基づいて容易にその発明をすることができないこと）の3要件のすべてを充たすものであることが必要である。

11 職務発明については、契約、勤務規則その他の定めにおいてあらかじめ使用者等に特許を受ける権利を取得させることを定めたときは、その特許を受ける権利は、その発生した時から当該使用者等に帰属する。

12 使用者等は、従業者等がその職務発明につき特許を受けたときは、その特許権について通常実施権を有する。

13 同一の発明について異なった日に2以上の特許出願があったときは、最先の特許出願人のみがその発明について特許を受けることができる（先願主義）。

14 特許権は、特許登録原簿に設定登録することにより発生（成立）し、その存続期間は、特許出願の日から20年とされている。

15 特許権者が第三者に専用実施権を設定した場合には、特許権者であっても、専用実施権を設定した特許発明を実施することはできない。

16 実用新案権とは、登録を受けた実用新案を独占排他的に実施する権利をいい、権利として保護を受けるためには、特許庁に登録することが必要である。

17 実用新案権の登録については、実体審査を行わず、方式審査および基礎的要件の審査のみを行って権利を付与するという、早期登録制度が採用されている。

18 実用新案権の存続期間は、実用新案登録出願の日から10年であるが、実用新案権については、更新登録という制度はないため、実用新案権は、存続期間の満了により消滅する。

19 意匠権は、意匠、すなわち、物品（物品の部分を含む）の形状、模様もしくは色彩もしくはこれらの結合、建築物の形状等または一定の画像であって、視覚を通じて美感を起こさせるものを保護する権利である。

20 意匠権の存続期間は、設定の出願の日から25年である。更新登録は受けられない。

21 同一または類似の商品または役務について使用をする同一または類似の商標について異なった日に2以上の商標登録出願があったときは、最先の商標登録出願人のみがその商標について商標登録を受けることができる（先願主義）。

22 継続して3年以上、日本国内において商標権者、専用使用権者または通常使用権者のいずれもが、正当な理由がなく、各指定商品または指定役務についての登録商標の使用をしていないときは、何人も、その指定商品または指定役務にかかる商標登録を取り消すことについて審判（不使用取消審判）を請求することができる。

23 商標権は、設定の登録により発生し、その存続期間は、設定の登録の日から10年であるが、商標権の存続期間は、商標権者の更新登録の申請により更新することができる。

24 著作物とは、思想または感情を創作的に表現したものであって、文芸、学術、美術または音楽の範囲に属するものをいう。コンピュータのプログラムもプログラムの著作物として、著作権法による保護の対象となる。

25 著作者人格権および著作権（著作財産権）は、著作物を創作するだけで成立し、権利として保護されるためには、登録を受ける必要はない。

26 著作権の存続期間は、著作物の創作の時に始まり、原則として、著作者の死後（共同著作物にあっては、最終に死亡した著作者の死後）70年を経過するまでの間、存続する。これに対し、著作者人格権は、著作者の死亡と同時に消滅する。

27 著作者人格権は、公表権、氏名表示権および同一性保持権の3つの権利から成り立っているが、著作者人格権は、著作者の一身に専属し、譲渡することができない権利である。

28 営業秘密（トレードシークレット）とは、商品の製造方法、設計図・実験データ、製造ノウハウ等の技術情報および顧客リストや販売マニュアル等の営業情報など、事業活動に有用な技術上または営業上の情報で、秘密として管理されている非公知（公然と知られていないこと）のものをいう。

第4章 法人財産の管理と法律

超重要事項チェックリスト 169

29

営業秘密は、不正競争防止法によって保護され、登録は不要であるが、①秘密管理性、②有用性、③非公知性の各要件を充たすことが必要である。

第5章

債権の管理と回収

　本章では、債権の消滅原因（弁済、相殺、時効など）、債権担保の手段である人的担保（保証、連帯債務）と物的担保（留置権、先取特権、質権、抵当権、譲渡担保など）、緊急時の債権回収手段としての強制執行や倒産処理手続（破産、民事再生、会社更生など）について学習します。
　試験対策としては、出題のもっとも多い人的担保（特に保証）と物的担保（特に抵当権）を重点的に学習する必要があります。

第1節 通常の債権の管理

重要度 A

この節で学習すること

1 債権の消滅事由

お金を貸した貸主には、「お金を返せ」と請求する権利があります。この権利は、借主がお金を返すと消滅します。

100年も前に祖父が借りたお金を突然今更返せと言われても、困ります。消滅時効が解決します。

2 時効

1 債権の消滅事由

売買代金債権や貸金債権などの債権は、次の事由により消滅します。

❶ 内容実現により消滅する場合

① 弁済 ❹❺❽

弁済とは、債務の本旨に従った履行をいいます。たとえば、100万円を借りた債務者が100万円を返済するような場合がこれにあたります。

なお、**債務の弁済**は、その債務の性質がこれを許さないとき、または当事者が反対の意思を表示したときを除き、**第三者もすることができます**。ただし、弁済をするについて正当な利益を有する者でない第三者は、債務者の意思に反することを債権者が知らなかったときを除き、債務者の意思に反して弁済をすることはできません。

② 代物弁済 ❹❺❽

代物弁済とは、弁済をすることができる者（弁済者）が、債権者との間で、債務者の負担した給付に代えて他の給付をすることにより債務を消滅させる旨の契約をした場合において、そ

> **注意**
> 債務者は、債務を弁済するに際し、弁済を受領する者に対して、弁済と引換えに受取証書の交付を請求することができます。弁済に先立って受取証書の交付を請求することはできないことに注意してください。❹❸❹❻❹❽

> **注意**
> 代物弁済は、弁済者と債権者との「契約」であることから、その効果（債権

の弁済者が当該他の給付をすることをいいます。たとえば、100万円の借入金の返済（本来の給付）に代えて100万円相当の絵画を引き渡す（別の物の給付）ことにより貸金債権を消滅させるような場合がこれにあたります。

③　供　託[43][48]

供託とは、弁済の目的物を供託所に供託することにより債務を免れることをいいます。たとえば、100万円を返済しようとしたところ、債権者がその受領を拒んだような場合には、債務者は100万円を供託することによりその債務を免れることができます。

の消滅）が生ずるためには、弁済者の代物弁済の申込みと目的物の給付のほか、「債権者の承諾」が必要となります。
[43][46]

ココが出る!

❷　内容実現不能により消滅する場合

債務者の責めに帰することができない事由により履行が不可能になった場合、たとえば、家屋の売主の家屋引渡債務が、大地震によってその家屋が滅失したため履行不能となったような場合がこれにあたります。

❸　実現不必要なため消滅する場合

①　相　殺[45][48]

相殺とは、債務者がその債権者に対し自分も債権を持っている場合に、その債権と債務を**対当額**で消滅させることをいいます。

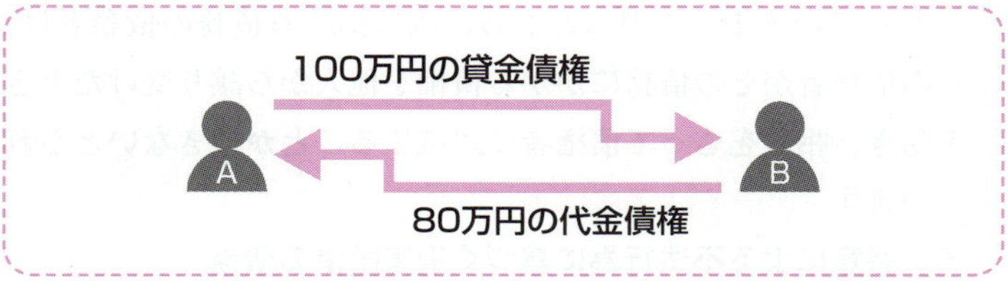

上の図のように、ＡがＢに対して100万円の貸金債権を有しており、他方、ＢもＡに対して80万円の代金債権を有している場合において、ＡがＢに対して相殺の意思表示をすれば、互いの債権が対当額である80万円について消滅し、後は、ＡがＢに対して20万円の貸金債権を有することになります。

この場合において、相殺の意思表示をなした方であるＡが有

用　語

「対当額」とは、同額の意味であり、具体的には、自働債権と受働債権とを比べて小さいほうの額をいいます。

注 意

相殺は、相手方に対する一方的な意思表示により効力を生じます。相手方の承諾は不要です。

する貸金債権を「**自働債権**」といい、相殺の意思表示を受けた方であるBが有する債権を「**受働債権**」といいます。

相殺をするには、双方の債権が**相殺適状**にあることが必要です。相殺適状とは、次のイ～ホの要件を具備する債権の対立状態をいいます。

> ココが出る!
> 「相殺適状」の要件を押さえてください。

イ　当事者間に対立する債権が存在すること

ロ　双方の債権が同種の目的を有すること[44][48]

ハ　双方の債権が弁済期にあること[44][48]

ニ　双方の債権が有効に存在すること

ホ　相殺を許す債権であること

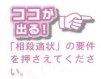

相殺をするためには、双方の債権が同種の目的を有することが必要です。ゆえに、貸した100万円の金銭を返せという「金銭債権」と、100万円相当の自動車を引き渡せという「物の引渡債権」とでは、価値的には同じでも、目的が異なるため、相殺をすることはできません。[44][48]

また、相殺をするには、条文上は、双方の債権が弁済期にあることが必要とされています。ただし、**自働債権の弁済期が到来していれば、受働債権の弁済期がまだ到来していなくても、**債務者（受働債権の債務者）は期限の利益を放棄することができますので、自働債権の債権者（受働債権の債務者）は、**相殺することができます。**[44][48]

> ココが出る!

> **注意**
> 自働債権の弁済期が到来していない場合には、受働債権の弁済期が到来していても、自働債権の債権者は、相殺することはできません。[48]

さらに、相殺をするには、相殺を許す債権であることが必要とされています。このことから、次に掲げる債務の債務者は、その債権者がその債務にかかる債権を他人から譲り受けたときを除き、**相殺をもって債権者に対抗することができない**とされています。

イ　悪意による不法行為に基づく損害賠償の債務

ロ　人の生命または身体の侵害による損害賠償の債務（前記イに掲げるものを除く。）

これは、被害者に現実の弁済を受けさせる必要があるということと、もし相殺を許すならば、債権者の不法行為を誘発するおそれがあるからとの理由によります。

> **注意**
> 被害者の側から相殺することは禁止されません。

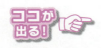

② **更　改**

更改とは、新しい債務を成立させることにより、前の債務を消滅させる契約をいいます。たとえば、ＡからＢが100万円を借りている場合に、ＡＢ間で100万円を返す代わりに、Ｂの所有する壷を引き渡すというように合意すると、壷の引渡債務が成立する一方で、100万円の貸金債務は消滅することになります。

③ **免　除**[45][48]

免除とは、債権者が債務者に対して持っている債権を放棄し、その債権を消滅させることをいいます。

④ **混　同**[43][44]

混同とは、債務者が債権者を相続するなど、債権と債務が同一人に帰属することにより、債権としての意味がなくなり、債権が消滅することをいいます。

注意
免除は、債権者から債務者に対してなされる一方的な意思表示であり、債務者の承諾は不要です。[44]

❹ 一般的消滅事由

① **消滅時効**

消滅時効とは、債権者が権利を行使しない状態が一定期間継続することにより、その権利が消滅することをいいます。

② **契約の解除**

契約の解除とは、債務が履行されないため、債権者が契約関係を解消することをいいます。

③ **法律行為の取消し**

法律行為の取消しとは、制限行為能力者がした法律行為や詐欺などによりなされた法律行為を最初からなかったものとすることをいいます。

2 時　効

❶ 意　義

時効とは、一定の事実状態が一定期間を超えて継続する場合に、それが真実の権利状態と一致するかどうかを問わずに、そのまま権利関係として認める制度をいいます。

❷ 種　類
① 取得時効
　これは、権利者であるかのような権利行使をしている事実状態を根拠にして真実の権利者とする場合をいいます。たとえば、Aの所有する土地をBが一定期間（20年間または10年間）、所有の意思をもって、平穏かつ公然と占有（物を事実上支配すること）したときは、Bは、時効を援用することにより、その土地の所有権を時効取得します。

② 消滅時効
　これは、権利不行使の事実状態を根拠にして権利の消滅を認める場合をいいます。
　時効期間は、次のとおりです。
イ　債　権
　債権者が権利を行使することができることを知った時（**主観的起算点**）から5年、または権利を行使することができる時（**客観的起算点**）から10年。
ロ　**債権または所有権以外の財産権**
　権利を行使することができる時から20年。
ハ　**確定判決等によって確定した権利**
　確定判決または確定判決と同一の効力を有するものによって確定した権利については、10年より短い時効期間の定めがあるものであっても、その時効期間は、10年となります。
　なお、不法行為による損害賠償請求権については、別途規定があります（P105参照）。

❸ 時効の援用
　時効による権利の取得または消滅という効果は、時効成立に必要な期間の経過（これを「時効の完成」といいます）後、当事者がこれを援用することにより確定します。
　時効の援用とは、時効の成立により利益を受ける者が、その利益を受ける旨の意思表示をすることをいいます。時効が成立したことによる効果（権利の取得または消滅）を主張するには、時効

たとえば、AがBに対して100万円を貸し付けた場合において、その返済期限が到来しているにもかかわらず、AがBにその返済を請求しないというような状態が10年間継続すると、AのBに対する貸金債権は、時効によって消滅します（ただし、Bによる時効の援用が必要となります）。

の援用が必要です。❸❹

❹ 時効の完成猶予および更新

① 意 義

時効の完成猶予とは、一定の事由がある場合に、その事由が終了する等までの間は、時効が完成しないことをいいます。

時効の更新とは、既に経過した時効期間がリセットされて、新たに時効の進行を始めることをいいます。

② 裁判上の請求等による時効の完成猶予および更新

次に掲げる事由がある場合には、その事由が終了する（確定判決または確定判決と同一の効力を有するものによって権利が確定することなくその事由が終了した場合にあっては、その終了の時から6ヶ月を経過する）までの間は、時効は、完成しません（**時効の完成猶予**）。

　イ　裁判上の請求

　ロ　支払督促

　ハ　和解、民事調停、家事調停

　ニ　破産手続参加、再生手続参加、更生手続参加

上記の場合において、確定判決または確定判決と同一の効力を有するものによって権利が確定したときは、時効は、イからニまでに掲げる事由が終了した時から新たにその進行を始めます（**時効の更新**）。

③ 強制執行等による時効の完成猶予および更新

次に掲げる事由がある場合には、その事由が終了する（申立ての取下げまたは法律の規定に従わないことによる取消しによってその事由が終了した場合にあっては、その終了の時から6ヶ月を経過する）までの間は、時効は、完成しません（**時効の完成猶予**）。

　イ　強制執行

　ロ　担保権の実行

　ハ　担保権の実行としての競売の例による競売

　ニ　財産開示手続

上記の場合には、時効は、イからニまでに掲げる事由が終了

第5章 債権の管理と回収

第1節　通常の債権の管理　177

した時から新たにその進行を始めます（**時効の更新**）。ただし、申立ての取下げまたは法律の規定に従わないことによる取消しによってその事由が終了した場合は、この限りではありません。

④ **仮差押え等による時効の完成猶予**㊽

次に掲げる事由がある場合には、その事由が終了した時から6ヶ月を経過するまでの間は、時効は、完成しません（**時効の完成猶予**）。

　イ　仮差押え
　ロ　仮処分

⑤ **催告による時効の完成猶予**

催告があったときは、その時から6ヶ月を経過するまでの間は、時効は、完成しません（**時効の完成猶予**）。**催告によって時効の完成が猶予されている間にされた再度の催告は、時効の完成猶予の効力を有しません。**

⑥ **協議を行う旨の合意（協議合意）による時効の完成猶予**

この規定は、**平成29年改正民法**により新設されました。

権利についての協議を行う旨の合意（協議合意）が書面またはその内容を記録した電磁的記録でされたときは、次に掲げる時のいずれか早い時までの間は、時効は、完成しません（**時効の完成猶予**）。

　イ　その合意があった時から1年を経過した時
　ロ　その合意において当事者が協議を行う期間（1年に満たないものに限る）を定めたときは、その期間を経過した時
　ハ　当事者の一方から相手方に対して協議の続行を拒絶する旨の通知が書面でされたときは、その通知の時から6ヶ月を経過した時

協議合意により時効の完成が猶予されている間にされた再度の協議合意は、時効の完成猶予の効力を有します。ただし、その効力は、時効の完成が猶予されなかったとすれば時効が完成すべき時から通じて5年を超えることができません。

これに対し、催告によって時効の完成が猶予されている間にされた協議合意は、時効の完成猶予の効力を有しません。協議

用語

「電磁的記録」とは、電子的方式、磁気的方式その他人の知覚によっては認識することができない方式で作られる記録であって、電子計算機による情報処理の用に供されるものをいいます。

「電磁的記録」の具体例としては、CD-ROMやフロッピー・ディスクなどによる記録があります。

合意により時効の完成が猶予されている間にされた催告について
も、時効の完成猶予の効力を有しません。

⑦ **承認による時効の更新**

時効は、権利の承認があったときは、その時から新たにその
進行を始めます（**時効の更新**）。「**承認**」とは、時効の利益を受
けるべき立場にある者が、権利の不存在（取得時効の場合）、
または権利の存在（消滅時効の場合）を権利者に対して表示す
ることをいいます。

例えば、取得時効の場合でいえば、Aの土地を時効によって
取得しようとしているBが、Aに対して自分には土地の権利は
ないことを表示したり、あるいは、消滅時効の場合でいえば、
Aから100万円の借金をしているBが、Aに対して100万円の借
金をしていることを自分の方から認めることが「承認」に当た
ります。また、Aから100万円の借金をしているBが、その借
金の一部を弁済した場合も「承認」に当たります。

第1節　通常の債権の管理　179

第2節 債権の担保

重要度 A

この節で学習すること

1 人的担保

アパートを借りるとき、「保証人」をつけたことがありませんか？保証人が人的担保の一例です。

2 物的担保

家を買うと、銀行が抵当権をその家につけることになります。抵当権が物的担保の一例です。

債権担保の方法を大別しますと、「人的担保」と「物的担保」とに分けられます。**人的担保**とは、債務者以外の第三者にも履行を請求できるようにする担保をいい、これには「保証」と「連帯債務」とがあります。一方、**物的担保**とは、債務者がその債務を履行しない場合に、債務者または第三者の特定の財産から他の債権者に優先して債権の回収を図れるようにする担保をいい、担保物権ともいわれます。物的担保には、留置権、先取特権、質権、抵当権等があります。

1 人的担保

❶ 保証債務

① 意 義

保証債務とは、主たる債務者がその債務を履行しないときに、これに代わって保証人が履行する責任を負う債権担保の方法をいいます。

ココが出る！

保証債務は、債権者と保証人との間の保証契約によって成立しますが、**保証契約は、書面またはその内容を記録した電磁的記録によってしなければ、その効力を生じません。**㊹

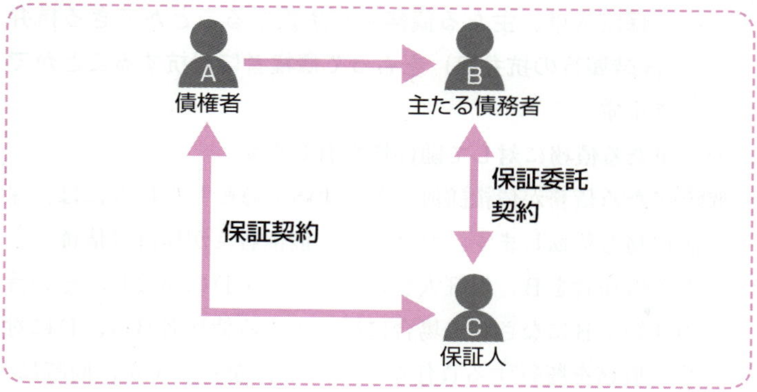

注意

保証契約の当事者は、債権者と保証人ですから、保証契約が成立するためには、主たる債務者の同意は不要です。[44][46]

② 性　質

イ　**保証債務は、主たる債務とは別個の債務です。**[46]

ロ　**主たる債務に対して附従性を有します。**

a　保証債務は、主たる債務の担保を目的とする従たる債務ですから、主たる債務が成立してはじめて保証債務も成立し、主たる債務が弁済や時効により消滅すれば保証債務もまた消滅します。[44][46]

ココが出る!

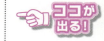

b　保証債務は、その目的や態様において主たる債務より軽いことは差し支えありませんが、重くなってはなりません。保証人の負担が債務の目的または態様において主たる債務より重いときは、主たる債務の限度に減縮されます。

c　保証債務が成立した後に、主たる債務の額が変更された場合、その変更が主たる債務の額を減額するものであるときは、保証債務の額もそれに附従して減額されますが、その変更が主たる債務の額を増額するものであるときは、保証債務の額はそれに附従して増額されることはありません。

d　保証人は、その保証債務についてのみ、違約金または損害賠償の額を約定することができます。この場合には、保証債務の目的や態様が主たる債務より重くなっているのではなく、保証債務の履行を確実にすることが考えられているにすぎないからです。

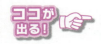

ココが出る！
たとえば、買主が売主から商品等の引渡しを受けていない場合には、買主の代金債務の保証人は、買主が有する同時履行の抗弁権をもって売主の保証債務の履行請求を拒むことができます。

e　**保証人は、主たる債務者が主張することができる抗弁（同時履行の抗弁等）をもって債権者に対抗することができます。**

ハ　**主たる債務に対して随伴性を有します。**

主たる債務が債権譲渡などによって移転した場合には、保証債務も移転します。たとえば、債権者Ａが保証付債権（主たる債務者をＢ、保証人をＣとする）をＤに譲渡し、その旨の通知がＢになされた場合には、主たる債務者Ｂは、Ｄに対して債務を履行する責任を負うことになりますが、同時に、保証人Ｃも、Ｄに対して保証債務を履行する責任を負うことになります。

ニ　**主たる債務に対して原則として補充性を有します。**

保証債務は、主たる債務が履行されないときにはじめてこれを履行する責任が生じるという性質を有し、このような性質を「**補充性**」といいます。

保証債務の補充性から、保証人は、債権者からの請求に対して、まず主たる債務者に請求せよという「**催告の抗弁権**」と、まず主たる債務者の財産に執行せよという「**検索**(けんさく)**の抗弁権**」を有します。ただし、後述する連帯保証には、補充性はありませんので、連帯保証人はこのような抗弁権を有しません。[44][46]

ココが出る！

なお、**保証人が主たる債務者に代わって債務を弁済した場合には、その弁済した金額について主たる債務者に求償することができますが**、この点は、保証人と連帯保証人とで違いはありません。[46][48]

③　**連帯保証**

連帯保証とは、保証人が主たる債務者と連帯して保証債務を負担することを合意した保証をいいます。前述しましたように、**連帯保証人には催告の抗弁権も検索の抗弁権も認められないため**、連帯保証の有する債権の担保的効力は大きいといえます。それゆえ、実務では連帯保証が広く利用されています。

なお、保証債務が連帯保証となるのは、原則として、その旨の特約がある場合に限られますが、債務が主たる債務者の商行

為によって生じたものであるとき、または**保証が商行為であるときは、保証債務は当然に連帯保証となります。**❹❹

④ 情報の提供義務

イ **保証人の請求による主たる債務の履行状況に関する情報提供義務**

保証人が主たる債務者の委託を受けて保証をした場合において、保証人の請求があったときは、債権者は、保証人に対し、遅滞なく、主たる債務の元本および主たる債務に関する利息、違約金、損害賠償その他その債務に従たるすべてのものについての不履行の有無ならびにこれらの残額およびそのうち弁済期が到来しているものの額に関する情報を提供しなければなりません。

ロ **主たる債務者が期限の利益を喪失した場合の情報提供義務**

主たる債務者が期限の利益を有する場合において、その利益を喪失したときは、債権者は、保証人（法人を除く）に対し、その利益の喪失を知った時から2ヶ月以内に、その旨を通知しなければなりません。

この期間内に通知をしなかったときは、債権者は、保証人（法人を除く）に対し、主たる債務者が期限の利益を喪失した時から通知をするまでに生ずべき遅延損害金（期限の利益を喪失しなかったとしても生ずべきものを除く。）にかかる保証債務の履行を請求することができません。

注意　この情報提供義務は、保証人が個人であるか法人であるかを問わず、債権者に課せられることに注意してください。

ハ **契約締結時の情報提供義務**

主たる債務者は、事業のために負担する債務を主たる債務とする保証または主たる債務の範囲に事業のために負担する債務が含まれる根保証の委託をするときは、委託を受ける者（法人を除く）に対し、一定の事項（財産および収支の状況、主たる債務以外に負担している債務の有無ならびにその額および履行状況、主たる債務の担保として他に提供し、または提供しようとするものがあるときは、その旨およびその内容）に関する情報を提供しなければなりません。

主たる債務者が前記事項に関して情報を提供せず、または事実と異なる情報を提供したために委託を受けた者がその事

項について誤認をし、それによって保証契約の申込みまたはその承諾の意思表示をした場合において、主たる債務者がその事項に関して情報を提供せずまたは事実と異なる情報を提供したことを債権者が知りまたは知ることができたときは、保証人（法人を除く）は、保証契約を取り消すことができます。

❷ 連帯債務

① 意 義

連帯債務とは、数人の債務者が同じ債務を負い、それぞれが債務の全額について履行する義務を負っており、**１人が履行すれば、他の債務者の債務もまた消滅する**という関係にある債務をいいます。㊸

ココが出る！

たとえば、A、B、Cの３人が、Dの所有する900万円の自動車をそれぞれ300万円ずつ代金を負担する合意のもとに共同購入した場合において、代金債務を連帯債務としたときは、A、B、Cの３人は、それぞれがDとの関係において900万円全額を支払う義務を負うことになり、いずれか１人（たとえばA）がDに対して900万円全額を支払えば、他の者（BおよびC）の代金債務もまた消滅するという関係をいいます。

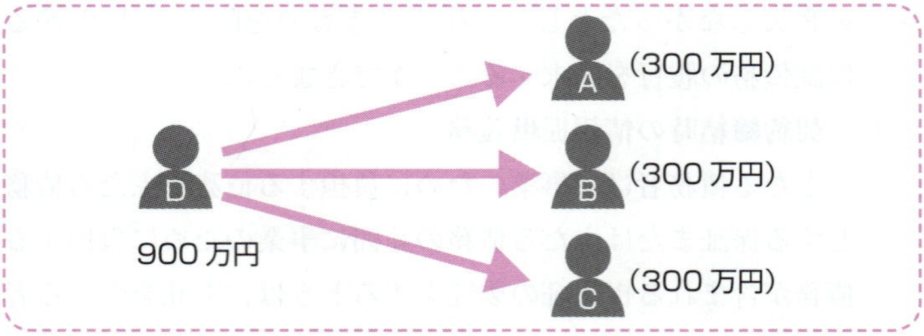

債権者は、かりに連帯債務者中に破産などによって資力を失った者が生じても、他の資力のある者に対して債務の全額を請求することができますので、連帯債務は、保証と同様に債権担保の役割を果たすこととなります。

数人の者がその１人または全員のために**商行為となる行為によって債務を負担したときは、その債務は、当然に連帯債務**

コーヒーブレイク

複数の債権者または債務者がいる場合には、特別の意思表示がない以上、各債権者または各債務者は、平等の割合をもって、権利を有し、義務を負うものとされています。このような関係を「分割債権」または「分割債務」といいます。

となり、各自が連帯して負担します。㊽

② 求　償

　連帯債務者は、互いに一定の負担部分を有しています（前記の例でいえば、Ａ、Ｂ、Ｃの３人は、Ｄの所有する900万円の自動車をそれぞれ300万円ずつ代金を負担する合意のもとに共同購入していますので、Ａ、Ｂ、Ｃの負担部分はそれぞれ300万円ということになります）ので、もし１人が弁済をしたときは、他の債務者に求償することができます。前記の例で、ＡがＤの請求に応じて900万円全額を支払ったときは、Ａは、ＢおよびＣに対して、300万円ずつ求償することができます。

❷ 物的担保（担保物権）

　物的担保（担保物権）は、**法定担保物権**（一定の要件の下で法律上当然に成立する担保物権）と**約定担保物権**（契約によって成立する担保物権）とに分けられます。法定担保物権には、留置権と先取特権とがあり、約定担保物権には、民法典に定められている担保物権（**典型担保物権**）として質権と抵当権があり、さらに、民法典に定められていない担保物権（**非典型担保物権**）として譲渡担保、仮登記担保、所有権留保等があります。㊻

❶　物的担保（担保物権）の必要性

　実務では、債権担保の手段として、人的担保に加えて物的担保が併用されるのが一般的です。それはなぜでしょうか？

　たとえば、ＡがＢに1,000万円の金銭を貸し付けている場合において、物的担保を有しないときは、かりにＢに1,000万円相当の土地があり、Ａがその土地を差し押さえて強制競売にかけたとしても、1,000万円全額を回収できるとは限らないのです。というのは、Ｂの債権者として、Ａの他にＣ、Ｄ、Ｅの３人がおり、それぞれがＡと同様に物的担保を有することなくＢに1,000万円の金銭を貸し付けているような場合には、ＡがＣ、Ｄ、Ｅに先んじてＢの土地を差し押さえて強制競売にかけ、その土地が1,000万円で売却されたとしても、Ａに入ってくる配当金は、250万円

にすぎないからです。物的担保を有しない債権者（無担保債権者）間においては、債権の種類・内容・発生時期に関係なく、その有する債権額に応じて按分された額しか回収できないという「**債権者平等の原則**」が働くために、競売代金の1,000万円は、4等分されてしまうのです。Aとしては、結局、債権の一部しか回収できないことになり、これでは不都合です（同様のことはC、D、Eについてもいえます）。そこで、債権者としては、自己の債権を他の債権者に先んじて回収できるような措置を講じておくことが必要となり、債務者がその債務を履行しない場合でも、債務者または第三者の特定の財産から他の債権者に優先して債権の回収を図れる（これを「**優先弁済的効力**」といいます）手段として物的担保が広く利用されるに至ったのです。[45][46]

ココが出る!
「債権者平等の原則」の意味を押さえてください。

❷ 担保物権に共通する性質

担保物権には、次のような共通する性質があります。

ココが出る!
それぞれの性質の意味を押さえてください。

① **附従性**[46]

附従性とは、債権が成立しなければ担保物権は成立せず、債権が消滅すれば担保物権も消滅するという性質をいいます。

② **随伴性**[44][45][46]

随伴性とは、債権が他人に移転すれば、担保物権もそれに伴って移転するという性質をいいます。

③ **不可分性**[43][45][46]

不可分性とは、担保物権を有する者は、債権全部の弁済を受けるまで目的物の全部について権利を行使しうるという性質をいいます。

④ **物上代位性**[46]

物上代位性とは、担保物権を有する者は、目的物の売却、賃貸、滅失、損傷により債務者または目的物の所有者が受ける金銭その他の物に対しても権利を行使しうるという性質をいいます。

コーヒーブレイク
売買代金、賃料、損害賠償請求権、保険金請求権等が物上代位の対象となります。

❸ 留置権

① 意　義

留置権とは、他人の物の占有者が、その物に関して生じた債権を有する場合に、その債権の弁済を受けるまでその物を留置することができる権利をいいます。留置権は、当事者間の公平を図るため**法律上当然に認められる担保物権**です。[43][45][48]

たとえば、ＡがＢの依頼を受けてＢの時計を修理した場合、もしもＢが修理代金を支払わなくても、ＡはＢに対して時計を返還しなければならないとしたら、不公平です。そこで、ＡＢ間の公平を図るため、Ａに留置権が当然に成立し、Ａは、修理代金の支払いを受けるまでは、時計を自分のもとに留置してＢに対し時計の返還を拒絶することができます。Ａとしては、時計の返還を拒絶することにより、Ｂに対して修理代金の支払いを間接的ないし心理的に強制できるわけです。

② 留置権の性質

留置権には、附従性、随伴性、不可分性は認められますが、抵当権などと異なり**優先弁済的効力を有せず**、物の交換価値を把握するものではないため、**物上代位性は認められません**。しかしその反面、前述しましたように、物を自分のもとに留置して、その返還を拒絶することにより、債務者に対してその弁済を間接的ないし心理的に強制しうるという**留置的効力を有します**。また、**競売権も認められています**。[43][44][46]

なお、留置権者が、被担保債権の弁済を受ける前に、留置権の目的物をその所有者に引き渡してその占有を失ったときは、留置権は消滅します。[43][46][48]

③ 留置権の成立要件

留置権が成立するためには、債権がその物に関して生じたものであること（債権と物との**牽連性**）、債権が弁済期にあること、他人の物を占有していること、占有が不法行為によって始まったものでないこと、という４つの要件を満たすことが必要です。

ただし、商人間の取引において生じた債権が弁済期にある場合には、債権者たる商人は、債権の弁済を受けるまで、その取

注意 !

留置権は、当事者間の設定契約により成立するものではないことに注意してください。

ココが出る!

用　語

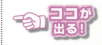

「優先弁済的効力」とは、債務の弁済が得られないときに、担保の目的物が有する価値から他の債権者に優先して弁済を受けることができる効力をいいます。[44][46]

注意 !

留置権は物権であるため、対世的効力を有し、すべての者に対して行使することができ、いったん成立した後は、その留置物の譲受人に対しても留置権を行使することができます。[43][48]

注意

留置権に基づく競売の申立ては、留置物の所在地を管轄する地方裁判所に対して行います。
競売手続を経ずに留置物から債務の弁済を受けること（私的実行）は認められません。[48]

引関係から自ら占有することになった物を留置することができ、必ずしも債権がその物に関して生じたものであることを要しません（**商事留置権**）。たとえば、自動車の修理業者Ａ社が運送会社Ｂ社に対して自動車Ｘの修理代金債権（弁済期は到来している）を有するとともに、それとは別個にＢ社に対してＢ社の自動車Ｙの塗装代金債権（弁済期は到来している）を有する場合には、Ａ社は、両方の債権が弁済されるまで、Ａ社のもとにある自動車ＸおよびＹを留置することができます。したがって、たとえば、Ａ社は、自動車Ｙの塗装を完了し、ＹをＢ社に引き渡していたとしても、まだその塗装代金の支払いを受けていない場合には、塗装代金の弁済を受けるまで、塗装代金債権と牽連性のない自動車Ｘを留置することができます。[43][44][48]

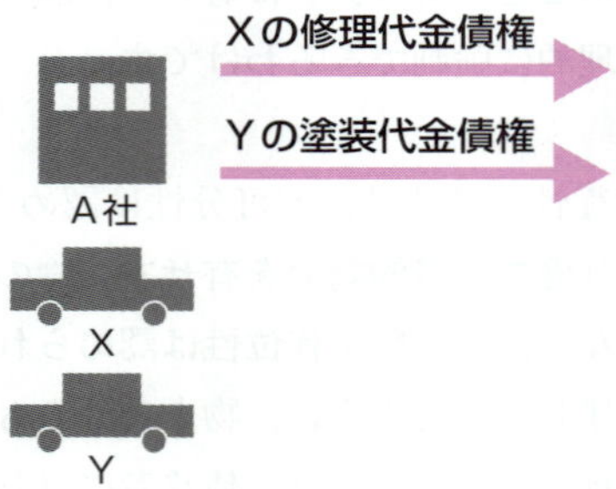

④　**民事留置権と商事留置権の違い**

ココが出る!

民事留置権と商事留置権の違いを押さえてください。

	民事留置権	**商事留置権**
債権と物との牽連性の要否	必要	不要[43][44][48]
目的物	債務者以外の第三者の所有物でもよい	債務者の所有物に限られる
破産手続における扱い	破産法上、**別除権**として認められず、破産手続外で権利を行使できない	破産法上、**別除権**として認められ、破産手続外で権利を行使できる

用語

「別除権」とは、破産手続や民事再正手続によらずに担保権の対象となる財産を処分して被担保債権の回収を図ることができる権利をいいます。

❹ 先取特権

①　意　義

先取特権とは、法律の定める一定の債権を有する者が、債務

者の財産から他の債権者に優先してその債権の弁済を受けることのできる担保物権をいいます。

たとえば、AがBに工作機械を販売し、これを引き渡したけれども、Bが代金を支払わない場合には、Aは、Bのもとにある工作機械に対して**動産売買の先取特権**を行使し、その機械を競売して、優先弁済（代金の回収）を受けることができます。

② **先取特権の種類**

先取特権は、優先弁済権の目的物となる物の種類に応じて、まず、**一般の先取特権**（債務者の総財産を目的とするもの）と**特別の先取特権**（債務者の特定の財産を目的とするもの）とに大別され、特別の先取特権は、さらに、**動産の先取特権**（債務者の特定の動産を目的とするもの）と**不動産の先取特権**（債務者の特定の不動産を目的とするもの）とに分けられます。

先の例であげた動産売買の先取特権は、動産の先取特権の一種であり、実務上最も重要なものです。

③ **動産売買の先取特権**

イ　意　義

動産の売主は、動産の代価およびその利息に関し、その動産の上に先取特権を有します。これを動産売買の先取特権といいます。❹❻

ロ　効　力

先取特権は、債務者がその目的である動産をその第三取得者に引き渡した後は、その動産について行使することができません。すなわち、動産売買の先取特権には、**追及力**（追及効）がありません。

なお、先取特権は、優先弁済的効力を有し、目的物を競売することにより優先弁済を受けることができます。具体的には、(a)債権者が執行官に対し当該動産を提出する、(b)債権者が執行官に対し当該動産の占有者が差押えを承諾することを証する文書を提出する、(c)債務者の任意の協力が得られない場合には、債権者が担保権の存在を証する文書を執行裁判所に提出して得た動産競売開始許可の決定書の謄本を執行官に提出し、かつ、これが債務者に送達される、のいずれかの方

用　語

「追及力」とは、債務者等が担保に供した物が第三者に処分（売却など）された場合でも、当該担保物権の効力を及ぼして、競売等の手続により債権の回収を図ることができる効力をいいます。抵当権には追及力が認められています。

法により競売を行うことができます。

❺ 質　権

① 意　義

質権とは、その債権の担保として債務者または第三者から受け取った物を占有し、かつ、その物について他の債権者に先立って自己の債権の弁済を受ける権利をいいます。このように、質権には優先弁済的効力があります。[44]

また、質権者は、債権の弁済を受けるまでは、質物を留置することができます（**留置的効力**）。このように、目的物を留置することによって債権の弁済を間接的に強制する効力を有する点は、留置権と同様です。[44]

質権は、債権者と質権設定者（債務者または第三者）との質権設定契約により成立しますが、**質権設定契約は、要物契約であり、債権者にその目的物を引き渡すことによって、その効力が生じます**。[45]

ココが出る！
質権設定契約は、引渡しが効力発生要件です。

質権には、附従性、随伴性、不可分性および物上代位性が認められます。

なお、弁済期が到来しても借金を返さなかったら、質権者が直ちに質物の所有権を取得する旨を約束したり、質権者が適宜に質物を売却して債権の弁済に充てることができる旨を約束するというように、法律に定める方法によらないで質物を処分することを約する契約（**流質契約**）は、質屋営業法上の営業質屋では認められていますが、**民法では禁止されています**。もし流質契約を自由に認めるならば、債権者が債務者の窮迫に乗じて、債権額に比べ不相当に高価な質物について流質契約を結ぶことにより、不当な利益を得るおそれがあるからです。[45]

ココが出る！
流質契約は、民法上は禁止されていることを押さえてください。

質権は、その目的物により、動産質、不動産質、債権質（権利質）に分けられます。

② 動産質

動産質権とは、時計や宝石などの動産を目的とする質権をいいます。動産質権の**対抗要件は、目的物の占有の継続**です。

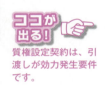

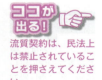

③　不動産質

不動産質権とは、不動産を目的とする質権をいいます。不動産質権は、不動産に関する物権であるため、**登記が対抗要件**となります。㊺

④　債権質（権利質）

債権質とは、債権を目的とする質権をいいます。実務で多く利用されているのは、債権者の特定している「指名債権」を目的とする質権です。

債権に質権を設定することは、債権譲渡に類似する効果を生じさせる（質権設定により、債権は拘束を受け、弁済などが制約される）ことから、**債権質の第三債務者（質入れされた債権の債務者）に対する対抗要件は、設定者から第三債務者への質権設定の通知または第三債務者の承諾**ですが、**第三債務者以外の第三者（質入債権の譲受人など）にこれを対抗するためには、その通知または承諾が確定日付のある証書でなされることが必要**です。

たとえば、AがBに対して有する債権についてCのために質権を設定する場合、A（設定者）からB（第三債務者）への質権設定の通知またはBの承諾が、Bに対する対抗要件となり、B以外の第三者に質権設定を対抗するためには、その通知または承諾が内容証明郵便や公正証書などの確定日付のある証書でなされることが必要だということです。

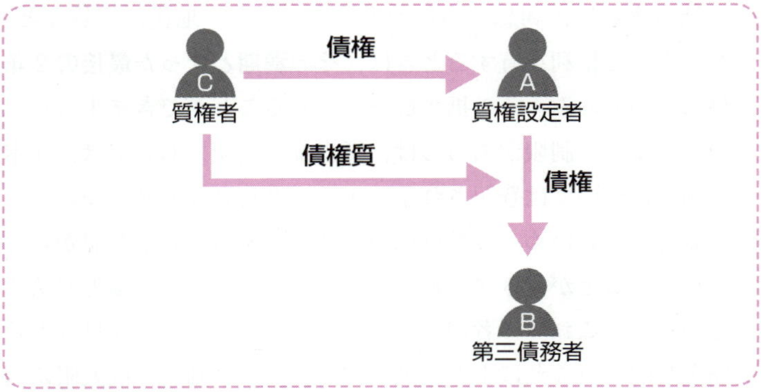

債権質を設定した場合、質権者は、債務者が弁済をしないときは、質入債権について第三債務者から**直接取り立てることが**

コーヒーブレイク
実務では、銀行等が建物に抵当権の設定を受ける際に、抵当権と併用して、建物の火災保険金請求権に質権（債権質）の設定を受けることが多く行われています。

第5章　債権の管理と回収

ココが出る！

でき、取り立てた金銭を債権の弁済に充てることができます。

❻ 抵当権
① 意 義
　抵当権とは、債務者または第三者（物上保証人）が債務の担保に供した物を、その占有を移さずして設定者の使用収益に任せておきながら、債務が弁済されない場合に、その物の交換価値から優先的に弁済を受けることができる担保物権をいいます。

　抵当権には、優先弁済的効力・附従性・随伴性・不可分性・物上代位性が認められます。

② 抵当権の設定・対抗要件
　抵当権は、当事者間の契約（抵当権設定契約）により成立（効力も発生）する「約定担保物権」の1つです。抵当権設定契約の当事者は、債権者と抵当権設定者（債務者または第三者、すなわち物上保証人）です。そして、抵当権は、物権ですから、登記を対抗要件とします。

③ 抵当権の目的物
　民法は、抵当権の目的物として、不動産（土地・建物）のほか、地上権および永小作権を認めています。

④ 抵当権の被担保債権の範囲
　抵当権者は、利息その他の定期金（年金、地代、家賃など）を請求する権利を有するときは、その満期となった最後の2年分についてのみ、その抵当権を行使することができます。

　このような制限があるのは、抵当権の登記においては、元本と利率については登記されますが、延滞利息等の額については登記されないため、後順位抵当権者や一般債権者が登記からこれを知ることができず、延滞利息等の全部について優先弁済を認めると、これらの者が害されるからです。また、利息等の範囲を制限することにより、抵当目的物の残余価値を最大限に利用することを可能とするためです。

　なお、この制限は、抵当権者と後順位抵当権者その他の第三

物上保証人が抵当権設定者となる場合には、債務者は抵当権設定契約の当事者とはならないことに注意してください。

同一の目的物に複数の抵当権を設定することもできます。この場合、登記の順序によって、「一番抵当権」「二番抵当権」などと呼ばれ、当該抵当権を基準に、順位が先の抵当権を「先順位抵当権」、順位が後の抵当権を「後順位抵当権」と

者との利益を調整するものにすぎず、抵当権設定者に対する関係で抵当債務が縮減するわけではありませんので、抵当権者は、第三者が存在しない場合には、延滞利息等の全額について配当を受けることができますし、第三者が存在する場合でも、この者に配当してなお余剰があれば、抵当権者は、2年分を超える延滞利息等についても、さらに配当を受けることができます。

いいます。❹❺❽
先順位抵当権者は、後順位抵当権者に優先して配当を受けることができます。

⑤ **抵当権の効力の及ぶ目的物の範囲**

抵当権は、抵当地の上に存する建物を除き、その目的である不動産（抵当不動産）に付加して一体となっている物（付加一体物）に及びます。

たとえば、土地に抵当権が設定された場合、その抵当権の効力は、土地上の立木（立木に関する法律による登記があるものを除く）・石垣などにも及びます。また、**建物に抵当権が設定された場合、その抵当権の効力は**、増築部分（茶の間など）・附属建物（車庫など）・建物に備えられた営業用の什器・建物を所有するために設定された**敷地利用権**（土地賃借権など）などにも及びます。❹❹

⑥ **物上代位**

イ 意 義

物上代位とは、抵当権者が、目的物の売却、賃貸、滅失または損傷によって目的物の所有者が受けるべき金銭その他の物に対しても抵当権の効力を及ぼしうる制度をいいます。

抵当権は、目的物の交換価値を把握し、これを優先弁済に充てる権利であるため、目的物が何らかの理由でその交換価値を具体化したときは、抵当権は、その具体化された交換価値（代位物）の上に効力を及ぼします。この効力が物上代位性であり、民法は、先取特権、質権とともに、抵当権にもこの効力を認めています。

ロ 物上代位の目的物

物上代位の目的物（代位物）となりうるものとしては、売却代金、賃料、**保険金請求権**、**不法行為に基づく損害賠償請求権**などがあります。❽

たとえば、A社がB社に対して有する債権を担保するため

何が物上代位の目的物となりうるかを押さえてください。

にB社所有の甲建物に抵当権の設定を受けた場合、甲建物につきB社が保険会社C社との間で火災保険契約を締結しており、甲建物が火災により焼失したときは、A社は、B社の火災保険金請求権を差し押さえて、物上代位権を行使し、その火災保険金からB社に対する債権を回収することができます。

ハ 物上代位権行使の要件

抵当権者が物上代位によって優先弁済を受けるためには、目的物の所有者に代位物が払い渡されまたは引き渡される前に、その代位物に対する請求権を差し押さえなければなりません。❸❹

「払渡しまたは引渡し前」に「差押え」をすることが物上代位の要件であることを押さえてください。

したがって、前記の火災保険金請求権の例でいえば、A社が火災保険金請求権を差し押さえる前に、B社がC社から火災保険金の支払いを受けていた場合には、A社は、もはや火災保険金請求権について物上代位することはできなくなります。

⑦ 根抵当権

抵当権の一種に根抵当権という権利があります。**根抵当権**とは、一定の範囲に属する不特定の債権を**極度額**の限度において担保する抵当権をいいます。❻

根抵当権の定義を正確に押さえてください。

たとえば、大手家電メーカーA社と特約店契約を結んでいる小売業者B社が、A社から継続的に供給を受ける家電製品の代金債務を1億円（極度額）の限度で担保するため、自己の所有する不動産に根抵当権を設定するというような場合をあげることができます。

❼ 譲渡担保

① 意 義

譲渡担保とは、債権担保の目的で、債務者または第三者の所有する財産を、債務弁済時には返還するという約束の下に、債権者に譲渡するという形式の担保をいいます。

② 譲渡担保の目的物

目的物は、財産的価値のあるもので、譲渡性があればよく、

実務では、企業用動産、たとえば、工場内の機械や器具類がその目的となることが多いです。また、土地、建物、手形、小切手、ゴルフ会員権なども目的となっています。さらに、企業の倉庫内にある在庫商品のように、**構成部分の変動する集合動産を譲渡担保の目的物とすることも認められています。**

③ 譲渡担保権の実行

弁済期が到来しても債務者が被担保債権の弁済をしない場合には、譲渡担保権者は、譲渡担保権を実行して、目的物の所有権を確定的に取得することができます。

譲渡担保権者は、被担保債権額の範囲内で目的物の交換価値を把握しうるにすぎませんので、目的物の価額が被担保債権額を超過する場合には、その超過額を設定者に返還する義務（**清算義務**）を負うものとされています。

❽ 仮登記担保

① 意　義

仮登記担保とは、債務者が債務を弁済しないときには債務者に属する所有権その他の権利を債権者に移転する旨をあらかじめ契約し、これに基づく債権者の権利について仮登記・仮登録をしておくという方法により債権担保の目的を達成しようとする担保の方法をいいます。

通常、仮登記担保に用いられる契約は代物弁済の予約や停止条件付代物弁済契約ですが、売買の予約が用いられることもあります。

そして、仮登記担保の公示方法としては、通常、所有権移転請求権保全の仮登記が用いられます。

② 仮登記担保権の実行

仮登記担保権を実行した場合、仮登記担保権者には、譲渡担保権者と同様に、清算義務が課せられます。

❾ 所有権留保

① 意　義

所有権留保とは、売買の目的物の売主が、その代金の完済を

> **注意**
> 債権者は、債務の弁済がないときは、譲渡担保の目的物を裁判所の手続によらずに評価して（私的実行）、優先的に弁済を受けることができます。

> **注意**
> 仮登記担保権者にも、譲渡担保権者と同様に、私的実行が認められています。

受けるまで、買主に引き渡した目的物の所有権を留保することをいいます。所有権留保は、代金債権を確保するための一種の担保物権としての機能を果たしています。たとえば、Aが自動車をBに割賦販売する場合のように、**動産の割賦販売において所有権留保が利用されることが多い**です。

所有権留保は、目的物の売買契約中に、売主から買主への所有権移転を代金完済まで留保する旨の特約を付けることにより行われます。

② **所有権留保の実行**

一般に、買主に代金債務の履行遅滞がある場合に、売主が売買契約を解除し、原状回復請求権に基づいて目的物の返還を請求するという方法がとられています。

目的物の価額が残存代金債権額を超過する場合には、売主は、その**超過額を買主に清算する義務を負います**。

なお、所有権留保付売買においては、一般に、買主は、代金を完済するまでは目的物を他に転売しない旨の特約が結ばれます。この場合に、買主が特約に違反して善意・無過失の第三者に転売し、引き渡したときは、即時取得が成立して、売主は、目的物の所有権を失い、その返還を請求できなくなります。

第3節 緊急時の債権の回収

重要度 B

この節で学習すること

1 裁判手続による債権回収
「貸したお金を返してもらえない」ときに、裁判所に訴えて、勝訴判決が確定すれば、お金を回収できます。

2 会社の倒産処理手続
倒産のパターンには、いくつかの種類がありますので、違いと特徴を押さえましょう。

3 強制執行の手続
裁判所や執行官に対して、確定判決などを根拠に強制執行の申立てをすることができます。

1 裁判手続による債権回収

ココが出る!

債権の強制回収は、自力救済が禁止されているため、裁判所に対する手続を経て行われます。43 44

❶ 民事訴訟手続

民事訴訟手続とは、裁判所に訴状を提出して、当事者（原告・被告）が法廷で口頭弁論を行い、判決をもらう手続です。43

判決が確定すると、その判決が**債務名義**（強制執行を根拠づけ正当化する文書）となり、これに基づいて強制執行ができるようになります。45

注意
支払督促の申立てを行うためには、債務名義は不要であることに注意しましょう。

❷ 支払督促

支払督促とは、簡易裁判所の督促手続です。簡易裁判所の裁判

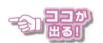

所書記官に支払督促の申立てを行い、支払督促を債務者に対して発してもらうものです。㊸㊻

債務者が支払督促の送達を受けた日から２週間以内に支払いをせず、または督促異議の申立てをしないときは、裁判所書記官は、債権者の申立てにより仮執行宣言を付さなければならず、債務者が仮執行宣言付支払督促の送達を受けた日から２週間以内に異議の申立てをしないときは、当該**仮執行宣言付支払督促**は確定して**債務名義**となり、債権者は、これに基づいて強制執行をすることができます。㊻

これに対し、債務者が支払督促の送達を受けた日から２週間以内に督促異議の申立てをしたときは、通常の民事訴訟手続に移行します。㊸

❸ 即決和解

即決和解とは、法的な紛争の解決に向けた紛争当事者間における合意を前提に、**簡易裁判所の関与の下**に和解を行う手続です。㊹㊽

❹ 調　停

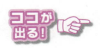

調停とは、民事上の紛争の当事者またはその代理人が裁判所に出頭し、話し合いをする手続です。調停の成立により作成される

ココが出る！

調停調書は、確定判決と同一の効力を有し、債務名義となります。したがって、調停調書に基づいて強制執行を行うことができます。㊹

❷ 会社の倒産処理手続

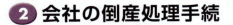

❶ 倒産とは

倒産とは、会社が支払不能または債務超過の状態になって、事業を継続して行えなくなった状態をいいます。

❷ 倒産処理

① 法的整理

これは、手続が法律上規定されており裁判所が関与するものです。再建型と清算型とに分けられます。

イ 再建型整理

これは、会社の再建を目指す処理であり、民事再生・会社更生がこれにあたります。

ロ 清算型整理

これは、会社を解体整理する処理であり、破産・特別清算がこれにあたります。

民事再生・会社更生は「再建型」、破産・特別清算は「清算型」であることを押さえてください。

〈主な法的整理の比較〉

	破産	民事再生	会社更生
目的	債務者である会社が総債務を完済する見込みがない場合に強制的に債務者の全財産を換価して、総債権者に公平に分配し、清算することを目的とする。	経済的に窮境にある債務者の事業または経済生活の再生を図ることを目的とする。	窮境にある株式会社が裁判所の監督の下に会社を更生することを目的とする。
会社経営権・財産管理処分権	会社は破産管財人の管理下に入る。債務者（経営者）は財産管理処分権を失う。	債務者（経営者）は原則として会社経営権も財産管理処分権も失わない。ただし、管理命令が出された場合、管財人が選任され、債務者はこれらの権限を失う。	会社は更生管財人の管理下に入る。債務者（経営者）は財産管理処分権を失う。
担保権の扱い	抵当権・商事留置権等の一定の担保権を有する者は**別除権**を有し、手続外で担保権の行使が可能。	抵当権・商事留置権等の一定の担保権を有する者は**別除権**を有し、手続外で担保権の行使が可能。ただし、担保権実行中止命令や担保権消滅請求により担保権の行使が制限される場合もある。	担保権は更生担保権として棚上げされ、担保権の行使は制限される。

② **任意整理**㊺

これは、債権者と債務者の協議によって進められる倒産処理手続をいいます。

③ 強制執行の手続

❶ 債務名義

ココが出る!

強制執行の申立てをするには、**強制執行を根拠づけ正当化する文書（債務名義）が必要**となります。㊸㊹㊺

債務名義には、次のもの等があります。

① 裁判所の確定判決㊸㊹㊺

② 仮執行宣言付きの支払督促㊸

③ 調停調書・和解調書㊹

④ 強制執行認諾文言付き公正証書

用語

「強制執行認諾文言付き公正証書」とは、債務者が、公正証書の文言中において、債務不履行があった場合には直ちに強制執行を受けても異議はない旨の認諾をしたものをいいます。

❷ 強制執行の申立て

強制執行の申立ての相手方は、執行の目的によって異なります。執行の目的が**不動産または債権の場合は裁判所**に対して行い、**動産の場合は執行官**に対して行います。

第5章 債権の管理と回収

第2節の「債権の担保」は、頻出箇所ですから、重点的に復習して下さい。

超重要事項チェックリスト

1 債務者は、債務を弁済するに際し、弁済を受領する者に対して、弁済と引換えに受取証書の交付を請求することができる。弁済に先立って受取証書の交付を請求することはできない。

2 弁済をすることができる者（弁済者）が、債権者との間で、債務者の負担した給付に代えて他の給付をすることにより債務を消滅させる旨の契約（代物弁済）をした場合において、その弁済者が当該他の給付をしたときは、その給付は、弁済と同一の効力を有する。

3 代物弁済の効力が生ずるためには、弁済者の代物弁済の申込みと目的物の給付のほか、債権者の承諾が必要となる。

4 相殺をするためには、双方の債権が同種の目的を有することが必要である。物の引渡債権と金銭債権とでは、目的が異なるため、相殺をすることはできない。

5 自働債権の弁済期が到来していれば、受働債権の弁済期がまだ到来していなくても、債務者（受働債権の債務者）は期限の利益を放棄することができるので、自働債権の債権者（受働債権の債務者）は、相殺することができる。

6 免除とは、債権者が債務者に対して持っている債権を放棄し、その債権を消滅させることをいうが、免除をするためには債務者の承諾は不要である。

7 混同とは、債権と債務が同一人に帰属することにより、債権としての意味がなくなり、債権が消滅することをいう。

8 　時効の援用とは、時効の成立により利益を受ける者が、その利益を受ける旨の意思表示をすることをいい、時効が成立したことによる効果（権利の取得または消滅）を主張するには、時効の援用が必要である。

9 　裁判上の請求がなされた場合において、確定判決によって権利が確定したときは、時効は、裁判上の請求が終了した時から新たにその進行を始める。

10 　催告があったときは、その時から6ヶ月を経過するまでの間は、時効は、完成しない。

11 　消滅時効が完成する前に、債務者が債権者に対して自らの債務の存在を承認することは時効の更新事由の1つである「承認」に当たる。

12 　保証債務は、債権者と保証人との間の保証契約によって成立する（主たる債務者の同意は不要）が、保証契約は、書面またはその内容を記録した電磁的記録によってしなければ、その効力を生じない。

13 　保証債務は、主たる債務の担保を目的とする従たる債務であるから、主たる債務が成立してはじめて保証債務も成立し、主たる債務が弁済や時効により消滅すれば保証債務もまた消滅する（附従性）。

14 　保証人が民法の規定に従い債権者に対し保証債務を履行した場合、当該保証人には、主たる債務者に対する求償権が認められる。

15 　通常の保証人は、債権者からの請求に対して、まず主たる債務者に請求せよという催告の抗弁権と、まず主たる債務者の財産に執行せよという検索の抗弁権を有するが、連帯保証人には、催告の抗弁権も検索の抗弁権も認められない。

16 　保証が商行為であるときは、保証債務は当然に連帯保証となる。

第5章　債権の管理と回収

17 1人の債務者に対し、担保権を有しない債権者が複数存在し、債務者の有する財産ではすべての債権者が債権全額の弁済を受けることができない場合、各債権者は、債権の種類・内容・履行期・発生時期に関係なく、その有する債権額に応じて按分された額しか回収することができない(債権者平等の原則)。

18 他人の物の占有者が、その物に関して生じた債権を有する場合、その債権の弁済を受けるまでその物を留置することができる(留置権)。

19 商人間の取引において生じた債権が弁済期にある場合には、債権者たる商人は、債権の弁済を受けるまで、その取引関係から自ら占有することになった物を留置することができ、必ずしも債権がその物に関して生じたものであることを要しない(商事留置権)。

20 動産の売主は、その売買代金および利息につき、売り渡した当該動産の上に先取特権を有する(動産売買の先取特権)。

21 先取特権は、債務者(買主)がその目的である動産をその第三取得者に引き渡した後は、その動産について行使することができない。

22 質権は、債権者と質権設定者(債務者または第三者)との質権設定契約により成立するが、質権設定契約は、要物契約であり、債権者にその目的物を引き渡すことによって、その効力が生じる。

23 流質契約は、質屋営業法上の営業質屋では認められているが、民法では禁止されている。

24 不動産質権の対抗要件は、登記であり、動産質権の対抗要件は、目的物の占有の継続である。

25 債権質を設定した場合、質権者は、債務者が弁済をしないときは、質入債権について第三債務者から直接取り立てることができ、取り立てた金銭を債権の弁済に充てることができる。

26 抵当権には随伴性があり、その被担保債権が第三者に譲渡された場合には、抵当権もその第三者に移転する。

27 抵当権者は、利息その他の定期金（年金、地代、家賃など）を請求する権利を有するときは、その満期となった最後の2年分についてのみ、その抵当権を行使することができる。

28 建物に抵当権が設定された場合、その抵当権の効力は、建物を所有するために設定された敷地利用権（土地賃借権など）にも及ぶ。

29 抵当権者は、目的物の売却、賃貸、滅失または損傷によって目的物の所有者が受けるべき金銭その他の物（代位物）に対しても抵当権の効力を及ぼすことができる（物上代位）。物上代位の目的物となりうるものとしては、売却代金、賃料、保険金請求権、不法行為に基づく損害賠償請求権などがある。

30 抵当権者が物上代位によって優先弁済を受けるためには、目的物の所有者に代位物が払い渡されまたは引き渡される前に、その代位物に対する請求権を差し押さえなければならない。

31 根抵当権とは、一定の範囲に属する不特定の債権を極度額の限度において担保する抵当権をいう。

32 譲渡担保の目的物は、財産的価値のあるもので、譲渡性があればよく、企業の倉庫内にある在庫商品のように、構成部分の変動する集合動産を譲渡担保の目的物とすることも認められている。

33 仮登記担保権者が仮登記担保権を実行するには、裁判所の競売手続による必要はない。競売手続によることなく、仮登記担保権者が担保目的物を取得することができる（私的実行）。

34 支払督促は、簡易裁判所の裁判所書記官に支払督促の申立てを行い、支払督促を債務者に発する手続であるが、支払督促は、所定の手続を経れば、確定判決と同じ効力を持つ。

35 即決和解は、当事者間における民事上の法的紛争について、簡易裁判所に対し、即決和解の申立てをし、和解を行う手続である。

36 調停は、民事上の紛争の当事者またはその代理人が裁判所に出頭し、話し合いをする手続である。調停の成立により作成される調停調書は、確定判決と同一の効力を有し、債務名義となる。

37 倒産処理の手続には、破産手続や会社更生手続等のように、裁判所が関与するもの（法的整理）に限らず、裁判所が関与せず、当事者の協議のみによって倒産処理が行われるもの（任意整理）もある。

38 倒産した会社の法的処理手続は、破産手続、特別清算手続のように会社を解体整理する清算型整理と、民事再生手続、会社更生手続のように会社の再建を目指す再建型整理に分けることができる。

39 債権者が債務者の有する財産に対し強制執行を申し立てるには、強制執行を根拠づけ正当化する文書である債務名義が必要である。債務名義には、裁判所の確定判決、仮執行宣言付きの支払督促、調停調書、和解調書、強制執行認諾文言付き公正証書等がある。

第6章

企業活動に関する法規制

　本章では、企業活動に関する各種の法規制（独占禁止法、消費者契約法、特定商取引法など）とビジネスにかかわる犯罪（背任罪、違法配当罪、利益供与罪など）について学習します。
　本章は学習する法律の数が多いですが、試験では同じことが繰り返し出題される傾向にあり、比較的得点しやすい分野ですので、しっかりと学習して、ぜひ得点源としてください。

第1節 独占禁止法

重要度 A

この節で学習すること

1 私的独占
市場を独占支配して競争を実質的に制限することをいいます。単に人気があるだけではありません。

複数事業者が共同して、競争を実質的に制限することをいいます。いわゆる「カルテル」のことです。
2 不当な取引制限

取引を拒絶するとか、不当な安値で販売するなど、公正な取引を阻害するおそれのある取引行為のことをいいます。
3 不公正な取引方法

4 独占禁止法に違反する行為が行われた場合の措置
公正取引委員会がいろいろな対抗措置をとります。どのようなときに、どんな措置をとるのか、見ておきましょう。

独占禁止法は、公正で自由な競争を促進することなどにより、一般消費者の利益の確保と民主的で健全な国民経済の発達を促進するという目的を達成するために、①私的独占、②不当な取引制限および③不公正な取引方法という、３種の類型の行為をその主要な禁止の対象としています。

以下、これらの禁止される行為について説明します。

1 私的独占

私的独占とは、ある事業者が他の事業者の事業活動を**排除**し、または**支配**することにより、**公共の利益に反して**、一定の取引分野における競争を実質的に制限することをいいます。[44][46]

ただし、事業者が正常な事業活動の結果高い市場占拠率を実現したとしても、それ自体が直ちに私的独占に該当するわけではありません。

(注)　独占禁止法の規制対象となるのは、「事業者」と「事業者団体」です。「**事業者**」とは、商業、工業、金融業その他の事業を行う者をいい、会社などの商人のほか、公益法人や公共団体も含まれます。「**事業者団体**」とは、事業者としての共通の利益を増進することを主たる目的とする２以上の事業者の結合体またはその連合体をいい、その組織形態や名称を問いません。[43][48]

ココが出る！
「事業者」と「事業者団体」の意味を押さえてください。

2 不当な取引制限

❶ 意　義

不当な取引制限とは、事業者が協定その他の名義により、他の事業者と共同して対価を決定し、維持し、もしくは引き上げ、または数量、技術、製品、設備もしくは取引の相手方を制限するなど、相互にその事業活動を拘束し、または遂行することにより、公共の利益に反して、**一定の取引分野における競争を実質的に制限する**ことをいいます。

不当な取引制限は、一般に、**カルテル**と呼ばれています。

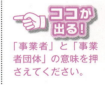

❷ 不当な取引制限の類型

ココが出る！
特に、「入札談合」は不当な取引制限（カルテル）に該当することを押さえてください。

① **価格協定**（標準価格の設定等）[45][46]

たとえば、標準価格、基準価格、目標価格など価格設定の基準を決定する協定がこれに該当します。

なお、不当な取引制限といえるためには、事業者間に意思の連絡があることが必要ですが、複数の事業者が、協議等をすることなく、独自の判断で、同種の製品等につき価格の引上げを行うことは、いわゆる**価格の同調的引上げ**にすぎず、意思の連絡を欠くため、当該行為は、不当な取引制限に該当しないことに注意してください。

② **生産制限協定**[48]

たとえば、出荷量を制限する協定がこれに該当します。

③ **設備制限協定**

④ **技術制限協定**

⑤ **取引制限協定**

⑥ **入札談合**

これは、競争入札に参加する建設業者等の間で、あらかじめ談合して特定の者を受注予定者とする行為や、入札価格を決める行為をいいます。

3 不公正な取引方法

❶ 意　義

不公正な取引方法とは、それ自体は競争を直接制限していなくても、公正な競争を阻害する可能性のある行為をいいます。

❷ 不公正な取引方法の類型

独占禁止法は、不公正な取引方法に該当する行為として、11種類の行為を定めており、さらに、これらに基づき、独占禁止法を運用し執行する行政機関である公正取引委員会が、告示により、不公正な取引方法に該当する行為類型を定めています（一般指定）。以下では、主な行為類型について説明します。

① **共同の取引拒絶**

　正当な理由がないのに、自己と競争関係にある他の事業者（以下「競争者」という）と共同して、次のいずれかに掲げる行為をすること。

イ　ある事業者に対し取引を拒絶しまたは取引に係る商品もしくは役務（サービス）の数量もしくは内容を制限すること。

ロ　他の事業者にイに該当する行為をさせること。

② **その他の取引拒絶**

　不当に、ある事業者に対し取引を拒絶しもしくは取引に係る商品もしくは役務（サービス）の数量もしくは内容を制限し、または他の事業者にこれらに該当する行為をさせること。

③ **差別対価**

　不当に、地域または相手方により差別的な対価をもって商品もしくは役務（サービス）を供給し、またはこれらの供給を受けること。

④ **取引条件等の差別取扱い**

　不当に、ある事業者に対し取引の条件または実施について有利なまたは不利な取扱いをすること。

⑤ **事業者団体における差別取扱い等**

　事業者団体もしくは共同行為からある事業者を不当に排斥し、または事業者団体の内部もしくは共同行為においてある事業者を不当に差別的に取り扱い、その事業者の事業活動を困難にさせること。

⑥ **不当廉売** 44 48

　正当な理由がないのに商品または役務（サービス）をその供給に要する費用を著しく下回る対価で継続して供給し、その他不当に商品または役務（サービス）を低い対価で供給し、他の事業者の事業活動を困難にさせるおそれがあること。

⑦ **不当高価購入**

　不当に商品または役務（サービス）を高い対価で購入し、他の事業者の事業活動を困難にさせるおそれがあること。

⑧ **ぎまん的顧客誘引**

　自己の供給する商品または役務（サービス）の内容または取

注意 ⚠
生鮮食料品の閉店間際の安売りは不当廉売に該当しません。

第1節　独占禁止法　211

引条件その他これらの取引に関する事項について、実際のものまたは競争者に係るものよりも著しく優良または有利であると顧客に誤認させることにより、競争者の顧客を自己と取引するように不当に誘引すること。

⑨ **不当な利益による顧客誘引**

正常な商慣習に照らして不当な利益をもって、競争者の顧客を自己と取引するように誘引すること。

⑩ **抱き合わせ販売等**㊹

相手方に対し、不当に、商品または役務（サービス）の供給に併せて他の商品または役務（サービス）を自己または自己の指定する事業者から購入させ、その他自己または自己の指定する事業者と取引するように強制すること。

⑪ **排他条件付取引**㊸㊺

不当に、相手方が競争者と取引しないことを条件として当該相手方と取引し、競争者の取引の機会を減少させるおそれがあること。

⑫ **再販売価格の拘束**㊺

自己の供給する商品を購入する相手方に、正当な理由がないのに、次のいずれかに掲げる拘束の条件をつけて、当該商品を供給すること。

イ　相手方に対しその販売する当該商品の販売価格を定めてこれを維持させることその他相手方の当該商品の販売価格の自由な決定を拘束すること。

ロ　相手方の販売する当該商品を購入する事業者の当該商品の販売価格を定めて相手方をして当該事業者にこれを維持させることその他相手方をして当該事業者の当該商品の販売価格の自由な決定を拘束させること。

⑬ **拘束条件付取引**

⑪・⑫に該当する行為のほか、相手方とその取引の相手方との取引その他相手方の事業活動を不当に拘束する条件をつけて、当該相手方と取引すること。

⑭ **優越的地位の濫用**㊸

自己の取引上の地位が相手方に優越していることを利用し

コーヒーブレイク

不当な利益による顧客誘引は、「不当景品類及び不当表示防止法」によって規制されています。

注意

２つ以上の商品・役務（サービス）を組み合わせた販売であっても、①それにより別個の特徴を持つ商品になる、②顧客がそれぞれ単独に購入することができる、③２つの商品・役務（サービス）間に機能上補完関係がある場合（レンタカーと保険、歯磨き粉と歯ブラシなど）には、抱き合わせ販売等に該当しません。

コーヒーブレイク

著作物（新聞、雑誌、書籍、レコード等）を発行・販売する事業者の再販売価格拘束行為は、それが正当な行為であるときは、独占禁止法の適用除外となります（法定再販）。

て、正常な商慣習に照らして不当に、次のいずれかに掲げる行為をすること。
　イ　継続して取引する相手方（新たに継続して取引しようとする相手方を含む。ロにおいて同じ。）に対して、当該取引にかかる商品または役務（サービス）以外の商品または役務を購入させること。
　ロ　継続して取引する相手方に対して、自己のために金銭、役務その他の経済上の利益を提供させること。
　ハ　取引の相手方からの取引にかかる商品の受領を拒み、取引の相手方から取引にかかる商品を受領した後当該商品を当該取引の相手方に引き取らせ、取引の相手方に対して取引の対価の支払いを遅らせ、もしくはその額を減じ、その他取引の相手方に不利益となるように取引の条件を設定し、もしくは変更し、または取引を実施すること。

⑮　**競争者に対する取引妨害**
　自己または自己が株主もしくは役員である会社と国内において競争関係にある他の事業者とその取引の相手方との取引について、契約の成立の阻止、契約の不履行の誘引その他いかなる方法をもってするかを問わず、その取引を不当に妨害すること。

⑯　**競争会社に対する内部干渉**
　自己または自己が株主もしくは役員である会社と国内において競争関係にある会社の株主または役員に対し、株主権の行使、株式の譲渡、秘密の漏えいその他いかなる方法をもってするかを問わず、その会社の不利益となる行為をするように、不当に誘引し、そそのかし、または強制すること。

優越的地位の濫用については、下請取引において問題となることが多いため、「下請代金支払遅延等防止法」によって規制されています。

4　独占禁止法に違反する行為が行われた場合の措置

❶　排除措置命令
独占禁止法を運用し執行するための行政機関として公正取引委員会が設置されています。㊻
公正取引委員会は、独占禁止法に違反する行為があるときは、

第6章　企業活動に関する法規制

第1節　独占禁止法　213

事業者に対し、当該行為の差止めその他違反行為を排除するために必要な措置を命ずることができます（**排除措置命令**）。[43][44][48]

[2] 課徴金納付命令

事業者が、不当な取引制限等をしたときは、公正取引委員会は、当該事業者に対し、課徴金を国庫に納付することを命じなければなりません（**課徴金納付命令**）。[43][44][48]

[3] 刑事上の措置

私的独占または不当な取引制限をした者、独占禁止法の規定に違反して一定の取引分野における競争を実質的に制限した者は、５年以下の懲役または500万円以下の罰金に処せられます。そしてさらに、そのような違反行為をした者を使用する法人等に対しても、５億円以下の罰金が科されます（両罰規定）。[44]

ココが出る！

なお、**不公正な取引方法については、刑事罰の定めはない**ことに注意してください。

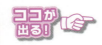

[4] 民事上の措置

独占禁止法に違反する行為によりその利益を侵害されたり、損害を受けた者には、民事上の措置として、差止請求や損害賠償請求が認められます。

第**2**節 大規模小売店舗立地法（大店立地法）

重要度 C

この節で学習すること

1 目的

ショッピングセンターと地元商店街の共存を目的としています。

2 内容

一定規模の店舗に、届出を義務づけています。

---

❶ 目 的

　大店立地法は、大規模小売店舗の立地に関し、その周辺の地域の生活環境の保持のため、大規模小売店舗を設置する者によりその施設の配置および運営方法について適正な配慮がなされることを確保することにより、小売業の健全な発達を図り、もって国民経済および地域社会の健全な発展ならびに国民生活の向上に寄与することを目的とします。[43]

❷ 内 容

　大店立地法は、店舗面積が1,000㎡を超える店舗を新設する場合に、都道府県または政令指定都市への届出を義務づけるなどの規制を行っています。

第6章 企業活動に関する法規制

第2節　大規模小売店舗立地法（大店立地法）　215

第3節 消費者契約法

重要度

この節で学習すること

1 目的
消費者を守るための法律です。

消費者（＝個人）と事業者の間の契約にのみ、適用される法律です。

2 適用対象となる契約

事業者がやりすぎた場合、契約してしまった消費者は、その契約を取り消すことができます。

3 取り消すことができる行為

4 無効となる契約条項

特に消費者を害するおそれのある一定内容の契約条項は、本法によって無効とされます。

❶ 目　的

消費者契約法は、①**事業者の一定の行為により消費者が誤認し、または困惑した場合について契約の申込みまたはその承諾の意思表示を取り消すことができる**こととするとともに、②事業者の損害賠償の責任を免除する条項その他の**消費者の利益を不当に害することとなる条項の全部または一部を無効とする**ほか、③消費者の被害の発生または拡大を防止するため**適格消費者団体が事業者等に対し差止請求をすることができる**こととすることにより、消費者の利益の擁護を図り、もって国民生活の安定向上と国民経済の健全な発展に寄与することを目的とします。㊻

❷ 適用対象となる契約

消費者契約法は、**消費者契約**、すなわち、消費者と事業者との間で締結される契約（労働契約を除く）に適用されます。

ここに**消費者**とは、個人（事業としてまたは事業のために契約の当事者となる場合におけるものを除く）をいいます。したがって、**法人や個人事業主は**、消費者契約法にいう**個人に含まれず、消費者に該当しません**。㊺

また、**事業者**とは、法人その他の団体および事業としてまたは事業のために契約の当事者となる場合における個人をいいます。したがって、**事業者には**、法人のほか**個人も含まれ**、また、**法人については公益法人であるか非公益法人であるかは問われません**。㊹

そして、**適格消費者団体**とは、不特定かつ多数の消費者の利益のために消費者契約法の規定による差止請求権を行使するのに必要な適格性を有する法人である消費者団体として内閣総理大臣の認定を受けた者をいいます。㊻

コーヒーブレイク

消費者契約法等の消費者を保護するための法律を所管し、消費者保護行政を推進する官庁として、消費者庁が内閣府の外局として設置されています。消費者庁は、消費者の利益の擁護および増進、商品および役務の消費者による自主的かつ合理的な選択の確保ならびに消費生活に密接に関連する物資の品質に関する表示に関する事務を行うことを任務としています。㊸

ココが出る！

消費者と事業者のそれぞれの意味を押さえてください。

ココが出る！

注意⚠

消費者契約法は、契約の対象となる商品、役務、権利の種類を問わず適用されます。㊹㊻㊽

❸ 取り消すことができる行為

消費者は、事業者が消費者契約の締結について勧誘をするに際し、当該消費者に対して次に掲げる行為をしたことにより、誤認等をし、それによって当該消費者契約の申込みまたはその承諾の意思表示をしたときは、これを取り消すことができます。

① 契約の重要事項に関する不実の告知
② 契約における不確実な事項についての断定的判断の提供
③ 不利益事実の故意の不告知
④ 不退去
⑤ 退去妨害

右記の①〜③は、消費者を「誤認」させる行為であり、④と⑤は、消費者を「困惑」させる行為です。

また、事業者が勧誘をするに際し、契約の目的物の分量、回数または期間（以下「分量等」という）が当該消費者にとっての通常の分量等を著しく超えるものであることを知っていた場合において、消費者が、その勧誘によりこの消費者契約の申込み・承諾の意思表示をしたとき、消費者は、その契約を取り消すことができます（**過量契約の取消権**）。

消費者契約法に基づいて意思表示が取り消された場合、当該契約は遡及的に無効となり、事業者と消費者は、相互に**原状回復義務**を負います。事業者は、すでに受け取った代金などを返還しなければならず、他方、消費者は、引渡しを受けた商品などを返還しなければなりません。❹❹❹❽

この取消権は、追認をすることができる時から１年間行使しないときは、時効によって消滅します。当該消費者契約の締結の時から５年を経過したときも、同様です。

また、取消しは、これをもって**善意でかつ過失がない**第三者に対抗することができません。

なお、消費者契約に取消原因がある場合、消費者は、消費者契約法に基づく取消権の行使のほか、民法の詐欺または強迫の規定に基づく取消権の行使もでき、そのどちらを主張することも可能です。

したがって、消費者契約法に基づく取消権が時効消滅しても、民法の規定に基づく取消権がまだ時効消滅していなければ、消費

者は、民法の規定に基づく取消権の行使ができることになります。

❹ 無効となる契約条項

次に掲げる消費者契約の条項は、無効とされます。
① 事業者の債務不履行により消費者に生じた損害を賠償する責任の全部を免除する条項
② 事業者の債務不履行（当該事業者、その代表者またはその使用する者の故意または重大な過失によるものに限る）により消費者に生じた損害を賠償する責任の一部を免除する条項
③ 消費者契約における事業者の債務の履行に際してされた当該事業者の不法行為により消費者に生じた損害を賠償する民法の規定による責任の全部を免除する条項❹
④ 消費者契約における事業者の債務の履行に際してされた当該事業者の不法行為（当該事業者、その代表者またはその使用する者の故意または重大な過失によるものに限る）により消費者に生じた損害を賠償する民法の規定による責任の一部を免除する条項
⑤ 消費者契約が有償契約である場合において、引き渡された目的物が種類または品質に関して契約の内容に適合しないときに、これにより消費者に生じた損害を賠償する事業者の責任を免除する条項（一定の場合を除く）
⑥ 事業者の債務不履行により生じた消費者の解除権を放棄させる消費者契約の条項

なお、**上記の契約条項が無効となる場合でも、消費者契約全体が無効となるわけではないこと**に注意してください。❹

> **注意**
> 消費者契約が締結された場合でも、消費者の債務不履行により事業者に損害が発生したときは、事業者は、消費者に対してその損害の賠償を請求することができます。

> **コーヒーブレイク**
> 消費者に損害が発生した場合には、消費者は、事業者に対して、債務不履行責任または不法行為責任に基づいて損害賠償の請求をすることができます。

消費者契約法の要点	
事業者とは	①法人その他の団体 ②事業としてまたは事業のために契約の当事者となる場合における個人
事業とは	一定の目的をもってなされる同種の行為の反復継続的遂行を意味し、公益・非公益を問わない。
消費者が取り消せる行為	①契約の重要事項に関する不実告知によってなされた申込みまたは承諾の意思表示 ②契約における不確実事項についての断定的判断の提供によってなされた申込みまたは承諾の意思表示
取消しの効果	①契約は遡及的に無効となり、消費者・事業者双方に原状回復義務が生ずる。 ②取消しの効果は善意でかつ過失がない第三者に対抗できない。
取消権の行使期間	①取消権は、追認をすることができる時から1年間行使しないときは、時効によって消滅する。 ②取消権は、当該消費者契約の締結の時から5年を経過したときも、時効によって消滅する。
民法96条所定の詐欺または強迫に基づく取消権との関係	消費者契約法に基づく取消権とは、消費者は、そのどちらを主張することも可能。消費者契約法に基づく取消権成立の立証責任はすべて消費者側にある。
無効とされる契約条項	①事業者の債務不履行により消費者に生じた損害を賠償する責任の全部または一部を免除する条項 ②消費者契約における事業者の債務の履行に際してされた当該事業者の不法行為により消費者に生じた損害を賠償する責任の全部または一部を免除する条項 ③消費者契約が有償契約である場合において、引き渡された目的物が種類または品質に関して契約の内容に適合しないときに、これにより消費者に生じた損害を賠償する事業者の責任を免除する条項（一定の場合を除く） ④事業者の債務不履行により生じた消費者の解除権を放棄させる消費者契約の条項

第4節 割賦販売法

重要度 C

この節で学習すること

1 割賦販売法の規制の対象となる取引

いわゆる分割払いで商品を購入するような契約について、消費者保護のために制定された法律です。

2 割賦販売業者の義務

割賦販売業者には、販売価格などの大事な情報をあらかじめ書面などにより示す義務があります。

1 割賦販売法の規制の対象となる取引

割賦販売法の規制の対象となる取引は、次のとおりです。

❶ 割賦販売㊸

割賦販売とは、購入者等から商品代金等を２ヶ月以上の期間にわたり、かつ、３回以上に分割して受領することを条件として、指定商品・指定権利を販売し、指定役務を提供することをいいます。㊻

❷ ローン提携販売

ローン提携販売とは、購入者等の債務（商品代金等に充当するための金銭の借入れで、２ヶ月以上の期間にわたり、かつ、３回以上に分割して返済することを条件とするもの）の保証をして、指定商品・指定権利を販売し、指定役務を提供することをいいます。

❸ 信用購入あっせん

信用購入あっせんとは、特定の販売業者等が行う購入者等への商品の販売等を条件として、その代金等を販売業者等に交付するとともに、購入者等からその代金等相当額を２ヶ月以上で定めた

コーヒーブレイク

割賦販売法上の指定商品が割賦販売の方法で販売された場合には、その商品の所有権は、賦払金の全部の支払義務が履行されるまで、割賦販売業者に留保されたものと推定されます。

注意

割賦販売法は、指定商品・指定権利・指定役務に関する取引に適用されるものであり、あらゆる商品・権利・役務に関する取引に適用されるわけではありません。

時期までに受領することです。これには、カード等を利用して行う包括信用購入あっせんとカード等を利用しない個別信用購入あっせんとがあります。

❷ 割賦販売業者の義務

　割賦販売業者は、割賦販売の方法により指定商品を販売しようとするときは、その相手方に対して、**現金販売価格や割賦販売価格などの所定の事項を書面の提示等により示す**ことが必要です。

　また、割賦販売業者は、購入者との間で、割賦販売法上の割賦販売に該当する契約を締結した場合には、購入者に対して、書面の交付によって、所定の事項について当該契約内容を明示しなければなりません。

| 第**5**節 | 特定商取引に関する法律（特定商取引法） | 重要度 **A** |

この節で学習すること

1
特定商取引法の規制の対象となる取引

訪問販売や通信販売などの取引を規制して、消費者保護を図る法律です。

かなり細かく具体的な定義がありますので、イメージできるようにしておきましょう。

2
訪問販売

3
通信販売

訪問販売と比べながら、押さえておきましょう。

第**6**章 企業活動に関する法規制

❶ 特定商取引法の規制の対象となる取引

　特定商取引法は、その規制の対象となる取引として、①訪問販売、②通信販売、③電話勧誘販売、④連鎖販売取引（いわゆるマルチ商法）、⑤特定継続的役務提供、⑥業務提供誘引販売取引、⑦ネガティブオプションを規定しています。

　以下では、3級検定試験の出題傾向を踏まえて、訪問販売と通信販売について説明します。

❷ 訪問販売

❶ 意　義

訪問販売とは、次のものをいいます。❹❸

①　販売業者または役務の提供の事業を営む者（以下「役務提

第5節　特定商取引に関する法律（特定商取引法）　223

コーヒーブレイク

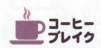

「訪問販売」には、営業所等以外の場所で行われる所定の取引（典型的な訪問販売）だけでなく、販売業者が路上で呼び止めて同行させるなどの一定の方法により営業所等に誘引した者との間で営業所等において行われる所定の取引も含まれることを押さえてください。

供事業者」という）が営業所、代理店その他の主務省令で定める場所（以下「営業所等」という）以外の場所において、売買契約の申込みを受け、もしくは売買契約を締結して行う商品もしくは特定権利の販売または役務を有償で提供する契約（以下「役務提供契約」という）の申込みを受け、もしくは役務提供契約を締結して行う役務の提供

② 販売業者または役務提供事業者が、営業所等において、営業所等以外の場所において呼び止めて営業所等に同行させた者その他政令で定める方法（電話、DMなど）により誘引した者（以下「特定顧客」という）から売買契約の申込みを受け、もしくは特定顧客と売買契約を締結して行う商品もしくは特定権利の販売または特定顧客から役務提供契約の申込みを受け、もしくは特定顧客と役務提供契約を締結して行う役務の提供（いわゆる**キャッチセールス**や**アポイントメントセールス**）㊺

❷ 販売業者等の義務

① 訪問販売における氏名等の明示㊺

販売業者等は、訪問販売をしようとするときは、その勧誘に先立って、その相手方に対し、販売業者等の氏名または名称、売買契約等の締結について勧誘をする目的である旨および当該勧誘に係る商品等の種類を明らかにしなければなりません。

② 書面の交付

販売業者等は、営業所等以外の場所において商品等の売買契約等の申込みを受けたり、売買契約を締結した場合には、直ちに、一定の事項（商品等の対価、支払いの時期、商品等の引渡しの時期、クーリング・オフ等）を記載した書面をその相手方に交付しなければなりません。

❸ クーリング・オフ

ココが出る！

訪問販売においては、販売業者等の相手方となった消費者（申込者等）は、原則として、**クーリング・オフできる旨の書面（法定書面）の交付を受けた日から起算して8日間**は、**書面**で申込み

の撤回または契約の解除（申込みの撤回等）を行うことができます。㊸㊹㊺㊻㊽

この場合、**申込みの撤回等は、当該申込みの撤回等に係る書面を発した時に、その効力を生じ、販売業者等は、その申込みの撤回等に伴う損害賠償または違約金の支払いを請求することができません**。また、商品が引き渡されていても、**業者の負担で**引き取らせることができます。これらに反する特約で申込者等に不利なものは、無効となります。㊺

> **注意**
> クーリング・オフは、書面で行う必要があり、口頭で行うことはできません。

ココが出る!

3 通信販売

❶ 意　義

通信販売とは、販売業者または役務提供事業者が郵便その他の主務省令で定める方法（郵便、新聞等のメディアの広告、インターネット等）により売買契約または役務提供契約の申込みを受けて行う商品もしくは特定権利の販売または役務の提供であって電話勧誘販売に該当しないものをいいます。㊸

❷ クーリング・オフの制度の不採用

通信販売の場合は、訪問販売と異なり、不意打ち性がないため、**クーリング・オフの制度は設けられていない**ことに注意してください。㊸

ココが出る!

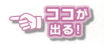

第6節 個人情報の保護に関する法律（個人情報保護法）

重要度 A

この節で学習すること

1 目的
高度情報化社会の進展に伴い、個人情報の適正な取扱いに関する政府の基本方針などを定めた法律です。

2 個人情報等
なんでもかんでも個人情報というわけではありません。細かい定義がありますので、見ておきましょう。

3 個人情報データベース等
個人情報が体系的に集約されていて、コンピュータで検索可能になっているものをいいます。

4 個人情報取扱事業者
個人情報データベース等をビジネスに活用している事業者をいいます。

5 個人情報取扱事業者の義務
利用目的、適正な取得方法など、個人情報保護のためのルールが定められています。

① 目　的

個人情報保護法は、高度情報通信社会の進展に伴い個人情報の利用が著しく拡大していることにかんがみ、個人情報の適正な取扱いに関し、基本理念および政府による基本方針の作成その他の個人情報の保護に関する施策の基本となる事項を定め、国および地方公共団体の責務等を明らかにするとともに、個人情報を取り扱う事業者の遵守すべき義務等を定めることにより、個人情報の有用性に配慮しつつ、個人の権利利益を保護することを目的とします。

② 個人情報等

「**個人情報**」とは、**生存する個人に関する情報**であって、次のいずれかに該当するものをいいます。㊺㊽

①　**1号個人情報**

当該情報に含まれる氏名、生年月日その他の記述等（文書、図画もしくは電磁的記録（電磁的方式（電子的方式、磁気的方式その他人の知覚によっては認識することができない方式をいう）で作られる記録をいう）に記載され、もしくは記録され、または音声、動作その他の方法を用いて表された一切の事項（個人識別符号を除く）をいう）により**特定の個人を識別することができるもの**（他の情報と容易に照合することができ、それにより特定の個人を識別することができることとなるものを含む）

②　**2号個人情報**

個人識別符号が含まれるもの

「**個人識別符号**」とは、次のいずれかに該当する文字、番号、記号その他の符号のうち、政令で定めるものをいいます。㊹

イ　特定の個人の身体の一部の特徴を電子計算機の用に供するために変換した文字、番号、記号その他の符号であって、当該特定の個人を識別することができるもの（**指紋認識データ**や**顔認識データ**等が該当します）

コーヒーブレイク

個人情報によって識別される特定の個人を「本人」といいます。

ココが出る！

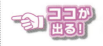

コーヒーブレイク

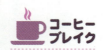

内閣府の外局として個人情報保護委員会が設置されており、個人情報保護法に基づき個人情報取扱事業者等に対して勧告、命令、立入検査等の権限を行使することとなっています。

ロ　個人に提供される役務の利用もしくは個人に販売される商品の購入に関し割り当てられ、または個人に発行されるカードその他の書類に記載され、もしくは電磁的方式により記録された文字、番号、記号その他の符号であって、その利用者もしくは購入者または発行を受ける者ごとに異なるものとなるように割り当てられ、または記載され、もしくは記録されることにより、特定の利用者もしくは購入者または発行を受ける者を識別することができるもの（**自動車運転免許証番号**や**パスポート番号**等が該当します）

ココが出る!

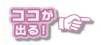

また、「**要配慮個人情報**」とは、本人の人種、信条、社会的身分、病歴、犯罪の経歴、犯罪により害を被った事実その他本人に対する不当な差別、偏見その他の不利益が生じないようにその取扱いに特に配慮を要するものとして政令で定める記述等が含まれる個人情報をいいます。㊸㊺

外国人の氏名や住所などの情報も、生存する個人に関する情報である以上、**個人情報に該当**します。㊻

なお、死者に関する情報であっても、それが同時に生存する遺族などに関する情報である場合（たとえば、死者の家族関係に関する情報は、死者に関する情報であると同時に、生存する遺族に関する情報である場合があります）には、その遺族などに関する「個人情報」となります。

3 個人情報データベース等

個人情報データベース等とは、個人情報を含む情報の集合物であって、次に掲げるもの（利用方法からみて個人の権利利益を害するおそれが少ないものとして政令で定めるものを除く）をいいます。㊺

①　特定の個人情報を電子計算機を用いて検索することができるように体系的に構成したもの

②　特定の個人情報を容易に検索することができるように体系的に構成したものとして政令で定めるもの

②の「政令で定めるもの」とは、これに含まれる個人情報を一定の規則（50音順、入社年月日順など）に従って整理することにより特定の個人情報を容易に検索することができるように体系的に構成した情報の集合物であって、目次、索引その他検索を容易にするためのものを有するものをいいます。

ここに**個人データ**とは、個人情報データベース等を構成する個人情報をいいます。

4 個人情報取扱事業者

個人情報取扱事業者とは、個人情報データベース等を事業の用に供している者をいいます。ただし、国の機関、地方公共団体、独立行政法人等一定の者は、除かれます。

なお、**「事業」とは**、小売業や各種サービス業を含め、あらゆる業種がこれに該当し、**営利性を要件としません**。したがって、**公益法人も個人情報取扱事業者に該当することがあります**。

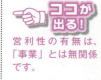

ココが出る！
営利性の有無は、「事業」とは無関係です。

5 個人情報取扱事業者の義務

❶ 利用目的の特定

個人情報取扱事業者は、個人情報を取り扱うにあたっては、その利用目的をできる限り特定しなければならず、利用目的を変更する場合には、変更前の利用目的と相当の関連性を有すると合理的に認められる範囲を超えて行ってはなりません。㊺㊽

❷ 利用目的による制限

個人情報取扱事業者は、一定の場合（法令に基づく場合等）を除き、あらかじめ本人の同意を得ないで、特定された利用目的の達成に必要な範囲を超えて、個人情報を取り扱ってはなりません。㊺

❸ 適正な取得

① 個人情報取扱事業者は、偽りその他不正の手段により個人

情報を取得してはなりません。㊸㊻

② 個人情報取扱事業者は、法令に基づく場合、人の生命・身体・財産の保護のために必要がある場合であって本人の同意を得ることが困難であるときその他一定の場合を除き、あらかじめ本人の同意を得ないで、要配慮個人情報を取得してはなりません。

❹ 取得に際しての利用目的の通知等

ココが出る!

個人情報取扱事業者は、個人情報を取得した場合は、あらかじめその利用目的を公表している場合を除き、速やかに、その利用目的を、本人に通知し、または公表しなければなりません。㊹㊽

> **注意**
> 平成27年の改正により、匿名加工情報（一定の措置を講じて特定の個人を識別することができないように個人情報を加工して得られる個人に関する情報であって、当該個人情報を復元することができないようにしたもの）について新たな規定が設けられ、匿名加工情報取扱事業者に対し、匿名加工情報の作成等、匿名加工情報の提供、識別行為の禁止、安全管理措置等の義務が課せられることとなりました。

❺ データ内容の正確性の確保

個人情報取扱事業者は、利用目的の達成に必要な範囲内において、個人データを正確かつ最新の内容に保つよう努めなければなりません。

❻ 安全管理措置

個人情報取扱事業者は、その取り扱う個人データの漏えい、滅失またはき損の防止その他の個人データの安全管理のために必要かつ適切な措置を講じなければなりません。㊻

❼ 従業者の監督

個人情報取扱事業者は、その従業者に個人データを取り扱わせるに当たっては、当該個人データの安全管理が図られるよう、当該従業者に対する必要かつ適切な監督を行わなければなりません。

❽ 委託先の監督

個人情報取扱事業者は、その保有する個人データの取扱いの全部または一部を委託する場合、その取扱いを委託された個人データの安全管理が図られるよう、委託を受けた者に対する必要かつ適切な監督を行わなければなりません。

❾ 第三者提供の制限

① 個人情報取扱事業者は、法令に基づく場合、人の生命・身体・財産の保護のために必要がある場合であって本人の同意を得ることが困難であるときその他一定の場合を除き、あらかじめ本人の同意を得ないで、個人データを第三者に提供してはなりません。㊹㊻

② 個人情報取扱事業者は、第三者に提供される個人データ（**要配慮個人情報を除く**）について、本人の求めに応じて当該本人が識別される個人データの第三者への提供を停止することとしている場合であって、一定の事項について、個人情報保護委員会規則で定めるところにより、あらかじめ、本人に通知し、または本人が容易に知り得る状態に置くとともに、個人情報保護委員会に届け出たときは、あらかじめ本人の同意を得ずに、当該個人データを第三者に提供することができます（本人の同意を得ずに当該個人データを第三者に提供することを「**オプトアウト**」といいます）。㊺

要配慮個人情報については、オプトアウトによって第三者に提供することはできないことに注意してください。

❿ 保有個人データに関する事項の公表等

① 個人情報取扱事業者は、保有個人データに関し、開示等に必要な手続等の一定の事項について、本人の知り得る状態に置かなければなりません。

② 個人情報取扱事業者は、本人から、当該本人が識別される保有個人データの利用目的の通知を求められたときは、原則として、本人に対し、遅滞なく、これを通知しなければなりません。

6 令和２年改正法の概要

個人情報保護法が改正され、改正法が令和２年６月５日に成立しました。改正法の施行時期は、令和４年前半頃になるものと予想されます。

以下に、主な改正法の概要をまとめておきます。

❶ 不適正な利用の禁止

個人情報取扱事業者は、違法または不当な行為を助長し、または誘発するおそれがある方法により個人情報を利用してはならないものとされました。

❷ 仮名加工情報

新たに「**仮名加工情報**」という概念が創設されました。

仮名加工情報とは、当該個人情報に含まれる記述等の一部（たとえば、氏名）を削除したり、当該個人情報に含まれる個人識別符号の全部を削除する等の措置を講じて、他の情報と照合しない限り特定の個人を識別することができないように個人情報を加工して得られる個人に関する情報をいいます。

仮名加工情報取扱事業者（個人情報取扱事業者である者に限る）は、法令に基づく場合を除くほか、特定された利用目的の達成に必要な範囲を超えて、仮名加工情報（個人情報であるものに限る）を取り扱ってはならないものとされました。

（注）仮名加工情報取扱事業者とは、仮名加工情報データベース等を事業の用に供している者をいいます。ただし、国の機関、地方公共団体、独立行政法人等、地方独立行政法人はこれに該当しません。

❸ 個人関連情報

新たに「**個人関連情報**」という概念が創設されました。

個人関連情報とは、生存する個人に関する情報であって、個人情報、仮名加工情報および匿名加工情報のいずれにも該当しないものをいいます。

個人関連情報に該当するものとしては、郵便番号、メールアドレス、性別、職業、趣味、顧客番号、Cookie情報、IPアドレス、契約者・端末固有IDなどの識別子情報および位置情報、閲覧履歴、購買履歴といったインターネットの利用にかかるログ情報などの個人に関する情報で特定の個人が識別できないものが考えら

コーヒーブレイク

たとえば、「1980年4月1日生まれの水道橋太郎（男性）」という情報は、氏名を削除し、または記号に置き換えて、「1980年4月1日生まれのA（男性）」等とすることにより、元の情報等と照合しない限り特定の個人を識別することができなくなりますので、これは仮名加工情報に当たります。

要するに、仮名加工情報とは、個人情報に対して氏名を削除する等の加工を施して、加工後のデータ単体では特定の個人を識別できないようにしたものをいいます。

れます。

個人関連情報取扱事業者から個人関連情報の提供を受ける第三者は、個人関連情報（個人関連情報データベース等を構成するものに限る）を個人データとして取得することが想定されるときは、一定の場合を除いて、個人関連情報取扱事業者から個人関連情報の提供を受けて本人が識別される個人データとして取得することを認める本人の同意を取得する必要があります。

（注）個人関連情報取扱事業者とは、個人関連情報データベース等を事業の用に供している者で、国、地方公共団体、独立行政法人等、地方独立行政法人を除いたものをいいます。

❹　**漏洩等の報告等**

個人情報取扱事業者は、その取り扱う個人データの漏洩等が発生し、個人の権利利益を害するおそれがある場合には、個人情報委員会への報告および本人への通知が義務化されました。

❺　**オプトアウトによる第三者提供の制限の強化**

現行法では、要配慮個人情報のオプトアウトによる第三者提供が禁止されていますが、改正法では、さらに、不正の手段により取得した個人データ、他の事業者からオプトアウトにより提供された個人データについても、オプトアウトによる第三者提供が禁止されました。

第6章　企業活動に関する法規制

第6節　個人情報の保護に関する法律（個人情報保護法）　233

第7節 食品衛生法・健康増進法

重要度 **C**

この節で学習すること

1 食品衛生法
食品の安全性確保のための措置を講じ、国民の健康の保護を図ることを目的とした法律です。

2 健康増進法
国民の健康の増進の総合的な推進に関し、基本的な事項を定めた法律です。

❶ 食品衛生法

❶ 目 的

食品衛生法は、食品の安全性の確保のために公衆衛生の見地から必要な規制その他の措置を講ずることにより、飲食に起因する衛生上の危害の発生を防止し、もって国民の健康の保護を図ることを目的とします。

❷ 内 容

食品衛生法は、国民の健康の保護を図る観点から、容器包装に入れられた加工食品と一部の生鮮食品（容器包装の有無を問わない）の表示について定めています。

❷ 健康増進法

❶ 目 的

健康増進法は、我が国における急速な高齢化の進展及び疾病構造の変化に伴い、国民の健康の増進の重要性が著しく増大していることにかんがみ、国民の健康の増進の総合的な推進に関し基本的な事項を定めるとともに、国民の栄養の改善その他の国民の健

康の増進を図るための措置を講じ、もって国民保健の向上を図ることを目的とします。

❷ **内　容**

健康増進法は、**受動喫煙防止**に関して以下のような規定を設けています。

① **国および地方公共団体の責務**

国および地方公共団体は、望まない受動喫煙が生じないよう、受動喫煙に関する知識の普及、**受動喫煙**（人が他人の喫煙によりたばこから発生した煙にさらされることをいう）の防止に関する意識の啓発、受動喫煙の防止に必要な環境の整備その他の受動喫煙を防止するための措置を総合的かつ効果的に推進するよう努めなければならない。

② **関係者の協力**

国、都道府県、市町村、多数の者が利用する施設および旅客運送事業自動車等の管理権原者その他の関係者は、望まない受動喫煙が生じないよう、受動喫煙を防止するための措置の総合的かつ効果的な推進を図るため、相互に連携を図りながら協力するよう努めなければならない。

③ **喫煙をする際の配慮義務等**

イ　何人も、**特定施設等**（多数の者が利用する施設のうち、学校、病院、児童福祉施設その他の受動喫煙により健康を損なうおそれが高い者が主として利用する施設、国および地方公共団体の行政機関の庁舎、これら以外の多数の者が利用する施設および旅客運送事業自動車等）の喫煙禁止場所以外の場所において喫煙をする際、望まない受動喫煙を生じさせることがないよう周囲の状況に配慮しなければならない。

ロ　特定施設等の管理権原者は、喫煙をすることができる場所を定めようとするときは、望まない受動喫煙を生じさせることがない場所とするよう配慮しなければならない。

④ **特定施設等における喫煙の禁止等**

何人も、正当な理由がなくて、特定施設等においては、喫煙禁止場所で喫煙をしてはならない。

第7節　食品衛生法・健康増進法　235

⑤ **特定施設等の管理権原者等の責務**

イ　特定施設等の管理権原者等は、当該特定施設等の喫煙禁止場所に専ら喫煙の用に供させるための器具及び設備を喫煙の用に供することができる状態で設置してはならない。

ロ　特定施設の管理権原者等は、当該特定施設の喫煙禁止場所において、喫煙をし、または喫煙をしようとする者に対し、喫煙の中止または当該喫煙禁止場所からの退出を求めるよう努めなければならない。

ハ　旅客運送事業自動車等の管理権原者等は、当該旅客運送事業自動車等の喫煙禁止場所において、喫煙をし、または喫煙をしようとする者に対し、喫煙の中止を求めるよう努めなければならない。

ニ　特定施設等の管理権原者等は、当該特定施設等における受動喫煙を防止するために必要な措置をとるよう努めなければならない。

第8節 ビジネスと犯罪

重要度 A

この節で学習すること

1 刑法上の犯罪
企業の役員や従業員の立場で犯す可能性のある犯罪類型について、押さえておきましょう。

2 会社法上の犯罪
会社法は、違法配当の罪や、総会屋への利益供与の罪などを定めています。

本節では、企業の役員や従業員がコンプライアンスに違反して犯罪行為をした場合に、どのような刑罰が科されるのかを説明します。

1 刑法上の犯罪

❶ 会社の企業秘密を他社に漏洩し報酬を得た場合
　① 会社の秘密文書を保管する権限を有する者（部課長など）が、その秘密文書を持ち出した場合
　→**業務上横領罪**（10年以下の懲役）
　② 会社の秘密文書を保管する権限を有しない者（平社員など）が、その秘密文書を持ち出した場合㊽
　→**窃盗罪**（10年以下の懲役または50万円以下の罰金）
　③ 秘密の保管義務のある責任者が、秘密自体を他社に漏らした場合㊸
　→**背任罪**（5年以下の懲役または50万円以下の罰金）

❷ 手形の振出権限のない者（手形振出権限を与えられていない経理部員など）が勝手に手形を振り出した場合㊺
　① 手形の振出権限のない者が手形や小切手を作成した場合

ココが出る！
試験対策としては、犯罪名を押さえれば足り、刑罰の内容まで押さえる必要はありません。

→**有価証券偽造罪**（３ヶ月以上10年以下の懲役）

② 偽造手形を使用した場合

→**偽造有価証券行使罪**（３ヶ月以上10年以下の懲役）

③ 偽造手形を使用して商品の購入や債務の支払いにあてた場合

→**詐欺罪**（10年以下の懲役）

❸ 業務上保管している会社の金品等を自分のものにした場合㊸㊻

会社の商品の横流しや集金した金銭の使い込みなどをした場合

→**業務上横領罪**（10年以下の懲役）

❹ 公務員に対して金品を送った場合

企業の役員・従業員が、有利な扱いを受けるため、その業務を担当する公務員に対し、社交儀礼の範囲を超えて金品を送った場合

→**贈賄罪**（３年以下の懲役または250万円以下の罰金）㊹㊻

（注） 受け取った公務員は**収賄罪**に問われます。㊹

❷ 会社法上の犯罪

ココが出る！ ☞
試験対策としては、犯罪名を押さえれば足り、刑罰の内容まで押さえる必要はありません。

❶ 会社が粉飾決算をして剰余金の配当を行った場合

① 粉飾決算をし、架空の利益を計上した上で、株主に剰余金の配当をした場合（タコ配当）

→**違法配当罪**（５年以下の懲役もしくは500万円以下の罰金またはこれらの併科）㊸㊺㊻

② 剰余金の違法配当が経営者としての地位の保全または役員や特定株主の利益追求のために行われた場合

→**特別背任罪**（10年以下の懲役または1,000万円以下の罰金）

❷ 金融機関の融資担当役員等が不良貸付を行った場合

金融機関の融資担当役員等が不良貸付を行って、貸付債権を回収できず会社に損害を与えた場合

→**特別背任罪**（10年以下の懲役または1,000万円以下の罰金）㊾

❸ **株主総会対策として総会屋に金品等を提供した場合**
　株主総会対策として、会社の役員や支配人等の使用人が総会屋に金品の提供等不正の財産上の利益を提供した場合
→**株主の権利の行使に関する利益供与の罪**（３年以下の懲役または300万円以下の罰金）

取締役が会社法上の犯罪を行ったことは、取締役の欠格事由となります。

本章は、一般常識を働かせれば正解できる
問題も多く出ますので、ぜひ得点源にしましょう！

超重要事項チェックリスト

1 □□□ ある事業者が他の事業者の事業活動を排除し、または支配することにより、公共の利益に反して、一定の取引分野における競争を実質的に制限する行為は、私的独占として独占禁止法に違反する。

2 □□□ 独占禁止法上、事業者とは、商業、工業、金融業その他の事業を行う者をいい、会社などの商人のほか、公益法人や公共団体も含まれる。営利目的の有無は問わない。

3 □□□ 事業者が協定その他の名義により、他の事業者と共同して対価を決定し、維持し、もしくは引き上げ、または数量、技術、製品、設備もしくは取引の相手方を制限するなど、相互にその事業活動を拘束し、または遂行することにより、公共の利益に反して、一定の取引分野における競争を実質的に制限することは、不当な取引制限として独占禁止法に違反する。価格協定、生産制限協定、入札談合は、不当な取引制限に該当する。

4 □□□ それ自体は競争を直接制限していなくても、公正な競争を阻害する可能性のある行為は、不公正な取引方法として独占禁止法に違反する。不当廉売、排他条件付取引、優越的地位の濫用、再販売価格の拘束は、不公正な取引方法に該当する。

5 □□□ 事業者が不当な取引制限に該当する行為を行った場合、公正取引委員会から、当該事業者に対し、違反行為の排除措置命令が出されるほか、課徴金納付命令も出される。

6 □□□ 消費者契約法は、消費者契約、すなわち、消費者と事業者との間で締結される契約（労働契約を除く）に適用される。

7 □□□ 消費者契約法上の消費者とは、個人（事業としてまたは事業のために契約の当事者となる場合におけるものを除く）をいう。法人や個人事業主は、消費者契約法にいう個人に含まれず、消費者に含まれない。

8 　消費者は、事業者が消費者契約の締結について勧誘をするに際し、当該消費者に対して、重要事項について事実と異なることを告げる行為をしたことにより、当該告げられた内容が事実であるとの誤認をし、それによって、当該消費者契約の申込みまたはその承諾の意思表示をしたときは、これを取り消すことができる。

9 　消費者は、事業者が消費者契約の締結について勧誘をするに際し、当該消費者に対して物品、権利、役務その他の当該消費者契約の目的となるものに関し、将来におけるその価額、将来において当該消費者が受け取るべき金額その他の将来における変動が不確実な事項につき断定的判断を提供することにより当該提供された断定的判断の内容が確実であるとの誤認をし、それによって当該消費者契約の申込みまたはその承諾の意思表示をしたときは、これを取り消すことができる。

10 　消費者契約法に基づいて意思表示が取り消された場合、事業者と消費者は、相互に原状回復義務を負う。事業者は、すでに受け取った代金などを返還しなければならず、他方、消費者は、引渡しを受けた商品などを返還しなければならない。

11 　消費者契約において、「事業者の債務の履行に際してなされた事業者の不法行為により消費者に損害が生じた場合に事業者が負うべき民法上の責任の全部を免除する」旨の、消費者にとって一方的に不利益な条項が含まれている場合、当該条項は無効となる。

12 　契約条項が無効となる場合でも、消費者契約全体が無効となるわけではない。

13 　販売業者が購入者から商品の代金を分割して受領することを条件とする商品の販売に割賦販売法が適用されるためには、当該販売が購入者等から商品代金等を2ヶ月以上の期間にわたり、かつ、3回以上に分割して受領することを条件とするものであることが必要である。

242

14 割賦販売業者が、購入者との間で、割賦販売上の割賦販売の方法により指定商品を販売する契約を締結した場合、当該割賦販売業者は、購入者に対して、所定の事項について当該契約内容を明示しなければならないが、この明示は書面の交付により行うほか、購入者の承諾を得て、電磁的記録を電子メールで送信するなどの方法により提供することでも行うことができる。

---

15 特定商取引法は、商品の販売にかかる取引に限らず、権利の販売や役務の提供にかかる取引にも適用される。

---

16 訪問販売においては、販売業者等の相手方となった消費者（申込者等）は、原則として、クーリング・オフできる旨の書面（法定書面）の交付を受けた日から起算して8日間は、書面で申込みの撤回または契約の解除（申込みの撤回等）を行うことができる。

---

17 訪問販売において、消費者が特定商取引法に基づいてクーリング・オフを行使し、当該契約を解除した場合、商品が引き渡されていても、業者の負担で引き取らせることができる。

---

18 通信販売の場合は、クーリング・オフの制度は設けられていない。

---

19 個人情報とは、生存する個人に関する情報であって、当該情報に含まれる氏名、生年月日その他の記述等により特定の個人を識別することができるもの（他の情報と容易に照合することができ、それにより特定の個人を識別することができることとなるものを含む）等をいう。

---

20 要配慮個人情報とは、本人の人種、信条、社会的身分、病歴、犯罪の経歴、犯罪により害を被った事実その他本人に対する不当な差別、偏見その他の不利益が生じないようにその取扱いに特に配慮を要するものとして政令で定める記述等が含まれる個人情報をいう。

21 □□□ **個人情報データベース等**とは、個人情報を含む情報の集合物であって、次に掲げるもの（利用方法からみて個人の権利利益を害するおそれが少ないものとして政令で定めるものを除く。）をいう。
① 特定の個人情報を電子計算機を用いて検索することができるように**体系的に構成したもの**
② 特定の個人情報を容易に検索することができるように**体系的に構成したもの**として政令で定めるもの

22 □□□ 個人情報データベース等を事業の用に供している者は、その**保有する個人情報によって識別される特定の個人の数の多寡にかかわらず**、原則として、個人情報取扱事業者に該当する。

23 □□□ 個人情報取扱事業者は、個人情報を取得したときは、**あらかじめ利用目的を公表している場合を除き**、速やかに、その利用目的を本人に**通知**し、または**公表**しなければならない。

24 □□□ 個人情報取扱事業者は、原則として、あらかじめ**本人の同意を得なければ、個人データを第三者に提供してはならない**。

25 □□□ 要配慮個人情報については、**オプトアウトによって第三者に提供することはできない**。

26 □□□ 会社の秘密文書の管理権限を有しない従業員がその秘密文書を会社に無断で社外に持ち出した場合、当該従業員には**窃盗罪**が成立し、刑事罰を科され得る。

27 □□□ 会社の秘密文書を保管する権限を有する者が、自己の利益を図るために当該秘密文書の内容を他者に漏らし、そのために会社が損害を被った場合、当該行為者には**背任罪**が成立し、刑事罰を科され得る。

28　手形の振出権限を有しない者が、振出権限を有する者に無断で手形を作成して振り出し、自己の債務の弁済に充てた場合、当該行為をした者には、手形の作成について有価証券偽造罪、手形の振出しについて偽造有価証券行使罪、債務の弁済に充てたことについて詐欺罪がそれぞれ成立し得る。

29　株式会社の取締役が、粉飾決算をして架空の利益を計上し株主に剰余金の配当を行った場合、当該取締役には違法配当罪が成立し、刑事罰を科され得る。

30　銀行の融資担当役員が事実上破綻状態にある取引先に、十分な担保をとらずに融資をした結果、当該銀行に損害が生じた場合、当該役員は、当該銀行に対する損害賠償責任を負うだけでなく、特別背任罪に問われる可能性がある。

31　株式会社の取締役が、株主総会において、株主の発言を封じる目的で、当該株主に金品を提供した場合、当該株主に株主総会で発言する意図がなくても、当該取締役には、利益供与罪が成立し、刑事罰を科され得る。

32　株式会社における支配人等の使用人が、株主総会での議決権の行使に関し、いわゆる総会屋に不正の利益を提供した場合、当該使用人には利益供与罪が成立し、刑事罰を科され得る。

第7章

法人と従業員の関係

　本章では、法人と従業員の関係を規律する法律として、労働基準法・労働組合法・労働者派遣事業法などを学習し、さらに、職場内の男女雇用にかかわる法律関係（男女雇用機会均等法、セクシュアル・ハラスメント）について学習します。
　試験対策としては、出題の多い労働基準法を重点的に学習してください。

第1節 従業員の雇用と労働関係

重要度 A

この節で学習すること

1 労働契約
労働者と使用者の間の契約です。一般的な言葉で言えば、社員と会社です。

2 安全配慮義務
働く場所は使用者（会社）側が用意するので、その安全を確保することは使用者が負う当然の義務です。

3 同一労働同一賃金
正規雇用と非正規雇用の格差を解消しようとした新しい概念です。

4 労働基準法
労働者と使用者の間の労働契約に関する基本原則を定めた法律です。

5 労働契約法
労働者の保護を図りつつ、個別の労働関係の安定に資することを目的とした法律です。

6 労働組合法
労働組合に関する基本的なルールを定めた法律です。

7 労働関係調整法
ストライキなどの労働争議を解決するための調整方法について定めた法律です。

8 その他の労働関係法
職業安定法、労働安全衛生法、労災保険法などがあります。

248

① 労働契約

労働契約とは、労働者（被用者、使用人）が使用者に対して労務（労働）を提供し、使用者はその労務（労働）の対価として報酬（賃金）を支払うことを約束する契約をいいます。

労働者とは、職業の種類を問わず、労働基準法の適用される事業・事務所に使用される者で、賃金を支払われる者をいいます。したがって、アルバイトやパートタイマーなども労働者に該当します。労働者に該当するか否かは、使用者との間に使用従属関係があるかどうかによって判断されます。㊹

ココが出る!

注意
労働基準法は、労働者が労働組合に加入しているか否か、労働契約の期間とは関係なく適用されます。㊽

② 安全配慮義務

最高裁は、昭和59年４月10日の判決の中で、「使用者は、報酬支払義務にとどまらず、労働者が労務提供のため設置する場所、設備もしくは器具等を使用しまたは使用者の指示のもとに労務を提供する過程において、労働者の生命および身体等を危険から保護するよう配慮すべき義務（**安全配慮義務**）を負っているものと解するのが相当である。」と述べて、使用者が労働者に対して安全配慮義務を負っていることを示しました。

そして、その後、**労働契約法**も「使用者は、労働契約に伴い、労働者がその生命、身体等の安全を確保しつつ労働することができるよう、必要な配慮をするものとする。」と規定して、労働契約に特段の根拠規定がなくとも、使用者は、労働契約上の付随的義務として当然に、労働者に対して安全配慮義務を負うことを明らかにしました。㊻

ココが出る!
使用者は、労働者に対して安全配慮義務を負っていることを押さえてください。

③ 同一労働同一賃金

雇用形態にかかわらず公正な待遇を確保するため、いわゆる「**同一労働同一賃金**」が、施行されることとなりました。

同一労働同一賃金の導入は、同一企業・団体におけるいわゆる**正規雇用労働者**（無期雇用フルタイム労働者）**と非正規雇用労働**

者（有期雇用労働者、パートタイム労働者、派遣労働者）との間にある不合理な待遇差の解消を目指すものです。

この同一労働同一賃金の施行期日は、パートタイム・有期雇用労働法については、大企業の場合が2020年４月１日、中小企業の場合が2021年４月１日であり、労働者派遣法については、大企業・中小企業を問わず、2020年４月１日となっています。

④ 労働基準法

❶ 労働条件の明示

使用者は、労働契約の締結に際し、労働者に対して賃金、労働時間その他の労働条件を明示しなければならず、厚生労働省令で定める事項（賃金・労働時間・退職等）については**書面の交付等により明示**しなければなりません。㊺

労働条件の明示は、一般には、就業規則を交付することによって行われています。

明示された労働条件が事実と相違する場合には、労働者は**即時に労働契約を解除**することができます。

❷ 労働契約の期間

① **期間の定めがある場合**

原則…３年（一定の労働契約にあっては５年）を超えることができません。

例外…一定の事業の完了に必要な期間を定めるものは、３年を超えることが可能です。

② **期間の定めがない場合**

労働者は、**いつでも**労働契約の解約の申入れをすることができ、**解約申入れ後２週間**を経過すると労働契約は終了します。

❸ 労働契約の締結に関する法規制

① **均等待遇**

使用者は、労働者の国籍、信条または社会的身分を理由として、賃金、労働時間その他の労働条件について、差別的取扱い

ココが出る！

コーヒーブレイク

労働基準法で定める労働者の労働条件や待遇等に関する最低基準が遵守されているかどうかを監督するための機関として、労働基準監督署が設置されています。

注意

労働契約の期間について、労働基準法所定の期間を超える定めをした場合には、その期間は労働基準法所定の期間に短縮されますが、その労働契約自体は無効となるわけではありません。

をしてはなりません。

② **損害賠償額の予定の禁止**

使用者は、労働契約の不履行について違約金を定め、または損害賠償額を予定する契約をしてはなりません。

③ **前借金相殺の禁止**

使用者は、前借金その他労働することを条件とする前貸しの債権と賃金を相殺してはなりません。

④ **強制貯金の禁止**

使用者は、労働契約に附随して貯蓄の契約をさせ、または貯蓄金を管理する契約をしてはなりません。

労働基準法で定める基準に達しない労働条件を定める労働契約は、その部分については無効となり、無効となった部分は、労働基準法で定める基準によります。

❹ **就業規則**

① **就業規則とは**

就業規則とは、採用から退職までの労働条件や職場の規律などを定めた規則です。労働者だけでなく、使用者もその内容に拘束されます。

② **就業規則に関する規制**

イ **就業規則の作成と届出**

常時10人以上の労働者を使用する使用者は、就業規則を作成し、所轄の**労働基準監督署長に届け出**なければなりません。❹❸❹❺❹❻

(注)「常時10人以上の労働者」には、アルバイトやパートタイマーも含まれます。

常時9人以下の労働者を使用する使用者には、就業規則を作成する義務はありませんが、労務管理の観点から就業規則を作成することが望ましいとされています。

語呂合わせ ▶ **就業規則の作成義務**

「**この就業規則は、**
　　就業規則の作成義務
（内容が）上　等だぜ！」
　　　　　常時　10人以上労働者を使用する使用者

ロ **就業規則の効力**

就業規則の内容は、法令や労働協約に反してはならず、所轄労働基準監督署長は、法令または労働協約に牴触する就業

就業規則の内容は、法令や労働協約に反してはならないことを押さえてください。

規則について変更命令を出すことができます。㊻

〈就業規則と労働協約の相違〉

	就業規則	労働協約㊺
内容	労働条件や服務規律等	労働条件や労働組合の活動方法等
定め方	使用者が定める	労働組合と使用者との合意による
要件	労働組合または労働者の代表の意見を聴取し、所轄労働基準監督署長に届出	合意事項を書面に作成し、両当事者が署名または記名押印することにより効力発生
その他	常時10人以上労働者を使用する使用者は必ず作成	期間の定めのない協約を除き、有効期間は3年が限度

法令 ＞ 労働協約 ＞ 就業規則 ＞ 労働契約
←上位規範　　下位規範→
効力強　　効力弱

ハ　**就業規則の規定事項**

a　絶対的必要記載事項

就業規則を定める場合、必ず記載しなければならない事項であり、これが記載されていなければ、就業規則とは認められません（無効となります）。

ⅰ　**労働時間**に関する事項（始業・終業の時刻、休憩時間、休日、休暇、就業時転換に関する事項）

ⅱ　**賃金**（臨時の賃金等を除く）に関する事項（賃金の決定・計算・支払方法、締切・支払時期・昇給に関する事項）㊻

ⅲ　**退職**に関する事項（解雇の事由を含む）

b　相対的必要記載事項

使用者が当該制度を実施する場合には就業規則に必ず記載しなければならない事項であり、記載しなくても就業規則の効力には影響しません（有効です）。

ⅰ　退職手当に関する事項（適用される労働者の範囲、退

ココが出る！
絶対的必要記載事項（労働時間・賃金・退職）を押さえてください。

職手当の決定・計算・支払方法・支払時期）

 ⅱ 臨時の賃金等（退職手当を除く）に関する事項（臨時に支払われる賃金・賞与の支払要件・時期、最低賃金額）

 ⅲ 労働者の食費・作業用品等の負担に関する事項

 ⅳ 安全・衛生に関する事項

 ⅴ 職業訓練に関する事項

 ⅵ 災害補償・業務外の傷病扶助に関する事項

 ⅶ 表彰・制裁に関する事項

ｃ．任意的記載事項

 絶対的・相対的必要記載事項以外の事項で、当該事業場の全労働者に適用される定めをする場合の事項。

 ⅰ 就業規則の目的

 ⅱ 企業理念

 ⅲ 従業員の心得

第 7 章　法人と従業員の関係

ニ　就業規則の作成・変更の手続[46]

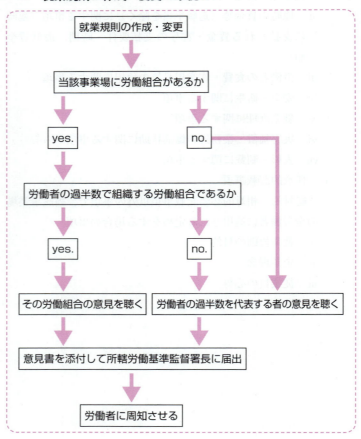

❺　賃金と退職金

① **賃金とは**

　賃金とは、労働の対価（対償）として使用者が労働者に支払うすべてのものをいいます。名称のいかんを問いません。[46]

② **消滅時効期間**

　イ　賃金請求権→2年

　ロ　退職手当　→5年

語呂合わせ ▶賃金・退職手当の消滅時効期間

ニ	コ	チン中毒で退職
2年	5年	賃金　　退職手当

③ 賃金支払いの諸原則

イ 通貨払いの原則 ㊻

賃金は、原則として、通貨（わが国において強制通用力を有する貨幣）で支払わなければなりません。

ただし、口座振込は、労働者の同意に基づき、労働者の指定する本人名義の口座に振り込まれた賃金の全額が賃金支払日に払戻しできるという条件のもとに認められます。

ロ 直接払いの原則 ㊻

賃金は、労働者に対して直接支払わなければなりません。

代理人（親権者、成年後見人等）への支払いは禁止されますが、使者（配偶者等）への支払いは認められます。

ハ 全額払いの原則 ㊻

賃金は、その全額を支払わなければなりません。ただし、法令に定めのある源泉徴収・社会保険料の控除、労使協定により労働組合費等を控除すること（チェックオフ）は認められます。

ニ 一定期日払いの原則 ㊺㊻

賃金は、毎月1回以上、一定の期日を定めて支払わなければなりません。

ただし、臨時に支給される賞与、精勤手当、奨励加給等については、この原則の例外が認められます。

（注1）年俸制をとっていても、支払いは毎月1回以上行う必要があります。

（注2）「一定期日」とは、必ずしも「25日」等と指定する必要はなく、月給における「末日支払」、週給における「月曜日支払」のように、その日が特定される方法であれば差し支えありません。

> **注意**
> 賃金支払いの諸原則については、「例外」がよく問われますので、どのような例外が認められているのかを押さえてください。

> **注意**
> 欠勤等による賃金カット分を控除して支払うことは、全額払いの原則に反しません。

④　賃金額の保障

イ　**最低賃金法による最低賃金の保障制度**❹

ロ　**労働基準法による出来高払いの保障給制度**

　　労働時間ではなく出来高に応じて賃金を支払う出来高払い制や請負制で使用する労働者については、使用者は、労働時間に応じて一定額の賃金を保障しなければなりません。

⑤　退職手当

イ　労働基準法上は、使用者は退職手当を支払う義務はなく、任意に支払う場合は、退職手当は賃金に該当しません。

ロ　**就業規則や労働協約等であらかじめ支給することや支給基準を定めている場合**には、退職手当も賃金に該当します。

⑥　休業手当

　　資金難や原材料の不足など、使用者の責めに帰すべき事由による休業の場合、使用者は、休業期間中当該労働者に、その平均賃金の100分の60以上の休業手当を支払わなければなりません。

語呂合わせ　▶**休業手当の支給**

ロック　アウトで休業手当の支給
60%（60/100）　　　　　　休業手当の支給

---

⑦　割増賃金

イ　**割増賃金の支払が必要となる場合**

　　災害その他の避けることのできない事由がある場合や時間外・休日労働に関する労使協定（**三六協定**）により、使用者が所定の時間を超えて労働時間を延長して時間外労働・休日労働をさせた場合、通常の労働時間・労働日の賃金の計算額に所定の割増率で計算した割増賃金を支払わなければなりません。❸

時間帯	割増率
時間外労働	25%以上
休日労働	35%以上
深夜労働（午後10時以降午前５時まで）	25%以上
時間外労働が深夜の時間帯に及んだ場合	50%以上
休日労働が深夜の時間帯に及んだ場合	60%以上

（注）　**三六協定**とは、時間外・休日労働に関する労使協定をいいます。使用者が労働者に時間外労働、休日労働をさせるには、労働者の過半数で組織する労働組合がある場合にはその労働組合、労働者の過半数で組織する労働組合がない場合には労働者の過半数を代表する者との書面による労使協定を結び、所轄の労働基準監督署長に届け出ることが必要です。ただし、この労使協定は、**免罰効果**を持つのみなので、三六協定があるからといってそれだけで労働者に時間外労働・休日労働を命じることができるわけではなく、労働協約・就業規則・労働契約等において時間外労働・休日労働が労働者の義務として定められていることが必要であることに注意する必要があります。㊸㊹㊽

ココが出る!

用語

「免罰効果」とは、罰則の対象から外れる効果をいいます。

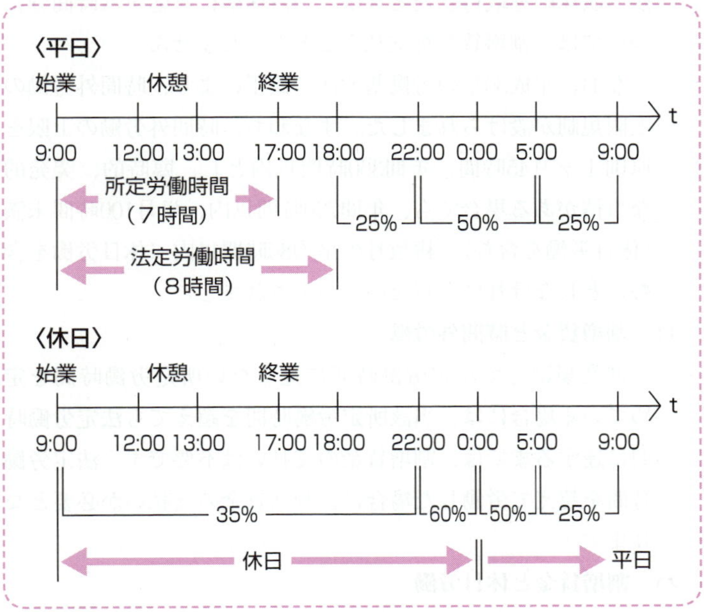

（注）「**法定労働時間**」とは、労働基準法に定める「１日８時間、１週40時間」をいいます。使用者は、原則として、労働者に、休憩時間を除き、１週間について40時間、１週間の各日については１日につき８時間を超えて、労働させてはならないとされています。「**所定労働時間**」とは、各事業場において就業規則等で定められている労働時間をいいます。㊸㊺

ココが出る!

「法定労働時間」を押さえてください。

なお、労働者が実際に働いた時間を「**実労働時間**」といいます。

> **語呂合わせ** ▶法定労働時間
>
> 「は、　しれ（走れ）、労働者！」
> 　1日8時間　1週40時間

　使用者が、当該時間外労働をさせた時間が1ヶ月について60時間を超えた場合においては、その超えた時間の労働については、通常の労働時間の賃金の計算額の5割（50％）以上の率で計算した割増賃金を支払わなければなりません。ただし、使用者が、労使協定により、1ヶ月について60時間を超える時間外労働を行った労働者に対して、当該割増賃金の支払いに代えて、通常の労働時間の賃金が支払われる休暇（有給の休暇）を与えることを定めた場合において、当該労働者が当該休暇を取得したときは、当該休暇に対応する時間分については、割増賃金を支払うことを要しません。

　なお、平成30年の労働基準法の改正により、時間外労働の上限規制が設けられました。すなわち、時間外労働の上限を原則1ヶ月45時間、年間360時間以内とし、臨時的、突発的な事情がある場合でも、年間720時間以内、単月100時間未満（休日労働を含む）、複数月の平均80時間以内（休日労働を含む）としなければならないものとされました。

ロ　割増賃金と時間外労働

　就業規則等で法定労働時間に達しない所定労働時間を定めている場合には、当該所定労働時間を超えても法定労働時間に達するまでは、割増賃金の支払いは不要です。法定労働時間を超えて労働した場合に、割増賃金の支払いが必要となります。

ハ　割増賃金と休日労働

　a　休日労働とは、法定休日（1週1日の休日または4週4日以上の休日）における労働をいうため、法定休日以外の休日に労働させた場合には、割増賃金の支払いは不要です。

　　たとえば、週休2日制の会社において、2日の休日のう

法定外休日における労働により法定労働時間を超えることとなるときは、時間外労働となりますので、この時間外労働としての割増賃金の支払いは必要となることに注意してください。

ちの1日に労働をさせた場合でも、1週1日の休日を与えているので、他の休日は法定休日とならず、割増賃金の支払いは不要です。
b 法定休日に労働をさせた場合でも、**休日の振替**を条件に労働させたときは、その労働は休日労働とはならないため、割増賃金の支払いは不要です。
c 法定休日に労働をさせ、その後、**代休**を与えたときは、割増賃金の支払いが必要です。
（注1） **休日の振替（振替休日）**とは、あらかじめ休日と定められた日を労働日とし、その代わりに他の労働日を休日とすることをいいます。
（注2） **代休**とは、休日労働や長時間の時間外労働、深夜労働が行われた場合に、その代償措置として、以後の特定の労働日の労働義務を免除することをいいます。

❻ 労働時間

① 労働時間とは

労働者が使用者の明示・黙示の指示によりその指揮命令下に置かれている時間をいいます。

② みなし労働時間制

労働者が労働時間の全部または一部について事業場外で業務に従事した場合において、労働時間の算定が困難なときには、所定労働時間を労働したものとみなされます。この場合は、**時間外労働の問題は生じず、割増賃金は問題となりません。**

③ 裁量労働制

業務の性質上その業務の遂行方法を大幅に労働者の裁量にゆだねる必要がある業務については、労使協定により定めた時間を労働したとみなすことが認められています（**専門業務型裁量労働制**）。導入するためには、対象業務や労働時間の算定につき書面による労使協定を締結し、所轄労働基準監督署長に届け出なければなりません。

また、企業の本社等の事業運営上の重要な決定がなされる事業場において、事業運営に関する企画・立案・調査・分析等の

労働時間には、業務に携わっている時間だけでなく、待機時間等のいわゆる手待時間も含まれます。

業務を行う労働者についても、裁量労働に関するみなし労働時間制を採用することができます（**企画業務型裁量労働制**）。導入するには、労使委員会の5分の4以上の多数による議決により所定の事項を決議し、使用者がその決議を所轄労働基準監督署長に届け出ることが必要です。

④　**変形労働時間制**

　　業務の繁閑に合わせて労働時間を設定し、時間外労働を調整するもので、一定期間の労働時間を平均して週40時間以内であれば、1日8時間を超える労働を認めるという制度です。導入には、労使協定の締結と所轄労働基準監督署長への届出が必要です。

⑤　**フレックスタイム制**

　　労使間で一定の期間（清算期間）における総労働時間やコアタイム（全員の就業を義務づける時間）等を定め、その範囲内で各労働者が始業・終業時刻を自己の判断で選択できる制度です。実施にあたっては、就業規則で始業時刻および終業時刻を労働者の決定に委ねる旨を定め、労使協定で適用される労働者の範囲、清算期間、清算期間内での総労働時間等を定めなければなりません。

（注）　**清算期間**とは、フレックスタイム制において、労働者が労働すべき総労働時間を定める期間のことであり、3ヶ月以内の期間に限られます。清算期間が1ヶ月を超える労使協定については、所轄の労働基準監督署長に届け出なければなりません。

❼　**休憩・休日等**

①　**休憩時間**㊸

　　休憩時間とは、拘束時間中の労働者が使用者の指揮監督を離れ、労働義務から完全に解放されている時間をいいます。

イ　労働時間が6時間まで　　　　　　→休憩を与えなくてもよい。

ロ　労働時間が6時間超8時間まで→45分

ハ　労働時間が8時間超　　　　　　→1時間

　　休憩は、労働時間の途中に与えなければなりません。また、

休憩時間は、原則として、事業所単位で一斉に付与しなければなりません。ただし、当該事業場に、労働者の過半数で組織する労働組合がある場合においてはその労働組合、労働者の過半数で組織する労働組合がない場合においては、労働者の過半数を代表する者との書面による協定があるときは、一斉に休憩を与えなくてもよいとされています。

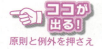

② **休 日**

休日とは、労働契約上、労働者が労働義務を負わない日をいいます。

イ 原則（週休制の原則）

使用者は、労働者に対して毎週少なくとも１回の休日を与えなければなりません。

ロ 例外（変形週休制）

４週間を通じて４日以上の休日を与えることもできます。

③ **年次有給休暇**

イ 付与日数

使用者は、その雇入れの日から起算して**6ヶ月**以上継続勤務し、全労働日の**8割**以上出勤した労働者に対して、継続し、または分割した**10日**以上の有給休暇を与えなければなりません。年次有給休暇の日数は、原則として6ヶ月間継続勤務した者には最低10日とし、その後は１年間の継続勤務ごとに１日、３年６ヶ月超の継続勤務については１年ごとに２日が加算され、最高20日間です。

ロ 時間単位年休

なお、年次有給休暇は、日単位での取得が原則ですが、使用者は、労使協定により、次に掲げる事項を定めた場合において、イに掲げる労働者の範囲に属する労働者が有給休暇を時間を単位として請求したときは、当該協定で定めるところにより時間を単位として有給休暇を与えることができます。

i 時間を単位として有給休暇を与えることができることとされる労働者の範囲

ii 時間を単位として与えることができることとされる有給休暇の日数（５日以内に限る）

ココが出る！
原則と例外を押さえてください。

注意
年次有給休暇は、要件を満たした労働者に法律上当然に認められる権利ですから、労働者は、年次有給休暇を取得するに際し、会社の取締役会において、年次有給休暇に関する重要な事実を開示してその承認を受ける必要はないことに注意してください。㊹

ⅲ　その他厚生労働省令で定める事項
　ハ　労働者の時季指定権と使用者の時季変更権
　　使用者は、年次有給休暇を労働者の請求する時季に与えなければなりません。ただし、その請求された時季に有給休暇を与えると、事業の正常な運営を妨げる場合には、使用者は他の時季に与えることができます（**時季変更権**）。❹⓼

　ニ　使用者による時季指定
　　なお、平成30年の労働基準法の改正により、使用者は、10日以上の年次有給休暇が付与される労働者に対し、5日については、毎年、時季を指定して与えなければならないものとされました。

❽ 育児休業制度・介護休業制度

　育児休業制度は、原則として1歳に満たない子を養育するために利用できる制度であることに注意してください。

　介護休業制度は、婚姻の届出をしていない内縁の夫婦（事実婚）間において、夫婦の他の一方を介護するためにも利用できる制度であることに注意してください。

❾ 労働契約の終了

① **定年制**
　労働者の定年を定める場合、その年齢は60歳を下回ることができません（60歳定年制）。なお、平成18年4月から段階的に65歳定年制・継続雇用制度の導入等が義務づけられています。

解雇の条件を満たしていても、解雇が客観的に合理的な理由を欠き、社会通念上相当であると認められない場合は、解雇権を濫用したものとして、その解雇は無効となります（**解雇権濫用法理**）。❹❸⓼

② **解　雇**
　使用者が労働者を解雇するには、**30日前に予告**することを要し、予告期間を設けない場合には、**30日分以上の平均賃金（解雇予告手当）** を支払わなければなりません。
　ただし、次の各場合には、予告手当なしの即時解雇が認められます（所轄労働基準監督署長の認定が必要です）。
　イ　やむを得ない事由のため事業の継続が不可能となった場合（天災事変など）
　ロ　労働者に責任のある場合（刑法犯罪を犯した場合など）

⑤ 労働契約法

❶ 目 的

　労働契約法は、労働者及び使用者の自主的な交渉の下で、労働契約が合意により成立し、または変更されるという合意の原則その他労働契約に関する基本的事項を定めることにより、合理的な労働条件の決定または変更が円滑に行われるようにすることを通じて、労働者の保護を図りつつ、個別の労働関係の安定に資することを目的とします。

❷ 有期労働契約に対する規制

① 契約期間中の解雇等

　使用者は、有期労働契約（期間の定めのある労働契約）について、やむを得ない事由がある場合でなければ、その契約期間が満了するまでの間において、労働者を解雇することができません。

　また、使用者は、有期労働契約について、その有期労働契約により労働者を使用する目的に照らして、必要以上に短い期間を定めることにより、その有期労働契約を反復して更新することのないよう配慮しなければなりません。

② 有期労働契約の期間の定めのない労働契約への転換

　同一の使用者との間で締結された2以上の有期労働契約（契約期間の始期の到来前のものを除く）の契約期間を通算した期間（以下「通算契約期間」という）が5年を超える労働者が、当該使用者に対し、現に締結している有期労働契約の契約期間が満了する日までの間に、当該満了する日の翌日から労務が提供される期間の定めのない労働契約の締結の申込みをしたときは、使用者は当該申込みを承諾したものとみなされます。

　この場合において、当該申込みに係る期間の定めのない労働契約の内容である労働条件は、現に締結している有期労働契約の内容である労働条件（契約期間を除く）と同一の労働条件（当該労働条件（契約期間を除く）について別段の定めがある部分を除く）とされます。

第1節　従業員の雇用と労働関係　263

③ 有期労働契約の更新等

　有期労働契約は、使用者が更新を拒否したときは、契約期間の満了により雇用が終了します。これを「**雇止め**」といいます。雇止めについては、労働者保護の観点から、過去の最高裁判例により一定の場合にこれを無効とする判例上のルール（**雇止め法理**）が確立していますが、労働契約法は、雇止め法理の内容や適用範囲を変更することなく、これを次のように規定しました。

　有期労働契約であって次のいずれかに該当するものの契約期間が満了する日までの間に労働者が当該有期労働契約の更新の申込みをした場合または当該契約期間の満了後遅滞なく有期労働契約の締結の申込みをした場合であって、使用者が当該申込みを拒絶することが、客観的に合理的な理由を欠き、社会通念上相当であると認められないときは、使用者は、従前の有期労働契約の内容である労働条件と同一の労働条件で当該申込みを承諾したものとみなされます。

イ　当該有期労働契約が過去に反復して更新されたことがあるものであって、その契約期間の満了時に当該有期労働契約を更新しないことにより当該有期労働契約を終了させることが、期間の定めのない労働契約を締結している労働者に解雇の意思表示をすることにより当該期間の定めのない労働契約を終了させることと社会通念上同視できると認められること。

ロ　当該労働者において当該有期労働契約の契約期間の満了時に当該有期労働契約が更新されるものと期待することについて合理的な理由があるものであると認められること。

❻ 労働組合法

　労働組合法は、労働組合の結成、その自主的運営と活動を積極的に保護すること（**不当労働行為を禁止**するなど）によって、集団的労使関係（労働者の団結権、団体交渉権および団体行動権（争議権））のルールを定めています。

① 労働組合は、**労働者の経済的地位の向上を図ることを目的**に組織され、使用者の支配・干渉を受けず、自主的に運営されなければなりません。

② 労働者は、２人以上集まれば労働組合を結成して組合活動を行うことができ、労働組合への加入、脱退は各労働者の自由です。

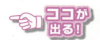

③ 使用者は、労働組合を結成し、または結成しようとした者を人事、給与等で不利益に取り扱ってはならず、労働組合の結成、運営に対して支配、介入してはなりません。

（注）**黄犬契約**（おうけん）（yellow dog contract）の禁止

労働者が労働組合に加入しないことを条件に雇用したり、現在加入している労働組合の脱退を条件に雇用することを「黄犬契約」といいますが、これは「不当労働行為」として禁止されています。

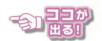

④ 使用者は、団体交渉の申入れを正当な理由なく拒否してはなりません。正当な理由のない団体交渉の拒否は、不当労働行為として禁止されます。㊹㊻㊽

⑤ 労働組合は、団体交渉によって、使用者との間に労働条件その他の待遇について労働協約を定めることができます。

（注） 労働組合が存在し、労働協約が締結されている企業では、労働協約が就業規則に優先して適用されます。

ココが出る！
労働組合は、労働者の「社会的地位」の向上を図ることを目的とするものではないことに注意してください。

ココが出る！

7 労働関係調整法

ストライキなどの労働争議の調整には**労働委員会**があたり、労働争議の調整方法には、あっせん、調停、仲裁の３つの方法があります。

❶ あっせん

原則として学識経験を有する第三者が、争議中の労使の間に入って、争点を調べ、助言や妥協点を見出すことにより解決を図る調整方法をいいます。調停に入る前段階として位置づけられます。

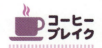

コーヒーブレイク
労働委員会には、国に設置されている「中央労働委員会」と、都道府県ごとに設置されている「都道府県労働委員会」とがあります。

❷ 調 停

争議ごとに労働者、使用者、公益のそれぞれを代表する調停委員で構成される調停委員会が設置され、この調停委員会で、労使の対立点を聴取して調停案を作成し、これを労使双方に示して受諾を勧告する調整方法をいいます。この調停案には労使は拘束されません。

❸ 仲 裁

争議ごとに公益委員などで構成される仲裁委員会が設置され、仲裁委員会の下した仲裁裁定には、労使双方が法的に拘束されます。

8 その他の労働関係法

❶ 職業安定法

公共職業安定所が無料で組織的に職業紹介を行うことにより、職業の安定を図ることを目的とします。一定の場合には、民間の機関・団体が有料で職業紹介を行うことを認めています。

❷ 労働安全衛生法

危害防止基準を確立するとともに、職場に安全管理者、衛生管理者等を配置して作業環境を改善し、労働災害の防止を図ることを目的とします。

❸ 労働者災害補償保険法（労災保険法）

労災保険法は、業務上の事由、事業主が同一人でない2以上の事業に使用される労働者（「複数事業労働者」という）の2以上の事業の業務を要因とする事由または通勤による労働者の負傷、疾病、障害、死亡等に対して迅速かつ公正な保護をするため、必要な保険給付を行い、あわせて、業務上の事由、複数事業労働者の2以上の事業の業務を要因とする事由または通勤により負傷し、または疾病にかかった労働者の社会復帰の促進、当該労働者およびその遺族の援護、労働者の安全および衛生の確保等を図

り、もって労働者の福祉の増進に寄与することを目的とします。

　（注）　業務外の事由による負傷、疾病、死亡等は、「健康保険」
　　　　の対象となります。

第2節 職場内の男女雇用にかかわる問題

重要度 B

この節で学習すること

1 男女雇用機会均等法

男女の平等を確保するために定められた法律です。

いわゆるセクハラにも定義がありますので、きちんと押さえておきましょう。

2 職場におけるセクシュアル・ハラスメントの禁止

1 男女雇用機会均等法

ココが出る!

男女雇用機会均等法上、事業主は、労働者の募集・採用について、その性別に関わりなく均等な機会を与えなければならないとされています。㊻

事業主が、労働者の募集または採用にあたり、合理的な理由がないのに、労働者の身長や体重が一定以上であること、または一定以上の体力を有することを選考基準とすることは、実質的に性別を理由とする差別として、男女雇用機会均等法に違反します。

ココが出る!

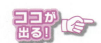

また、事業主は、次に掲げる事項について、労働者の性別を理由として、差別的取扱いをしてはなりません。㊺

① 労働者の配置（業務の配分および権限の付与を含む）、昇進、降格および教育訓練

② 住宅資金の貸付けその他これに準ずる福利厚生の措置であって厚生労働省令で定めるもの

③ 労働者の職種および雇用形態の変更

④ 退職の勧奨、定年および解雇ならびに労働契約の更新

また、事業主は、女性労働者が婚姻し、妊娠し、または出産したことを退職理由として予定する定めをしてはなりません。事業主が妊娠中の女性労働者、出産後１年を経過しない女性労働者を

解雇した場合、当該解雇は原則として無効となります。㊸

② 職場におけるセクシュアル・ハラスメントの禁止

❶ セクシュアル・ハラスメントの意味

職場におけるセクシュアル・ハラスメントとは、職場での性的な言動に対する労働者の対応により、当該労働者がその労働条件につき不利益を受け、または当該性的な言動により当該労働者の就業環境が害されることをいいます。

男女雇用機会均等法は、セクシュアル・ハラスメントを対価型と環境型の２つに分けています。

イ　対価型

職場において労働者の意に反する性的な言動がなされ、それを拒否したことで、当該労働者がその労働条件につき解雇、降格、減給等の不利益を受けるもの。

ロ　環境型

職場において行われる労働者の意に反する性的な言動により、労働者の就業環境が不快なものとなり能力の発揮に重大かつ看過できない支障が生じるもの。

❷ 職場におけるセクシュアル・ハラスメント対策

事業主は、職場におけるセクシュアル・ハラスメントが生じることがないよう雇用管理上必要な措置を講じなければなりません。㊹㊽

ココが出る！

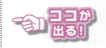

第3節 労働者派遣法

重要度 A

この節で学習すること

1 労働者派遣 — 派遣の定義を押さえましょう。

2 労働者派遣事業 — 派遣事業の定義を押さえましょう。

3 派遣元事業主・派遣先事業主・派遣労働者の三者の法律関係 — 具体的にイメージしながら、三者の関係を整理しましょう。

1 労働者派遣

労働者派遣とは、自己の雇用する労働者を、当該雇用関係のもとに、かつ、他人の指揮命令を受けて、当該他人のために労働に従事させることをいいます。

2 労働者派遣事業

労働者派遣事業とは、労働者派遣を業として行うことをいいます。

労働者派遣事業は、自己の雇用する労働者を派遣する点で、自己が雇用していない労働者を供給する労働者供給事業と区別されます。また、他人の指揮命令を受ける点で、労働者が注文主から指揮命令を受けない請負と区別されます。

ココが出る！
労働者供給事業や請負との点に違いがあるかを押さえてください。

270

なお、事業者間において締結された契約が、その名目は、「請負契約」または「委任契約」であっても、その実質が、当該業務に従事する労働者を注文者または委任者の事業場等に常駐させ、注文者または委任者が、当該労働者に対し、当該業務の遂行方法、労働条件等について直接指揮命令をするようなものである場合には、「**偽装請負**」として、当該契約関係は、実質的には労働者派遣の関係と認定されます（判例）。このような場合に、請負人または受任者が派遣元事業主としての許可を得たり、または届出をすることを怠ったときは、労働者派遣法違反として罰則の適用を受けることがあります。

労働者派遣事業を行ってはならない業務として、①**港湾運送業務**、②**建設業務**、③**警備業務**等が定められています。❹⓼

労働者派遣事業を行うには、厚生労働大臣の許可が必要です。

❸ 派遣元事業主・派遣先事業主・派遣労働者の三者の法律関係

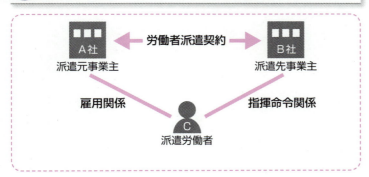

❶ 派遣元事業主と派遣労働者の法律関係

派遣元事業主と派遣労働者との間には、**雇用関係**があります。派遣元事業主は、派遣労働者に対し、年次有給休暇、賃金、割増賃金、産前産後休暇、災害補償等の労働法上の責任を負います。❹❹

❷ 派遣先事業主と派遣労働者の法律関係

派遣先事業主と派遣労働者との間には、**雇用関係はなく、指揮命令関係**があります。派遣先事業主は、派遣労働者に対して、労働時間、休憩、休日、深夜業、危険有害業務の就業制限、育児時

上記の図解を参照しながら、三者の関係を押さえてください。

間等の労働法上の責任を負います。㊸㊹㊺㊻

❸ 派遣元事業主と派遣先事業主の法律関係

　派遣元事業主と派遣先事業主との間には、**労働者派遣契約**が存在します。契約の内容として、派遣労働者が従事する業務の内容や事業所の所在地、勤務時間、指揮命令に関する事項を定めなければなりません。

第 7 章 法人と従業員の関係

本章については、初期の本試験では難問が出題されることもありましたが、最近は易しい問題が増えています。

✓ 超重要事項チェックリスト

1 □□□ 　労働基準法は、労働者が労働組合に加入しているか否かとは関係なく適用される。

2 □□□ 　使用者は、労働契約の締結に際し、労働者に対して賃金、労働時間その他の労働条件を明示しなければならず、厚生労働省令で定める事項（賃金・労働時間・退職等）については書面の交付により明示しなければならない。

3 □□□ 　使用者と労働者との間の労働契約の期間は、原則として、3年を超えることができない。労働契約の期間について、労働基準法所定の期間を超える定めをした場合には、その期間は労働基準法所定の期間に短縮される。

4 □□□ 　使用者との間で期間の定めのない労働契約を締結した労働者は、いつでも労働契約を解約することができるが、労働者が解約を申し入れると、申入れ後2週間を経過することによって労働契約は終了する。

5 □□□ 　常時10人以上の労働者を使用する使用者は、就業規則を作成し、これを所轄の労働基準監督署長に届け出なければならない。

6 □□□ 　使用者は、就業規則の作成・変更にあたり、当該事業場に労働者の過半数で組織する労働組合がある場合には、その労働組合の意見を聴いた上で、就業規則にその意見書を添付して所轄の労働基準監督署長に届け出なければならない。

7 □□□ 　労働基準法上、使用者は、未成年者を労働者として雇い入れた場合、未成年者に直接賃金を支払わなければならず（直接払いの原則）、未成年者に代わってその親権者に未成年者の賃金を支払ってはならない。

8 □□□ 　使用者は、原則として、賃金を毎月1回以上、一定の期日を定めて労働者に支払わなければならない（一定期日払いの原則）。

9 使用者が労働者に支払う賃金の額に関しては、最低賃金法により、その最低基準について規制されている。

10 使用者は、労働者に、休憩時間を除き1週間について40時間を超えて、労働させてはならない。また、使用者は、1週間の各日については、労働者に、休憩時間を除き1日について8時間を超えて、労働させてはならない（法定労働時間）。

11 時間外・休日労働に関する労使協定（三六協定）により、使用者が所定の時間を超えて労働時間を延長して時間外労働・休日労働をさせた場合、通常の労働時間・労働日の賃金の計算額に所定の割増率で計算した割増賃金を支払わなければならない。

12 労働時間が6時間を超え8時間以下である場合、労働基準法上、使用者は、労働者に対し、少なくとも45分の休憩時間を労働時間の途中に与えなければならない。

13 使用者は、その雇入れの日から起算して6ヶ月以上継続勤務し、全労働日の8割以上出勤した労働者に対して、継続し、または分割した10日以上の有給休暇を与えなければならない。

14 使用者は、原則として、年次有給休暇を労働者の請求する時季に与えなければならない。ただし、その請求された時季に有給休暇を与えると、事業の正常な運営を妨げる場合には、使用者は他の時季に与えることができる（時季変更権）。

15 労働組合は、労働者の経済的地位の向上を図ることを目的に組織され、使用者の支配・干渉を受けず、自主的に運営されなければならず、労働者は、2人以上集まれば労働組合を結成して組合活動を行うことができ、労働組合への加入、脱退は各労働者の自由である。

16
□□□ 使用者は、労働組合を結成し、または結成しようとした者を人事、給与等で不利益に取り扱ってはならず、労働組合の結成、運営に対して支配、介入してはならない。また、使用者は、団体交渉の申入れを正当な理由なく拒否してはならない。

17
□□□ 男女雇用機会均等法上、事業主は、労働者の募集および採用について、その性別にかかわりなく均等な機会を与えなければならない。

18
□□□ 男女雇用機会均等法上、事業主は、労働者の配置、昇進、降格および教育訓練等について、労働者の性別を理由として、差別的取扱いをしてはならない。

19
□□□ 労働者派遣とは、自己の雇用する労働者を、当該雇用関係のもとに、かつ、他人の指揮命令を受けて、当該他人のために労働に従事させることをいう。

20
□□□ 労働者派遣事業を行ってはならない業務として、①港湾運送業務、②建設業務、③警備業務等が定められている。

21
□□□ 派遣元事業主と派遣労働者との間には、雇用関係があるが、派遣先事業主と派遣労働者との間には、雇用関係はなく、指揮命令関係がある。

22
□□□ 労働者派遣法上、派遣元事業主が派遣先に派遣労働者を派遣した場合、派遣元事業主は、派遣労働者に対し、年次有給休暇、賃金、割増賃金、産前産後休暇、災害補償等の労働法上の責任を負う。そして、派遣先事業主は、派遣労働者に対して、労働時間、休憩、休日、深夜業、危険有害業務の就業制限、育児時間等の労働法上の責任を負う。

第8章

ビジネスに関連する家族法

本章では、ビジネスにかかわりを持つ家族関係の法律（相続などの民法の家族法と呼ばれる分野）について学習します。試験対策としては、夫婦間の財産関係と相続からの出題が多いので、これらを重点的に学習する必要があります。

第1節 取引と家族関係

重要度 A

この節で学習すること

1 婚姻・離婚

普通は結婚といいますが、法律用語では婚姻といいます。

夫婦といえども別個独立の人間ですが、通常の他人同士とは違って、夫婦ならではの例外があります。

2 夫婦間の財産関係

1 婚姻・離婚

❶ 婚姻成立の要件

婚姻は、婚姻届の提出・受理によって成立します。㊹

❷ 婚姻の効果

婚姻の効果をまとめると、次のとおりです。

① 夫婦は婚姻の際に定めた夫または妻の氏を称する。

② 夫婦は同居し、互いに協力し、扶助し合わなければならない。

③ 夫婦は互いに貞操義務を負い、配偶者の不貞行為は離婚原因となる。

ココが出る！

④ **夫婦間の契約は、婚姻中はいつでも取り消すことができる。**㊸㊺㊽

⑤ 未成年者が婚姻すると、民法上は成年とみなされる（成年擬制）。

コーヒーブレイク

労働者災害補償保険法などの各種社会立法にも、内縁を準婚として扱うものがあります。

❸ 内縁関係

現在の裁判所の考え方は、内縁を婚姻に準じた関係（準婚）であるとして、届出と不可分のもの以外は、婚姻に近い法的効果を与える傾向にあります。

❹ 離　婚

婚姻は、夫婦の一方の死亡または離婚によって将来に向かって解消されます。

① 離婚の種類

イ　協議離婚

夫婦の合意により離婚届を夫婦の住所地や本籍地の市区町村役場へ提出し、受理されることにより成立します。

ロ　調停離婚

家庭裁判所での調停により成立します。

ハ　審判離婚

調停不成立の場合に家庭裁判所が調停に代わる審判をして成立します。

ニ　裁判離婚

家庭裁判所における離婚請求訴訟での裁判により成立します。

② 離婚の効果

離婚の効果をまとめると、次のとおりです。

イ　夫婦間の法律関係が将来に向かって解消される。すなわち、夫婦が離婚した場合、夫婦の同居、協力および扶助の義務は、**将来に向かって消滅**する。[45][46]

ロ　女性は、原則として、前婚の解消または取消しの日から起算して100日（**再婚禁止期間**）を経過した後でなければ、再婚をすることができない。

ただし、女性が前婚の解消もしくは取消しの時に懐胎していなかった場合、または女性が前婚の解消もしくは取消しの後に出産した場合には、再婚は制限されない。

ハ　配偶者の血族との姻族関係は消滅する。

ニ　婚姻に際して改氏した配偶者は、婚姻前の氏に復する（復氏）。ただし、**離婚のときから３ヶ月以内に本籍地または住所地の市区町村役場に届け出ることによって、婚姻中に称していた氏を称することができる**。[45][48]

ココが出る!

ココが出る！

夫婦間の財産関係からは毎回出題されていますので、しっかりと各項目を押さえてください。

用　語

「特有財産」とは、夫婦の一方が単独で有する財産をいいます。例えば、婚姻前から有していた自己の預金で購入した財産や、相続によって取得した財産などがこれに該当します。

❷ 夫婦間の財産関係

夫婦の婚姻中の財産関係については、夫婦財産契約が締結されていれば、それに従います。夫婦財産契約が締結されていない場合は、以下の❶～❹によります。

❶ 夫婦別産制

① 婚姻前から夫婦の一方が所有する財産や婚姻中に自己の名で取得した財産は、その者の**特有財産**となります。㊹㊺㊽

② 夫婦いずれの所有に属するかが不明な財産は、夫婦の共有財産と推定されます。㊸㊻

❷ 婚姻費用の分担

生計費・医療費・出産費・子の養育費等は、配偶者間で分担します。

❸ 日常家事債務（日常必要な家事について生じた債務）の連帯責任

夫婦の一方が日常家事債務を負った場合には、夫婦の他方も連帯して責任を負います。㊸㊺㊽

夫婦の一方が第三者との間でした行為が実際には日常家事に含まれない場合でも、その取引の相手方である第三者において、その行為が当該夫婦の日常家事の範囲に属すると信じるについて正当な理由があるときは、その第三者は保護され、夫婦の他の一方は、日常家事債務の連帯責任を免れることができません（判例）。

❹ 財産分与

財産分与とは、夫婦が婚姻中に協力して取得した財産を、離婚する際または離婚後に分けることをいいます。これは、夫婦別産を根底に、離婚により困窮に陥る配偶者の保護および夫婦の一方の名による蓄財に対する他方の貢献（寄与分）の評価を趣旨とするものです。

第2節 相 続

重要度 A

この節で学習すること

1 相続人
死んだ人の財産を血縁関係に基づいて受け継ぐ人のことを相続人といいます。

2 相続分
血縁関係に応じて、相続する割合が民法で定められています。

3 相続の承認・放棄
相続は良いことばかりではないので、承認するか、放棄するか、選べるようになっています。

4 遺産分割
相続人が複数いる場合には、協議などによって相続財産を分割することができます。

5 遺言
「いごん」と読みます。自分の死後に自分の財産を特定の人と割合で分配するための意思表示です。

6 遺留分
相続人には、相続財産を期待する利益があります。これをある程度（半分）まで保護する制度が、遺留分です。

7 寄与分
たとえば、親の面倒を最後までよく見てくれた次女には少し手厚く相続させたい、というための制度です。

8 特別寄与料
死んだ人の面倒をよく見てくれた相続人ではない親族に対して、金銭の請求権を与える制度です。

第8章 ビジネスに関連する家族法

第2節 相続 281

❶ 相続人（法定相続人）

人が死亡した場合、その人が有していた財産（現金・預貯金・不動産などの積極財産および借金などの消極財産）について相続が開始されますが、その場合に、まず、誰が相続人（法定相続人）となるのかという点について説明します。

① **被相続人の配偶者（夫または妻）は、常に相続人となります。**[44][46]

② **配偶者以外は、以下の順位で相続人となります。**[46]

イ　**第1順位**：被相続人の子（実子のほか養子も含まれる）
子が先に死亡していて孫がいる場合は、子に代わって孫が相続人となります（代襲相続）。

（注）養子は、養親の嫡出子たる身分を有します。

ロ　**第2順位**：被相続人の直系尊属（被相続人に子がいない場合）

（注）直系尊属とは、父母や祖父母をいいます。

ハ　**第3順位**：兄弟姉妹（被相続人に子も直系尊属もいない場合）
兄弟姉妹が先に死亡している場合は、その子（被相続人の甥、姪）が相続人となります（代襲相続）。

（注）**代襲相続**とは、被相続人の子または兄弟姉妹が、相続の開始以前に**死亡**、または相続の**欠格**（法律の規定により相続資格を有しないこと）もしくは**廃除**（被相続人の意思によって相続資格を剥奪すること）によって相続権を失った場合に、その者の子や孫が相続人となることをいいます。代襲者は、被代襲者の相続分と同じ相続分を受けます。なお、被相続人の子または兄弟姉妹が相続の放棄をした場合には、その者の子は、代襲相続はできません。[44][46]

注意
第2順位の者は、第1順位の者が相続人となるときは相続人となることができません。また、第3順位の者は、第1順位の者も第2順位の者も相続人とならなかったときに相続人となることができます。

注意
子を代襲相続する場合には、孫・ひ孫と二重に代襲相続が行われる（これを再代襲相続といいます）のに対して、兄弟姉妹の場合には、兄弟姉妹の子（甥・姪）までしか代襲相続は認められません。

[語呂合わせ] ▶代襲相続の原因

大衆は、肺 結核で死亡した。
代襲相続 廃除 欠格 死亡

2 相続分（法定相続分）

では、次に、各相続人には、どれだけの相続分（法定相続分）が認められるのでしょうか。この点については、次のようになります。

❶ 配偶者と子が相続人である場合[46]

ココが出る!

この場合は、配偶者の相続分が$\frac{1}{2}$で、子の相続分が$\frac{1}{2}$となります。[45]

（注１） 子が３人いる場合、子１人あたりの相続分は、$\frac{1}{2}\times\frac{1}{3}=\frac{1}{6}$となります。

（注２） ３人の子（Ａ・Ｂ・Ｃ）のうち、Ａが２人の子Ｄ・Ｅ（被相続人の孫）を残してすでに死亡している場合、生存するＢ・Ｃの相続分は、各$\frac{1}{6}(=\frac{1}{2}\times\frac{1}{3})$、Ａを代襲相続するＤ・Ｅの相続分は、各$\frac{1}{12}(=\frac{1}{2}\times\frac{1}{3}\times\frac{1}{2})$となります。

❷ 配偶者と直系尊属が相続人である場合

この場合は、配偶者の相続分が$\frac{2}{3}$で、直系尊属の相続分が$\frac{1}{3}$となります。[43][48]

❸ 配偶者と兄弟姉妹が相続人である場合[46]

この場合は、配偶者の相続分が$\frac{3}{4}$で、兄弟姉妹の相続分が$\frac{1}{4}$となります。

ここで、相続人と相続分についての例題をあげておきましょう。

[例題] Ｘは、その配偶者Ｙとの間に、子Ａ・Ｂがあり、Ａに

は子C・D、Bには子E（養子）があるが、Aはすでに死亡していた。その後、Xが7,200万円の遺産を残して死亡したが、Bは相続を放棄した。この場合において、Dの法定相続分として正しいものは、次の①～④のうちどれか。

① 900万円　② 1,200万円
③ 1,800万円　④ 2,100万円

[解答]

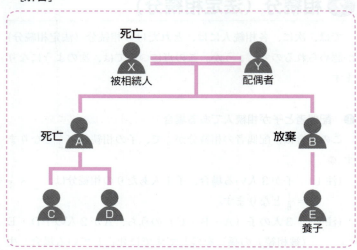

まず、誰がXの法定相続人となるかを確定します。Xの法定相続人となるのは、配偶者Y、死亡したAを代襲相続するAの子C・Dです。Bは相続の放棄をしていますので、相続人とはなりません。また、養子は養親の嫡出子たる身分を有しますが、養親たるBが相続を放棄していますので、養子EはBを代襲相続することはできません。

次に、各法定相続人の法定相続分を計算します。まず、配偶者Yの法定相続分は、遺産の$\frac{1}{2}$ですから、7,200万円$\times\frac{1}{2}$＝3,600万円となります。残りの$\frac{1}{2}$（3,600万円）を、死亡したAの子であるC・Dが1,800万円ずつ分けることになります。したがって、Dの法定相続分は1,800万円となり、③が正解となります。

注意
相続の放棄は、代襲相続の原因とはなりえないことに注意してください。

③ 相続の承認・放棄

相続は、被相続人の死亡によって開始されますが、相続人には、被相続人の財産（権利義務）を承継するか否かの選択の自由が与えられています。すなわち、相続人は、**自己のために相続の開始があったことを知った時から３ヶ月以内**に、相続について、単純承認、限定承認または相続の放棄をすることができます。**３ヶ月以内に限定承認または相続の放棄をしなかったときは、単純承認をしたものとみなされます。**㊺

この「自己のために相続の開始があったことを知った時から３ヶ月」を**熟慮期間**といいますが、この期間は、利害関係人または検察官の請求によって、家庭裁判所において伸長することができます。

相続人が複数ある場合、個々の相続人は、限定承認を除き、単独で単純承認または相続の放棄をすることができます。㊸

> **注意!**
> 熟慮期間である３ヶ月の起算点は、「相続の開始があった時」ではなく、「自己のために相続の開始があったことを知った時」であることに注意してください。

> ココが出る!

❶ 単純承認

単純承認とは、被相続人の権利義務を無限に承継する旨の意思表示をいいます。

ただし、単純承認をする旨の意思表示がなくても、次のいずれかの場合には、単純承認をしたものとみなされます（法定単純承認）。

① 相続人が相続財産の全部または一部を処分したとき。

② 相続人が熟慮期間内に限定承認または相続の放棄をしなかったとき。

③ 相続人が、限定承認または相続の放棄をした後であっても、相続財産の全部もしくは一部を隠匿し、私にこれを消費し、または悪意でこれを相続財産の目録中に記載しなかったとき。

❷ 限定承認

限定承認とは、相続によって承継した財産の限度で被相続人の債務および遺贈を弁済することを留保した上で権利義務を承継す

る旨の意思表示をいいます。

限定承認は、相続人が数人あるときは、**共同相続人の全員が共同してのみ**これをすることができます。したがって、共同相続人のうちに単純承認をした者がいる場合には、他の共同相続人のみで限定承認をすることはできません。この場合に債務の負担を免れたい共同相続人は、相続の放棄をする以外にありません。しかし、共同相続人のうちに相続の放棄をした者がいる場合には、他の共同相続人のみで限定承認をすることができます。なぜならば、相続の放棄をした者は、その相続に関しては、初めから相続人とならなかったものとみなされるからです。㊸

相続人は、限定承認をしようとするときは、熟慮期間内に、相続財産の目録を作成して**家庭裁判所に**提出し、限定承認をする旨を**申述**しなければなりません。この場合、共同相続人の一部の者について熟慮期間が満了した後でも、他の共同相続人についてはまだ熟慮期間内であるというときは、熟慮期間を経過した者も含めて、なお共同相続人全員で限定承認をすることができます。

ココが出る!
限定承認は、単純承認または相続の放棄と異なり、個々の相続人単独ではすることができないことに注意しましょう。

❸ 相続の放棄

相続の放棄とは、相続の開始によって一応生じた相続の効果が自己に帰属することを拒絶する旨の意思表示をいいます。

相続の放棄をしようとする者は、その旨を**家庭裁判所に申述**しなければなりません。相続の放棄をした者は、その相続に関しては、初めから相続人とならなかったものとみなされます。㊹

注意
家庭裁判所への申述が必要とされるのは、限定承認と相続の放棄の場合であり、単純承認の場合には不要です。

4 遺産分割

❶ 意　義

遺産分割とは、相続財産（遺産）を、各相続人の相続分に応じて具体的に分割することをいいます。

注意
遺産分割協議の成立には、共同相続人全員（相続放棄をした者を除く）の合意が必要であり、これに反する遺産分割協議は無効となります。㊽

❷ 種　類

遺産分割の種類には、次のものがあります。

① 指定分割…被相続人の遺言による指定によって行う分割

② 協議分割…相続人間の協議によって行う分割
相続人全員の合意があれば、必ずしも遺言による指定相続分や法定相続分に従う必要はありません。また、ある人の取得分をゼロとする分割協議も有効とされています。43

③ 調停分割…家庭裁判所の調停によって行う分割

④ 審判分割…家庭裁判所の審判によって行う分割

5 遺 言

遺言（いごん）とは、遺言者の最終の意思表示をいい、被相続人が、自分の死後に財産を相続させる者や相続させる財産の内容などについて生前に行う意思表示をいいます。遺言は、民法で定められた形式で作成する必要があり、これに違反する遺言は無効となります。44

❶ 未成年者

未成年者であっても、**満15歳に達した者**は、単独で遺言をすることができます。

❷ 成年被後見人

成年被後見人が遺言をするには、遺言をする時において事理を弁識する能力を回復していることが必要であり、かつ、**医師２人以上の立会い**が必要となります。

医師２人以上の立会いを必要とするのは、成年被後見人が遺言をする時において精神上の障害により事理を弁識する能力を欠く状態になかったことを証明させるためです。

❸ 被保佐人・被補助人

被保佐人・被補助人は、単独で遺言をすることができます。

❹ 遺言の方式

遺言の方式には、一般的に用いられる普通方式と、遭難等特別

コーヒーブレイク

従来、相続において配偶者は、遺産分割での相続分の関係から、住み慣れた住居を売却して住む家がなくなったり、住居を財産として受け取ることができても現金をほとんど手にすることができなかったりなどの問題を抱えていました。そこで、平成30年の民法改正により、被相続人の持ち家に住んでいる配偶者について、被相続人亡き後の居住を保護するため、「**配偶者短期居住権**」と「**配偶者居住権**」の２つの権利が創設されました。配偶者短期居住権とは、相続開始時に被相続人の持ち家に無償で住んでいた配偶者は、一定期間、その家を無償で使用することができるとする権利であり、配偶者居住権とは、相続開始時に被相続人の持ち家に住んでいた配偶者は、原則として、その終身の間、その家を無償で使用・収益できるとする権利です。

な場合に用いられる特別方式とがあり、普通方式は、さらに、①**自筆証書遺言**、②**公正証書遺言**、③**秘密証書遺言**の３種類に分けられます。

① 自筆証書遺言

　自筆証書遺言とは、**遺言者が遺言の全文、日付および氏名を自書して押印するもの**をいいます。自筆証書遺言は、証人の立会いが必要なく、遺言を作成したこと自体を秘密にしておくことができる反面、容易に作成できるため、偽造、変造や隠匿等の危険があります。

　遺言者本人が遺言をしていることを明確にするために「全文自書」が要件とされているため、**ビデオテープによる遺言、全文がワープロ書きである遺言**[注]、**点字で書かれた遺言などは無効**となります。

(注)　平成30年の民法改正により、「財産目録」の部分については自書することを要しないこととされ、ワープロでの作成が認められることとされました。ただし、財産目録の各頁に署名押印することが必要です。

② 公正証書遺言

　公正証書遺言とは、**遺言者が公証人および証人の面前で口授した内容を、公証人が所定の方式により作成する遺言**をいいます。公正証書遺言は、公証人が遺言の内容を整理して作成し、原本は公証役場に保管されます。

③ 秘密証書遺言

　秘密証書遺言とは、**遺言内容を記載した証書に遺言者が署名押印し、これを封筒に入れて封をした上で封印し、公証人と証人の面前に提出して自己の遺言書である旨等を申述し、その内容を記載した書面に公証人が遺言者および証人とともに署名押印する方式の遺言**をいいます。秘密証書遺言は、遺言内容を第三者に知られず、変造の危険も少ないというメリットがあります。

　なお、相続が開始した後に封印のある遺言書を発見した場合、その遺言書は、家庭裁判所において相続人またはその代理人の立会いのもとでなければ、開封してはならないものとされ

ています。また、**自筆証書遺言と秘密証書遺言については、遺言の偽造や変造を防止するため、遅滞なく家庭裁判所に提出して、遺言の検認を受けなければなりません**（法務局に保管された自筆証書遺言については検認は不要）。家庭裁判所外で開封したり、遺言の検認の手続を怠ったりした場合には、遺言は当然には無効とはなりませんが、これらの行為を行った者は、過料に処せられることがあります。

❺ 遺言の撤回

遺言者は、いつでも、遺言の方式に従って、その遺言の全部または一部を撤回することができます。そして、**前の遺言が後の遺言と抵触するときは、その抵触する部分については、後の遺言で前の遺言を撤回したものとみなされます**。㊸

> **注意**
> 前の公正証書遺言を後の自筆証書遺言で撤回することもできます。

6 遺留分

❶ 意 義

遺留分とは、近親者の相続期待利益を保護し、被相続人死亡後の遺族の生活を保障するため、一定の相続人のために法律上留保が認められた遺産の割合をいいます。㊹

❷ 遺留分権利者

遺留分の保障を受けることができる者（遺留分権利者）は、被相続人の配偶者、直系卑属（子・孫など）、直系尊属（父母・祖父母など）に限られ、**兄弟姉妹は遺留分を有しません**。㊺

❸ 遺留分の割合

遺留分（総体的遺留分）の割合は、次のとおりです。
① 直系尊属だけが相続人である場合→相続財産の $\frac{1}{3}$
② それ以外の場合　　　　　　　　→相続財産の $\frac{1}{2}$

なお、遺言などにより遺留分を侵害された者は、**遺留分侵害額請求権**を行使して、金銭的賠償を得ることができるだけで、その遺言は無効ではないことに注意してください。

第2節　相続　289

たとえば、遺産額1,000万円、妻、子供2人、被相続人の兄弟姉妹2人の場合の各人の遺留分（個別的遺留分）は、次のようになります。

- 妻……1,000万円 × $\frac{1}{2}$（総体的遺留分の割合）× $\frac{1}{2}$（相続分の割合）= 250万円

- 子（1人分）……1,000万円 × $\frac{1}{2}$（総体的遺留分の割合）× $\frac{1}{2}$（相続分の割合）× $\frac{1}{2}$（2人の子で平等に分ける）= 125万円

- 兄弟姉妹……遺留分なし

〈相続についてのまとめ〉

	内　容	注意点
相続人の順位	配偶者（夫・妻）	配偶者は常に相続人となる。 内縁の夫・妻は相続人となれない。
	(1)　子（子がいないときは、孫、ひ孫と続く→代襲相続）	非嫡出子・養子・胎児も相続人となれる。
	(2)　直系尊属（被相続人の父母、祖父母など）	父母がいなくても、祖父母がいるときは、祖父母が相続人となる。養親も相続人となれる。
	(3)　兄弟姉妹（兄弟姉妹がいないときは、甥・姪が代襲相続する）	代襲相続は、甥・姪の代まで。
相続分	(1)　配偶者と子が相続人の場合 　　配偶者：$\frac{1}{2}$ 　　子：$\frac{1}{2}$	養子の相続分は実子と同じ。 子が数人いるときは、$\frac{1}{2}$を頭数で分ける。
	(2)　配偶者と直系尊属が相続人の場合 　　配偶者：$\frac{2}{3}$ 　　直系尊属：$\frac{1}{3}$	養親の相続分は実親と同じ。 直系尊属が数人いるときは、$\frac{1}{3}$を頭数で分ける。

相続分	(3) 配偶者と兄弟姉妹が相続人の場合 配偶者：$\frac{3}{4}$ 兄弟姉妹：$\frac{1}{4}$	兄弟姉妹が数人いるときは、$\frac{1}{4}$を頭数で分ける。 両親の一方が違う兄弟姉妹の相続分は、両親が同じ兄弟姉妹の相続分の$\frac{1}{2}$。
遺留分	兄弟姉妹以外の相続人に遺留分が認められる。遺留分の割合は、直系尊属のみが相続人である場合は相続財産の$\frac{1}{3}$、その他の場合は$\frac{1}{2}$である。	
	遺言などにより遺留分を侵害された者は、遺留分侵害額請求権を行使できる。	

(注) 遺留分を侵害する遺言も、無効ではないことに注意。

❼ 寄与分

　被相続人の財産を形成し、または維持するうえで特別な貢献をしてきたような者が相続人の中にいる場合、その者は、相続財産の配分にあたって寄与分として別枠で相続できます。この場合、寄与分を除いた相続財産を各相続人間で配分することになります。

❽ 特別寄与料

　平成30年の民法改正により、**特別寄与料**の制度が創設されました。この制度は、被相続人の相続人でない親族（特別寄与者）が、無償で療養看護などの労務提供をして被相続人の財産の維持増加に特別の寄与をした場合に、相続の開始後、相続人に対して金銭（特別寄与料）を請求できるとするものです。

　ここで、親族とは、6 親等内の血族、配偶者、3 親等内の姻族をいいます。したがって、子の配偶者（1 親等の姻族）、先順位の相続人がいる場合の兄弟姉妹（2 親等の血族）、被相続人の配偶者の連れ子（1 親等の姻族）などは、この制度の対象となります。他方、この制度はあくまでも法律婚を前提としていることから、被相続人の内縁の配偶者やその連れ子は対象とはなりません。

コーヒーブレイク

寄与分が認められた事例としては、たとえば、重い認知症の被相続人を10年間にわたり介護してきた相続人や被相続人とともに約7年間農業に専従してきた相続人の例があります。

第8章 ビジネスに関連する家族法

第2節の「相続の承認・放棄」からは空欄補充問題がよく出題されています。各法律用語の意味を押さえましょう。

超重要事項チェックリスト

1 ☐☐☐ 婚姻は、婚姻届の提出・受理によって成立する。

2 ☐☐☐ 夫婦間の契約は、婚姻中はいつでも取り消すことができる。

3 ☐☐☐ 婚姻に際して改氏した者は、婚姻前の氏に復する（復氏）。ただし、離婚のときから3ヶ月以内に本籍地または住所地の市区町村役場に届け出ることによって、婚姻中に称していた氏を称することができる。

4 ☐☐☐ 夫婦間において夫婦財産契約が締結されていない場合、夫婦の一方が婚姻前から有する財産は、その者の特有財産となる。

5 ☐☐☐ 夫婦間において夫婦財産契約が締結されていない場合、夫婦のいずれに属するか明らかでない財産は、その共有に属するものと推定される。

6 ☐☐☐ 夫婦の一方が日常の家事に関して第三者と法律行為をしたことによって生じた債務（日常家事債務）については、当該法律行為を行った者だけでなく、他の一方も連帯して責任を負う。

7 ☐☐☐ 配偶者と子が相続人である場合、配偶者の法定相続分は2分の1であり、子の法定相続分も2分の1である。そして、子が数人いる場合は、子の法定相続分である2分の1を頭割りしたものが各人の法定相続分となる。

8 ☐☐☐ 被相続人の子が、相続の開始以前に死亡したとき、または相続の欠格もしくは廃除によって、その相続権を失ったときは、その者の子がこれを代襲して相続人となる。

9
□□□ 　相続人は、自己のために相続の開始があったことを知った時から3ヶ月以内に、相続について、単純承認、限定承認または相続の放棄をすることができる。3ヶ月以内に限定承認または相続の放棄をしなかったときは、単純承認をしたものとみなされる。

10
□□□ 　限定承認は、相続人が数人あるときは、共同相続人の全員が共同してのみこれをすることができる。

11
□□□ 　共同相続人の1人が単純承認をしても、他の相続人は、相続の放棄をすることができる。

12
□□□ 　遺産分割協議の成立には、共同相続人全員（相続放棄をした者を除く）の合意が必要である。

13
□□□ 　遺言者が、遺言の内容の全部をパソコンのワープロソフトで作成し、出力した文書に、遺言者自身がその氏名を自署し実印を押捺した書面は、有効な自筆証書遺言とは認められない。

14
□□□ 　遺言者は、いつでも、遺言の方式に従って、その遺言の全部または一部を撤回することができる。

15
□□□ 　被相続人の兄弟姉妹は、遺留分を有しない。

2020年度
第48回ビジネス実務法務検定試験®

3 級

問 題

第1問　（10点）
　次の事項のうち、その内容が正しいものには①を、誤っているものには②を、解答用紙の所定欄にその番号をマークしなさい。

ア．消費者Ｘは、Ｙ社との間で商品の売買契約を締結したが、特定商取引法に基づき、クーリング・オフを行使してＹ社との間の売買契約を解除しようとしている。この場合、Ｘは、Ｙ社の営業所に赴いて、口頭でＹ社との間の売買契約についてクーリング・オフを行使する旨の意思表示をしなければならない。

イ．Ｘ社は、Ｙ社に対し貸金債権を有しているが、弁済期日が到来しても、Ｙ社から弁済を受けていない。債権者がいわゆる自力救済によって自らの債権を回収することは禁止されているため、Ｘ社は、法律で定められた強制執行手続により、国家機関の力で債権の満足を得るのが原則である。

ウ．著作権法上、著作者の有する著作者人格権には、公表権、氏名表示権および同一性保持権の３つがあるとされる。

エ．民法上の不法行為が成立するためには、損害が発生していなければならない。この損害には、例えば休業損害のように収入として見込まれたものが得られなかった場合の逸失利益は含まれない。

オ．株主が、その所有する株式の内容および数に応じて、会社から他の株主と平等に扱われることを株主平等の原則という。

カ．Ａ社は、Ｂ社に対して有する債権を担保するため、Ｂ社から、Ｂ社がＣ社に対して有する債権に質権の設定を受けた。この場合であっても、Ａ社は、Ｂ社がＣ社に対して有する債権を直接取り立てることはできない。

キ．男女雇用機会均等法上、事業主は、職場においていわゆるセクシュアル・ハラスメントが生じることのないよう、雇用管理上必要な措置を講じなければならない。

ク．相続人が配偶者および直系尊属である場合、直系尊属の法定相続分は3分の2である。

ケ．会社の秘密文書の管理権限を有しない従業員が、その秘密文書を会社に無断で社外に持ち出した。この場合、当該従業員には、窃盗罪が成立し得る。

コ．X社は、Y社との間で、Y社所有の中古車を購入する旨の売買契約を締結したが、当該売買契約では当該中古車の引渡場所が定められていなかった。この場合、民法上、Y社は、当該売買契約の締結時に当該中古車が存在した場所ではなく、X社が指定する場所で当該中古車の引渡しをしなければならない。

第2問　2-1　（5点）
　次の文中の　[　]　の部分に、後記の語群から最も適切な語句を選び、解答用紙の所
定欄にその番号をマークしなさい。

　X社は、家電製品を中心に通信販売事業を行っており、顧客の氏名、住所、電話番
号等の情報を体系的に構成し、特定の部署に集約して一元的に管理をしている。この
場合の顧客情報は、様々な法令に基づき保護されている。
　まず、顧客情報は、個人情報保護法上の個人情報として保護される。個人情報とは、
[ア] に関する情報であって、当該情報に含まれる氏名、生年月日その他の記述等に
より特定の個人を識別することができるものまたは個人識別符号が含まれるものをい
う。X社の顧客情報は、氏名や住所等によって顧客を識別できるものと考えられるた
め、個人情報に該当する。したがって、X社が個人情報取扱事業者である場合、X社
は、個人情報を取り扱うにあたっては [イ] をできる限り特定し、また、個人情報の
取得時には、一定の場合、本人に [イ] を通知しなければならない。
　次に、顧客情報は、[ウ] 上の営業秘密としても保護され得る。[ウ] は、企業の保
有する情報のうち、[エ]、[オ]、非公知性の3つの要件を充たしたものを営業秘密と
して保護し、その不正取得等を処罰することとしている。これらの要件のうち、X社
の顧客情報が [エ] を備えているとされるためには、X社が文書管理規程を作成して
情報の保管方法を定めたり、取扱者を限定したりして、情報の漏えいを防止する措置
を講じている必要がある。また、X社の顧客が通信販売を利用して家電製品等を購入
している顧客層であり、その顧客情報はX社の事業に活用することができる情報であ
ることから、[オ] の要件も充足する。X社の顧客情報が、[エ]、[オ]、非公知性の
要件をすべて充たす場合には、営業秘密に該当し、[ウ] による法的保護を受けるこ
とができる。

[語群]
①　独占禁止法	②　収集方法	③　生存する個人
④　公益性	⑤　破棄方法	⑥　不正競争防止法
⑦　有用性	⑧　非公開性	⑨　隣接性
⑩　新規性	⑪　利用目的	⑫　死者を含むすべての個人
⑬　消費者契約法	⑭　秘密管理性	⑮　個人および法人

第2問　2−2　（5点）
　次の文中の［　］の部分に、後記の語群から最も適切な語句を選び、解答用紙の所定欄にその番号をマークしなさい。

　契約は、相対立する2以上の［ア］の合致、すなわち、一定の法律効果を生じさせようとする意思を外部に対して表示する行為が合致することにより成立する法律行為である。一般的な契約成立の流れとしては、まず一方の当事者から契約の内容を示してその締結を申入れる［ア］、すなわち、申込みの［ア］がなされ、他方の当事者がこの申込みを承諾する旨の［ア］を行い、これらが合致することにより契約が成立する。

　当事者間に契約が成立すると、原則として、当事者の一方が正当な理由なく契約内容を変更したり、契約を［イ］することはできない。

　しかし、例えば、売買契約において、売主が目的物の引渡債務を履行しない場合や、目的物の滅失によりその引渡債務の全部の履行が不能となった場合には、原則として、買主には契約を［イ］する権利が認められる。このように契約または法律の規定により当事者の一方が契約を［イ］する権利を有するときは、その［イ］は、相手方に対する［ア］によってする。

　契約には、様々な種類がある。例えば、売買契約や請負契約のように、その契約から当事者双方がそれぞれ他の当事者に対し対価的関係にある債務を負担する契約を［ウ］という。売買契約では、契約を締結するに際し、当事者の双方が、相手方に対し、契約を［イ］する権利を留保する趣旨で買主が売主に金銭等を交付することがある。このような趣旨で交付される金銭等を［エ］という。例えば、買主が売主に［エ］を交付した場合、民法上、買主は、売主が契約の［オ］するまでは、［エ］を放棄することによって売買契約を［イ］することができる。

［語群］
　　①　片務契約　　　　②　不法行為　　　　③　履行に着手
　　④　無償契約　　　　⑤　双務契約　　　　⑥　権利能力
　　⑦　意思表示　　　　⑧　履行　　　　　　⑨　違約金
　　⑩　期限が到来　　　⑪　手付　　　　　　⑫　援用
　　⑬　売買代金　　　　⑭　履行を拒絶　　　⑮　解除

第3問　（10点）

次のア～オの設問に答えなさい。

ア．独占禁止法に関する次の①～④の記述のうち、その内容が最も適切なものを1つ
だけ選び、解答用紙の所定欄にその番号をマークしなさい。

①　独占禁止法上、事業者は、商業、工業、金融業その他の営利事業を行う者をいい、
営利を目的としない公益法人や公共団体は事業者に該当しない。

②　不当な取引制限に当たる行為は、公正取引委員会による課徴金納付命令の対象と
はならないが、排除措置命令の対象とはなる。

③　事業者が、他の事業者との間で、製品の出荷量を制限する協定を締結し、その協
定に基づいて、制限された量の製品のみを出荷する行為は、不当な取引制限に該当
しない。

④　事業者が、市場シェアを拡大するため、正当な理由がないのに、製造原価を大幅
に下回る価格で自社製品の販売を継続した結果、競合他社の販売活動が困難となっ
た。この場合、当該事業者の行為は、公正な競争を阻害するおそれがあるときは、
不当廉売として不公正な取引方法に当たる。

イ．債務不履行に関する次のa〜dの記述のうち、その内容が適切なものを○、適切で
　ないものを×としたときの組み合わせを①〜④の中から1つだけ選び、解答用紙の
　所定欄にその番号をマークしなさい。

a．一般に、債務者が債務を履行できるのに、履行期限までに債務を履行しないこと
　を履行遅滞という。

b．一般に、契約を締結した時点では履行が可能だった債務が、履行ができなくなっ
　たことを履行不能という。

c．一般に、債務は履行されたが、目的物に不具合があるなどの不完全な履行で、債
　務の本旨に従った履行といえない場合を不完全履行という。

d．債務不履行による損害賠償の対象となる損害は、債務不履行により通常生ずべき
　損害であり、特別の事情によって生じた損害については、当事者がその特別の事情
　を予見すべきであったとしても、損害賠償の対象とはならない。

①　a −○　　　b −○　　　c −○　　　d −○
②　a −○　　　b −○　　　c −○　　　d −×
③　a −×　　　b −○　　　c −×　　　d −○
④　a −×　　　b −×　　　c −×　　　d −○

ウ．Ａ株式会社は、会社法上の公開会社であるが、監査等委員会設置会社ではなく、かつ、指名委員会等設置会社でもない。Ａ社の機関に関する次のａ～ｄの記述のうち、会社法の規定に照らし、その内容が適切なものの組み合わせを①～④の中から１つだけ選び、解答用紙の所定欄にその番号をマークしなさい。

ａ．Ａ社の取締役Ｂが自己のためにＡ社の事業の部類に属する取引をしようとするときは、Ｂは、Ａ社の取締役会において、当該取引につき重要な事実を開示し、その承認を受けることを要する。

ｂ．代表取締役は、対外的に会社を代表する機関であるから、Ａ社において選定することができる代表取締役は１名のみである。

ｃ．会社法の規定に基づき、Ａ社の株主Ｃが、Ａ社に対し、Ａ社の取締役Ｄの責任を追及する訴えの提起を請求したにもかかわらず、所定の期間内にＡ社が訴えを提起しなかった場合、Ｃは、Ａ社に対するＤの責任を追及する訴え（株主代表訴訟）を提起することができる。

ｄ．Ａ社の監査役Ｅは、Ａ社の取締役等の機関の職務執行やＡ社の計算書類を監査する権限を有するが、Ａ社の取締役等に対して事業の報告を求める権限は有しない。

①　ａｃ　　②　ａｄ　　③　ｂｃ　　④　ｂｄ

エ．Ａ社は、Ｂに金銭を貸し付けるにあたり、Ｂが所有する建物に抵当権の設定を受けることを検討している。この場合に関する次の①～④の記述のうち、その内容が最も適切なものを１つだけ選び、解答用紙の所定欄にその番号をマークしなさい。

① 抵当権設定契約の効力が発生するのは、Ａ社とＢが抵当権設定契約を締結した時ではなく、抵当権の設定登記がなされた時である。

② Ａ社が本件建物に抵当権の設定を受けた場合、その抵当権の被担保債権は、民法上、Ａ社がＢに貸し付けた金銭の元本の請求権のみであり、利息の請求権を抵当権で担保することはできない。

③ Ａ社が本件建物に抵当権の設定を受け、その旨の登記を経た後、本件建物は火災で焼失した。Ｂが本件建物に火災保険を付していた場合、Ａ社は、Ｂの火災保険金請求権をその払渡しの前に自ら差し押さえて、物上代位権を行使し、Ｂが受け取るべき火災保険金から自己の債権を回収することができる。

④ ＢがすでにＣ社のために本件建物に抵当権を設定している場合、Ａ社は、本件建物に抵当権の設定を受けることはできない。

オ．行為能力に関する次の①〜④の記述のうち、その内容が最も適切でないものを1つだけ選び、解答用紙の所定欄にその番号をマークしなさい。

① 成年後見人Aは、成年被後見人Bを代理して、Bが第三者Cから金銭を借り入れる旨の金銭消費貸借契約を締結した。この場合、Bは、当該金銭消費貸借契約を取り消すことができる。

② 被保佐人Aは、保佐人Bの同意を得ずに自らが所有する土地を第三者Cに売却する旨の売買契約を締結した。この場合、Bは、当該売買契約を取り消すことができる。

③ 未成年者Aは、法定代理人Bの同意を得て、第三者Cからパソコンを買い受ける旨の売買契約を締結した。この場合、Aは、当該売買契約を取り消すことができない。

④ 未成年者Aは、自らを成年者であると信じさせるため、電器店の店主Bに詐術を用い、それを信じたBから大型液晶テレビを購入する旨の売買契約を締結した。この場合、Aの法定代理人Cは、当該売買契約を取り消すことができない。

第4問　（１０点）
　次の事項のうち、その内容が正しいものには①を、誤っているものには②を、解答用紙の所定欄にその番号をマークしなさい。

ア．製造物責任法に基づく損害賠償責任を負う「製造業者等」には、製造物の製造や加工を行った者のほか、製造物の流通に関与する流通業者や販売業者もすべて含まれる。

イ．商法上の商人Ｘは、商号Ａの登記をしようとしたが、商号Ａと同一の商号が、他の商人Ｙによって、甲地を営業所の所在場所として、すでにその登記がなされていた。この場合、Ｘは、その営業の内容がＹと異なるときに限り、甲地を営業所の所在場所として商号Ａの登記をすることができる。

ウ．商品の買主がその代金を支払うために売主に対し約束手形を振り出した場合において、その後、当該商品の売買契約が無効となったとしても、約束手形上の債権はその影響を受けず、無効とならない。

エ．Ａは、Ｂの詐欺によりＢに金銭を貸し付ける旨の意思表示をした。この場合、Ａは、その意思表示を取り消すことができる。

オ．廃棄物処理法上、事業者は、その事業活動に伴って生じた廃棄物を自らの責任において適正に処理しなければならない。

カ．Ｘ社は、自社の新製品の商品名につき商標登録を受けることを検討している。この場合、Ｘ社は、競合他社であるＹ社がすでに登録を受けている商標と同一の商標については、商標権の設定登録を受けることはできないが、Ｙ社がすでに登録を受けている商標と類似する商標については、自由に商標権の設定登録を受けることができる。

キ．売主は、買主に対する売買代金債権の消滅時効が完成する前に、買主の財産に対し仮差押えの申立てを行い、その手続が終了した。この場合、当該売買代金債権の消滅時効について、時効の完成猶予が認められる。

ク．労働契約法上、使用者による労働者の解雇は、客観的に合理的な理由があれば、
　社会通念上相当であると認められない場合であっても、有効である。

ケ．用益物権と担保物権は、いずれも所有権に一定の制限を加える物権である。

コ．相続人の協議による遺産の分割が成立するには、被相続人のすべての法定相続人
　の合意が必要であり、この法定相続人には、すでに相続の放棄をした者も含まれる。

第5問　5－1　（5点）

　次の文中の　[　]　の部分に、後記の語群から最も適切な語句を選び、解答用紙の所定欄にその番号をマークしなさい。

　民法上、物権が設定されたり、譲渡等により移転される場合、その効力は、原則として、当事者間の [ア] のみによって生じる。

　そして、物権が譲渡された場合に、法律上、その譲渡の効力を当事者以外の第三者に主張するために備えなければならない要件を [イ] という。[イ] は、民法上、譲渡の目的物が動産か不動産かによって異なる。すなわち、民法上、動産の譲渡の [イ] は引渡しであるのに対し、不動産の譲渡の [イ] は登記である。

　不動産の譲渡の [イ] である登記は、[ウ] という電磁データとして記録され、[ウ] を記録した磁気ディスクを登記簿という。

　不動産登記簿は、土地および建物のそれぞれについて別個に備えられる。不動産登記簿における [ウ] は、土地または建物を特定するための事項が記録される [エ] と、所有権または所有権以外の権利に関する事項が記録される [オ] に区分されており、[オ] はさらに甲区と乙区に区分されている。

[語群]

①	登記記録	②	取引台帳	③	対価の支払い
④	現在事項部	⑤	契約書の作成	⑥	表題部
⑦	取引部	⑧	対抗要件	⑨	全部事項部
⑩	効力要件	⑪	権利部	⑫	共通部
⑬	執行記録	⑭	成立要件	⑮	意思表示

第5問　5－2　（5点）

次の文中の［　　］の部分に、後記の語群から最も適切な語句を選び、解答用紙の所
定欄にその番号をマークしなさい。

契約等により有効に成立した債権は、様々な事由により消滅する。

まず、債権は、その給付内容が実現することによって消滅する。給付内容実現によ
る債権の消滅事由の1つとして［ア］が挙げられる。［ア］とは、債務者が債務の内
容である給付を実現する行為をいう。［ア］の提供は、契約の内容などに照らし、そ
の本旨に従って現実にしなければならない。債務者は、自己の債務について［ア］を
した場合、債権者に対し、［ア］と引換えに［イ］の交付を請求することができる。
［イ］は、一般に領収証とも呼ばれ、債権者が債務の［ア］を受けたことを記載した
文書である。

また、［ア］のほかに、給付内容実現による債権の消滅事由として［ウ］や［エ］
がある。このうち、［ウ］は、債権者と弁済者との契約により、本来の給付に代えて
他の給付をすることによって債権を消滅させることをいう。そして、債務者は、［ア］
の提供をした場合において債権者がその受領を拒んだとき、債権者が［ア］を受領す
ることができないとき、または、債務者が過失なくして債権者を確知することができ
ないときには、所定の手続により［ア］の目的物を寄託して債務を免れることができ
る。この制度を［エ］という。

次に、給付内容を実現する必要がなくなることによっても、債権は消滅する。例え
ば、債権者がその一方的意思表示により無償で債権を消滅させる［オ］や、相続など
により債権および債務が同一人に帰する混同などがこれに当たる。

［語群］

① 無効　　　　② 公正証書　　　③ 弁済

④ 危険負担　　⑤ 供託　　　　　⑥ 消滅時効

⑦ 受取証書　　⑧ 援用　　　　　⑨ 合意解除

⑩ 更改　　　　⑪ 免除　　　　　⑫ 執行証書

⑬ 債務引受　　⑭ 代物弁済　　　⑮ 債務不履行

第6問　（１０点）
次のア～オの設問に答えなさい。

ア．契約に関する次のａ～ｄの記述のうち、民法または商法の規定に照らし、その内容が適切なものの組み合わせを①～④の中から１つだけ選び、解答用紙の所定欄にその番号をマークしなさい。

ａ．Ａ社は、Ｂ社との間で、Ａ社を貸主、Ｂ社を借主とする金銭消費貸借契約を締結し、Ｂ社に貸付金を交付した。その後、Ｂ社は、不可抗力により、Ａ社に対して、約定の期日に返済をすることができなかった。この場合、Ｂ社は、Ａ社から履行遅滞を理由とする損害賠償の請求を受けたときは、不可抗力をもって抗弁とすることができない。

ｂ．Ａ社は、自社の営業所として使用する建物を建築するため、建設会社であるＢ社との間で請負契約を締結した。この場合、Ａ社およびＢ社は、ともにいつでも請負契約を解除することができる。

ｃ．倉庫業者であるＡ社は、Ｂ社との間で、Ｂ社の商品をＡ社の倉庫に保管する旨の寄託契約を締結しその商品の引渡しを受けた。この場合、Ａ社は、善良な管理者の注意をもってＢ社から預かった商品を保管する義務を負う。

ｄ．Ａは、Ｂ社との間で、Ａの指定する価格でＣから絵画甲を購入することをＢ社に依頼する旨の委任契約を締結した。この場合、Ｂ社は、Ａとの間に報酬の支払いを受ける旨の特約があるときは、Ｃから甲を購入するにあたり善良な管理者の注意義務を負うが、その旨の特約がないときは、Ｃから甲を購入するにあたり自己の財産に対するのと同一の注意義務を負う。

①　ａｃ　　②　ａｄ　　③　ｂｃ　　④　ｂｄ

イ．特許法に関する次の①〜④の記述のうち、その内容が最も<u>適切でない</u>ものを１つ
だけ選び、解答用紙の所定欄にその番号をマークしなさい。

① 同一の発明について異なる日に２以上の特許出願がなされた場合、最先の特許出
願人のみがその発明について特許を受けることができる。

② 特許法上、特許権は、その設定登録によりその効力を生じ、その存続期間は、原
則として特許出願の日から20年をもって終了する。

③ 特許権者は、自己の特許権が第三者に侵害された場合、当該第三者に対して、侵
害行為の差止請求、損害賠償請求、信用回復措置請求、不当利得返還請求をするこ
とができる。

④ 特許権者は、その有する特許権について第三者に専用実施権を設定し、その旨の
登録をしても、専用実施権を設定した特許発明を自ら自由に実施することができる。

ウ．消費者契約法に関する次の①～④の記述のうち、その内容が最も適切なものを1
　つだけ選び、解答用紙の所定欄にその番号をマークしなさい。

① 　消費者契約法は、事業者が消費者に商品を販売する契約のみに適用され、事業者
　が消費者に役務を提供する契約には適用されない。

② 　消費者契約法上の事業者には、法人その他の団体のほか、個人事業主のように、
　事業としてまたは事業のために契約の当事者となる個人も含まれる。

③ 　消費者が消費者契約法に基づき事業者との間の売買契約を取り消した場合、事業
　者は当該売買契約に基づきすでに消費者から受領していた売買代金を返還する必要
　はない。

④ 　消費者契約において、事業者の債務不履行により消費者に生じた損害を賠償する
　責任の全部を免除する条項が定められている場合、当該条項だけでなく、当該消費
　者契約全体が無効となる。

第48回問題

311

エ．代理に関する次の①～④の記述のうち、その内容が最も適切なものを１つだけ選び、解答用紙の所定欄にその番号をマークしなさい。

① Aは、B社から、B社とC社との間の売買契約締結に関する代理権を授与されたが、C社との売買契約締結に際して、B社のためにすることを示さずに意思表示を行った。この場合、当該売買契約の効果は、B社に帰属することはない。

② Aは、B社から与えられた代理権の範囲を越えて、C社との間で、B社の代理人として売買契約を締結した。この場合、C社が、当該売買契約の締結について、Aに代理権があると誤信し、かつそのように誤信することについて正当な理由があるときは、表見代理が成立する。

③ Aは、B社から代理権を与えられていないにもかかわらず、B社の代理人と称して、C社との間で売買契約を締結した。この場合、C社は、Aに代理権がないことを知っていたとしても、Aに対して当該売買契約の履行の請求または損害賠償の請求をすることができる。

④ Aは、B社から代理権を与えられていないにもかかわらず、B社の代理人と称して、C社との間で売買契約を締結した。この場合、C社は、Aに代理権がないことを知らなかったときに限り、B社に対して相当の期間を定めて当該売買契約を追認するかどうかを催告することができる。

312

オ．自動車修理業者であるＡ社は、運送会社であるＢ社から、Ｂ社が所有する甲トラックを修理する旨の依頼を受け、その修理を完了し、保管している。Ｂ社は、修理代金の支払期日を経過した後も、その支払いを遅滞している。この場合に関する次のａ〜ｄの記述のうち、その内容が適切なものの組み合わせを①〜④の中から１つだけ選び、解答用紙の所定欄にその番号をマークしなさい。なお、Ａ社とＢ社との間には留置権に関する特段の合意はないものとする。

ａ．Ａ社は、Ｂ社から修理代金の支払いを受ける前であっても、Ｂ社から甲トラックの返還請求を受けたときは、直ちに甲トラックをＢ社に返還しなければならない。

ｂ．Ａ社は、Ｂ社から修理代金が支払われる前に、任意に甲トラックをＢ社に引き渡した。この場合、甲トラックに成立していた留置権は、消滅する。

ｃ．Ｂ社が修理代金を支払わない場合、Ａ社は、裁判所の競売手続を経ずに留置権を実行して、甲トラックの所有権を取得することができる。

ｄ．Ｂ社は、Ａ社に修理代金を支払うことなく、第三者であるＣ社に甲トラックを譲渡した。この場合、Ａ社は、Ｃ社から甲トラックの引渡しを請求されても、修理代金の弁済を受けるまでは、留置権を行使して甲トラックの引渡しを拒むことができる。

①　ａｂ　　②　ａｃ　　③　ｂｄ　　④　ｃｄ

第7問　7－1　（5点）

次の文中の　[　]　の部分に、後記の語群から最も適切な語句を選び、解答用紙の所定欄にその番号をマークしなさい。

他人の行為によって損害を被った被害者が、加害者に対し不法行為に基づく損害賠償請求をするためには、民法上、加害者に [ア] があることが必要である。[ア] とは、加害行為による法律上の責任を弁識するに足りる能力のことである。[ア] を欠く者の行為には不法行為は成立しないが、被害者は、その者の親権者などの [イ] に対する損害賠償請求が認められる余地はある。

不法行為の被害者が、加害者から損害賠償を受けたことにより、かえって利益を得ることは好ましくない。そこで、加害者と被害者との間の損害賠償を公平に行うために、損害賠償の算定にあたっては、[ウ] や [エ] によって、損害賠償額の調整が行われることがある。

被害者が、加害者に対し不法行為に基づく損害賠償請求をするにあたり、被害者にも落ち度がありそれが損害発生の一因となった場合、損害の公平な分担の見地から、損害賠償の額から被害者の落ち度に応じた一定額が差し引かれることがある。これを [ウ] という。[ウ] をする前提として、被害者には [オ] が必要とされるが、[オ] は [ア] とは異なり、物事の善し悪しが判断できる程度の能力があれば足りるとされる。

また、例えば、被害者が不法行為によって損害を受ける一方で何らかの利益を受けた場合には、その利益の額を差し引いて損害賠償の額が決定されることがある。これを [エ] という。

[語群]

① 不当利得　　② 弁済能力　　③ 監督義務者

④ 過失相殺　　⑤ 情状酌量　　⑥ 受託者

⑦ 債務不履行　⑧ 損益相殺　　⑨ 財産管理人

⑩ 代理能力　　⑪ 責任能力　　⑫ 代理権

⑬ 事務管理　　⑭ 相殺契約　　⑮ 事理弁識能力

第7問　7－2　（5点）

次の文中の［　］の部分に、後記の語群から最も適切な語句を選び、解答用紙の所定欄にその番号をマークしなさい。

　商法上、商行為には、商人であるか否かにかかわらず、何人が行っても常に商行為となる［ア］と、営業として反復的に営むときには商行為となる営業的商行為がある。このほか、商人が営業のためにする補助的な行為も商行為とされ、これを［イ］という。

　商法は、商取引における集団性、反復性および定型性の観点や迅速な取引の要請から、民法の原則に様々な修正を加えている。

　まず、商人間においてその双方のために商行為となる行為によって生じた債権が弁済期にあるときは、債権者は、その債権の弁済を受けるまで、その債務者との間における商行為によって自己の占有に属した債務者の所有する物または有価証券を留置することができるとされており、これを商事留置権という。被担保債権が留置物について生じたこと、すなわち［ウ］が必要である民法上の留置権と異なり、商事留置権は、留置物が留置者の占有に属するに至った原因が被担保債権の発生とは異なる原因であってもよいという点に意義がある。

　また、一人の債権者に対して、複数の債権者が存在する場合、債務は、民法の原則では［エ］となるが、商法上は連帯債務となる。これは、商行為に基づく債権債務の実効性を強める趣旨である。

　さらに、例えば、代理行為に関して、民法の原則においては、代理人が本人のために行為することを相手方に示すこと、すなわち［オ］をせずにした行為は、原則として、当該代理人のためにしたものとみなされ、その行為の効力は本人に帰属しない。これに対し、商行為の代理人が［オ］をしないでその行為をした場合には、原則として、その行為は本人に対してその効力を生ずる。

［語群］
① 補充的商行為　　　② 顕名　　　　　　③ 継続的商行為
④ 絶対的商行為　　　⑤ 不可分債務　　　⑥ 委任
⑦ 附従性　　　　　　⑧ 分割債務　　　　⑨ 対価的商行為
⑩ 金銭債務　　　　　⑪ 客観的商行為　　⑫ 牽連性
⑬ 附属的商行為　　　⑭ 対価性　　　　　⑮ 授権

第8問　（10点）
次の事項のうち、その内容が正しいものには①を、誤っているものには②を、解答用紙の所定欄にその番号をマークしなさい。

ア．意匠法上の意匠は、物品の形状、模様もしくは色彩もしくはこれらの結合（形状等）、建築物の形状等または一定の画像であって、視覚を通じて美感を起こさせるものである。

イ．権利能力は、自然人に認められるだけでなく、自然人の団体や財産の集合にも認められる。

ウ．保証人が民法の規定に従い債権者に対し保証債務を履行したとしても、民法上、当該保証人には、主たる債務者に対する求償権は認められない。

エ．民法の規定に基づきいったん有効になされた遺言は、撤回することができない。

オ．他人に損害を与えたとしても、故意または過失がなければ損害賠償責任を負わないという原則は、過失責任主義と呼ばれる。

カ．労働者派遣法上、労働者派遣事業を行うことができる業務に制限はなく、派遣元事業主は、自己の雇用する労働者を派遣労働者としてあらゆる業務に派遣することができる。

キ．契約書のうち、印紙税法に基づき印紙を貼付する必要のあるものは、印紙を貼付しなければ、当該契約書で合意された契約自体が無効となる。

ク．Ｘ銀行の融資担当役員Ｙは、事実上破綻状態にある取引先Ｚに、十分な担保をとらずに融資をした結果、Ｘ銀行に損害が生じた。この場合、Ｙは、Ｘ銀行に対する損害賠償責任を負うだけでなく、特別背任罪に問われる可能性がある。

ケ．即決和解は、裁判所の関与を受けることなく、紛争当事者間における法的な紛争の解決に向けた合意を前提に和解を行う手続である。

コ．Xは、Yに強迫されて、自己の所有する自宅建物をYに売却し、所有権移転登記を経た。その後、Yは、この事情を知らず、かつ知らないことに過失のないZに当該建物を売却し、所有権移転登記を経た。この場合において、Xは、強迫による意思表示を理由にYとの間の売買契約を取り消したときは、Zに対して当該建物の所有権を主張することができる。

第9問　9-1　（5点）
　　次の文中の　[　]　の部分に、後記の語群から最も適切な語句を選び、解答用紙の所
　　定欄にその番号をマークしなさい。

　　法律は、様々な観点から分類することができる。

　　法律は、法による規律を受ける者が誰であるかによって、[ア] と公法とに分類さ
れる。民法や商法のように法による規律を受ける者が私人である法律は [ア] に分類
され、憲法のようにそれが国や地方公共団体である法律は公法に分類される。

　　また、法律をその適用対象という観点から分類すると、適用対象が限定されず一般
的な法律である一般法と、対象となる事柄や人または地域などが限定されている法律
である [イ] とに分類することができる。例えば、私人間の取引一般には民法が適用
されるが、その中でも特に企業などの商人間の取引には商法が適用される。この場合、
民法が一般法、商法が [イ] に該当する。

　　さらに、法律は、[ウ] と手続法とに分類することもできる。[ウ] とは権利義務な
ど法律関係の内容を定める法律であり、手続法とは [ウ] の内容を実現するための手
続を定める法律である。例えば、[ウ] である民法によれば、他人の過失によって損
害を受けた者は、加害者に対して損害賠償請求をすることができるとされているが、
被害者が民事訴訟を提起して加害者に損害賠償請求をするには、手続法である民事訴
訟法の定める手続に従う必要がある。

　　このほか、法律の規定は、契約当事者間でこれと異なる内容の定めができるか否か
という観点から、[エ] と [オ] とに分類することもできる。[エ] とは、契約当事者
が法律の規定と異なる内容の取決めをしてもその効力を生じず、当事者の意思にかか
わらずその適用が強制される法律の規定をいう。これに対し、[オ] とは、契約当事
者が法律の規定と異なる定めをするなど、当事者がそれに従う意思がないと認められ
るときは、その適用が強制されない法律の規定をいう。ある法律の規定が [エ] か
[オ] かの区別は実際には容易でないこともあるが、[エ] の中には [エ] である旨
が法律上明示されているものもある。

［語群］

① 行政法	② 任意法規	③ 判例法
④ 慣習法	⑤ 不文法	⑥ 強行法規
⑦ 取締規定	⑧ 私法	⑨ 契約法
⑩ 実体法	⑪ 成文法	⑫ 自然法
⑬ 努力規定	⑭ 社会法	⑮ 特別法

第9問　9－2　（5点）
　次の文中の　[　]　の部分に、後記の語群から最も適切な語句を選び、解答用紙の所定欄にその番号をマークしなさい。

　賃貸借契約においては、賃貸人は、賃借人に目的物を使用収益させる義務を負う。そのため、民法上、賃貸人は、賃借人が目的物を使用収益する上で支障がある場合には、目的物の修繕をする義務を負う。賃貸人が行うべき修繕を賃借人が代わりに行う場合のように、目的物の保存に通常必要な費用を[ア]といい、賃借人が[ア]を支出したときには、直ちに賃貸人に対してその支出した費用の全額の償還を請求することができる。また、賃借人が目的物に改良を加えるなど、目的物の価値を高める費用を支出した場合には、有益費として、賃貸人は、民法の規定に従い、賃貸借契約終了時に、賃借人が事実上支出した金額または目的物の価格の現存の増加額のいずれかを選択して、賃借人に償還しなければならない。

　賃借人は、賃借物を受け取った後にこれに生じた損傷がある場合において、賃貸借が終了したときは、通常の使用および収益によって生じた賃借物の損耗ならびに賃借物の経年変化を除き、その損傷を原状に復する義務を負う。この賃借人の義務を[イ]という。

　建物の賃貸借（借家）や建物所有を目的とする土地の賃貸借（借地）については、民法の規定のほか、賃借人の保護を目的として、民法の特別法である借地借家法の適用対象となる。

　例えば、民法上、不動産の賃借権の対抗要件は、当該賃借権の[ウ]であるが、賃貸人は、特約がない限り、賃借権の[ウ]に協力する義務を負わないことから、賃借人が賃借権の[ウ]をすることは現実的に困難である。

　そこで、借地借家法上、賃借人保護の観点から、借家権と借地権について、賃借権の[ウ]以外の方法で対抗要件を備えることが認められている。具体的には、借地借家法上、建物の賃貸借については建物の[エ]が借家権の対抗要件であり、借地については借地上の建物の[ウ]が借地権の対抗要件である。

　また、民法の原則では、賃貸借期間が満了すれば、両当事者が更新に合意しない限り賃貸借契約は終了するのに対し、借地借家法の適用を受ける賃貸借契約においては、原則として、賃貸人に[オ]があると認められる場合でなければ、賃貸人の側から契約の更新を拒絶できないとされている。

320

［語群］

① 固定費　　　② 登記　　　　　③ 市区町村役場への届出
④ 帰責事由　　⑤ 諾否通知義務　⑥ 必要費
⑦ 引渡し　　　⑧ 契約書の作成　⑨ 減価償却費
⑩ 仲介　　　　⑪ 原状回復義務　⑫ 目的物完成義務
⑬ 正当事由　　⑭ 免責事由　　　⑮ 供託

第10問　（１０点）
　次のア～オの設問に答えなさい。

ア．Ａ社における労働関係に関する次の①～④の記述のうち、その内容が最も適切な
　　ものを１つだけ選び、解答用紙の所定欄にその番号をマークしなさい。なお、Ａ社
　　には同社の労働者の過半数で組織するＢ労働組合が存在する。

①　Ａ社は、Ｂ労働組合から団体交渉の申入れがなされた場合、特段の理由がなくて
　　もこれを拒否することができる。

②　労働組合法上、Ｂ労働組合は、Ａ社から労働基準法所定の労働時間（法定労働時
　　間）を超えて労働者に労働させるよう指示を受けたときは、労働者に法定労働時間
　　を超えて労働させなければならない。

③　労働基準法上、Ａ社は、Ａ社の労働者の請求する時季に年次有給休暇を与えなけ
　　ればならないが、その請求された時季に有給休暇を与えることが事業の正常な運営
　　を妨げる場合においては、他の時季にこれを与えることができる。

④　Ａ社の労働者のうち、雇入れの日から５年を経過していない者には、労働基準法
　　は適用されない。

イ．期限、条件および期間に関する次のa～dの記述のうち、その内容が適切なものの組合せを①～④の中から1つだけ選び、解答用紙の所定欄にその番号をマークしなさい。

a．期限を定めることによって享受できる利益を期限の利益といい、民法上、期限の利益は、債務者ではなく債権者のために定めたものと推定される。

b．契約の効力の発生ないし履行を、「人の死亡」のように、発生することは確実であるが、いつ到来するかは確定していない事実にかからせる特約は、解除条件に該当する。

c．条件のうち、条件の成就により契約の効力を生じさせるものを停止条件という。例えば、一定期日までにA社が新技術の開発に成功することを条件に売買契約の効力が生じると定めた場合がこれに当たる。

d．「日、週、月または年」を基準として期間が定められた場合、民法の定める期間の計算方法によれば、原則として、初日は期間に算入されない。

① ａｂ ② ａｃ ③ ｂｄ ④ ｃｄ

ウ．ＸとＹが夫婦である場合に関する次の①〜④の記述のうち、民法の規定に照らし、その内容が最も適切なものを１つだけ選び、解答用紙の所定欄にその番号をマークしなさい。

① 婚姻後にＸが物を購入したことによって負った債務につき、Ｙが支払義務を負うことは一切ない。

② 婚姻後にＸとＹとの間で締結された契約は、婚姻中、いつでも、ＸとＹの一方から取り消すことができる。

③ 婚姻後にＸが相続により取得した財産は、ＸとＹの共有財産とされる。

④ ＸとＹが離婚した場合、婚姻に際して改氏したＹは、婚姻前の氏に復し、いかなる場合でも、離婚時に称していた氏をそのまま称することはできない。

エ．株式会社における会社法上の支配人に関する次のa～dの記述のうち、その内容
　が適切なものを〇、適切でないものを×としたときの組み合わせを①～④の中から
　１つだけ選び、解答用紙の所定欄にその番号をマークしなさい。

a．支配人の選任および解任は、株主総会で行わなければならない。

b．支配人は、会社の許可を受けなければ、他の会社の取締役、執行役または業務を
　執行する社員となることができない。

c．会社が支配人の代理権に一定の制限を加えた場合、会社はその制限を善意の第三
　者に対しても主張することができる。

d．会社が支配人を解任した後、解任の登記をする前に、その支配人であった者が、
　当該会社の支配人と称して善意の第三者との間で取引を行ったとしても、取引の効
　果が会社に帰属することはない。

①　a－〇　　b－〇　　c－×　　d－〇
②　a－〇　　b－×　　c－〇　　d－×
③　a－×　　b－〇　　c－×　　d－×
④　a－×　　b－×　　c－〇　　d－〇

第48回問題

オ. 民法上の相殺に関する次の①〜④の記述のうち、その内容が最も<u>適切でないもの</u>を1つだけ選び、解答用紙の所定欄にその番号をマークしなさい。なお、本問の各債権には相殺に関する特約は付されていないものとする。

① A社はB社に対して建物の引渡請求権を有し、B社はA社に対して2000万円の貸金債権を有している。両債権の履行期が到来している場合、A社は、両債権を相殺することができない。

② A社はB社に対して100万円の賃料債権を有し、B社はA社に対して120万円の貸金債権を有している。両債権の履行期が到来している場合、A社は、両債権を対当額で相殺することができる。

③ A社はB社に対して履行期の到来していない50万円の賃料債権を有し、B社はA社に対して履行期の到来した50万円の貸金債権を有している。この場合、A社は、両債権を相殺することができない。

④ A社はB社に対して履行期の到来した200万円の賃料債権を有し、B社はA社に対して履行期が到来していない200万円の貸金債権を有している。この場合、A社は、両債権を相殺することができない。

解 答

第1問		ア	②	イ	①	ウ	①	エ	②	オ	①
		カ	②	キ	①	ク	②	ケ	①	コ	②
第2問	2－1	ア	③	イ	⑪	ウ	⑥	エ	⑭	オ	⑦
	2－2	ア	⑦	イ	⑮	ウ	⑤	エ	⑪	オ	③
第3問		ア	④	イ	②	ウ	①	エ	③	オ	①
第4問		ア	②	イ	②	ウ	①	エ	①	オ	①
		カ	②	キ	①	ク	②	ケ	①	コ	②
第5問	5－1	ア	⑮	イ	⑧	ウ	①	エ	⑥	オ	⑪
	5－2	ア	③	イ	⑦	ウ	⑭	エ	⑤	オ	⑪
第6問		ア	①	イ	④	ウ	②	エ	②	オ	③
第7問	7－1	ア	⑪	イ	③	ウ	④	エ	⑧	オ	⑮
	7－2	ア	④	イ	⑬	ウ	⑫	エ	⑧	オ	②
第8問		ア	①	イ	①	ウ	②	エ	②	オ	①
		カ	②	キ	②	ク	①	ケ	②	コ	①
第9問	9－1	ア	⑧	イ	⑮	ウ	⑩	エ	⑥	オ	②
	9－2	ア	⑥	イ	⑪	ウ	②	エ	⑦	オ	⑬
第10問		ア	③	イ	④	ウ	②	エ	③	オ	④

第48回問題

索 引

あ

相手方選択の自由	71
あっせん	265
アポイントメントセールス	224
安全配慮義務	249

【い】

異議申立預託金	124
育児休業制度	262
意見陳述権	53
遺言	287
遺言の撤回	289
遺産分割	286
意思実現による契約の成立	73
意思能力	13
意匠	157
意匠権	157
一意匠一出願	158
1号不渡事由	124
一不動産一登記用紙主義	147
一覧後定期払	118
一覧払	118,120
一括下請負の禁止	99
逸失利益	103
一定期日払いの原則	255
一般社団法人及び一般財団法人に関する法律	18
一般線引小切手	115
一般定期借地権	94
一般的効力	21
一般の先取特権	189
一般法	6
一方的商行為	20
移転した権利が契約の内容に適合しない場合における売主の担保責任	87
委任	100
違法性阻却事由	103
違法配当罪	238
違約手付	78
依頼返却	124
遺留分	289,291
遺留分権利者	289
遺留分の割合	289
因果関係	103
印鑑証明書	130

【う】

請負	98
請負人の担保責任	99
請負人の担保責任の制限	99
得べかりし利益	103
裏書	121
裏書禁止文句	119
裏書の効力	122
裏書の連続	121
売主の担保責任の規定の準用	99
運行供用者	108
運行供用者責任	108

【え】

営業禁止義務	59
営業的商行為	20
営業秘密	164
営業秘密侵害罪	164
営利法人	18
役務商標	159
NPO法人	19
エム・オー・ユー	111

【お】

黄犬契約	265
横線小切手	115
乙区	147
オプトアウト	231
覚書	129

か

会計監査	51
会計監査人	53
会計監査人設置会社	54
会計参与	50
解雇	262
介護休業制度	262
解雇権濫用法理	262
会社・取締役間の訴訟提起権	52
会社更生	199
会社財産確保の基準	38
会社の従業員	58
会社の種類	33
会社の商号	22
解除	70
解除条件	79
買主の検査・通知義務	85
買主の損害賠償請求および解除権の行使	87
買主の代金減額請求権	86
買主の追完請求権	85
解約手付	78
価格協定	210
拡大損害	107
確定期限	79
確定日付ある証書	143
確定日払	118
貸金業法	91
過失	109
過失責任主義	4

328

過失相殺	83,104
課徴金納付命令	214
合筆	147
割賦販売	221
割賦販売業者	222
割賦販売法	221
家庭裁判所	8
株式	37
株式会社	35,36
株式会社の機関	41
株式譲渡自由の原則	37
株主	37
株主総会	42
株主代表訴訟	47
株主の権利の行使に関する利益供与の罪	239
株主の地位	37
株主平等の原則	37
仮差押え	178
仮執行宣言	126
仮処分	178
仮登記担保	195
仮登記担保権の実行	195
カルテル	210
為替手形	115
簡易裁判所	8
環境型	269
監査委員会	57
監査等委員会	55
監査等委員会設置会社	54
監査役	51
監査役会	53
監査役選任議案の同意権	53
監査役の権限・義務	51
慣習	6
慣習法	6
間接・有限責任	35
間接代理	23
間接取引	46
監督義務者	105
監督義務者の責任	105
監督是正権	39
関連意匠	158
関連意匠制度	158

【き】

機関	41
議決権	39
期限	79
期限の利益	79
期限の利益の喪失	79
危険負担	89
技術制限協定	210
偽装請負	271

偽造カード等及び盗難カード等を用いて行われる不正な機械式預貯金払戻し等からの預貯金者の保護等に関する法律	146
偽造有価証券行使罪	238
寄託	101
基本的商行為	20
ぎまん的顧客誘引	211
記名押印	130
キャッチセールス	224
休業手当	256
求償	185
共益権	38
協議分割	287
競業取引	44
競業避止義務	44,59
協議離婚	279
強行法規	6
強制執行認諾文言付き公正証書	200
強制執行の申立て	200
行政訴訟	7
強制貯金の禁止	251
競争会社に対する内部干渉	213
競争者に対する取引妨害	213
供託	173
共同の取引拒絶	211
共同不法行為責任	108
強迫	77
強迫による意思表示	73
業務監査	51
業務上横領罪	237,238
虚偽表示	75,77
極度額	194
寄与分	291
緊急避難	104
銀行取引停止処分	123
禁止権	160
金銭債務の特則	83
金銭賠償の原則	104
均等待遇	250

【く】

クーリング・オフ	224
組物の意匠	157
クレジットカード契約	102

【け】

軽過失	109
刑事訴訟	7
刑事法	6
競売における担保責任等	88
契約	70
契約自由の原則	4,71
契約書	129
契約内容に関する自由	71

契約の解除………………………………… 83,175	個人企業の商号…………………………… 22
契約の拘束力……………………………… 70	個人識別符号……………………………… 227
契約の種類………………………………… 71	個人情報…………………………………… 227
欠格………………………………………… 282	個人情報データベース等………………… 228
原因関係…………………………………… 116	個人情報取扱事業者……………………… 229
権限外の行為の表見代理………………… 27	個人情報取扱事業者の義務……………… 229
健康増進法………………………………… 234	個人情報の保護に関する法律…………… 226
現在事項証明書…………………………… 147	個人情報保護法…………………………… 226
検索の抗弁権……………………………… 182	個人データ………………………………… 229
原状回復義務……………………………… 95	個別信用購入あっせん…………………… 222
限定承認…………………………………… 285	個別的遺留分……………………………… 290
顕名………………………………………… 23	雇用関係…………………………………… 271
顕名がない場合の代理行為の効果…… 24	婚姻………………………………………… 278
権利………………………………………… 5	婚姻の効果………………………………… 278
権利移転的効力…………………………… 122	混同………………………………………… 175
権利移転の対抗要件に係る売主の義務……… 85	コンプライアンス………………………… 3
権利金……………………………………… 92	**さ**
権利質……………………………………… 191	
権利能力…………………………………… 13	サービスマーク…………………………… 159
権利能力なき社団………………………… 19	債権………………………………………… 5,80
権利能力平等の原則……………………… 4	再建型整理………………………………… 199
権利部……………………………………… 147	債権質……………………………………… 191
【こ】	債権者主義………………………………… 89
考案………………………………………… 156	債権者平等の原則………………………… 186
合意解除…………………………………… 70	債権と物との牽連性……………………… 188
合意更新…………………………………… 95	債権の担保………………………………… 180
行為能力…………………………………… 13	最高裁判所………………………………… 8
公益法人…………………………………… 18	催告………………………………………… 178
更改………………………………………… 175	催告権……………………………………… 25
公開会社…………………………………… 40	催告によらない解除……………………… 84
工業上利用性……………………………… 158	催告による解除…………………………… 83
甲区………………………………………… 147	催告の抗弁権……………………………… 182
合資会社…………………………………… 34,36	再婚禁止期間……………………………… 279
公示催告手続……………………………… 125	財産的損害………………………………… 103
後順位抵当権……………………………… 192	財産分与…………………………………… 280
更新料……………………………………… 93	財団法人…………………………………… 18
公信力……………………………………… 142	最低賃金法………………………………… 256
公正証書遺言……………………………… 288	裁判所……………………………………… 7
公正取引委員会…………………………… 213	裁判籍……………………………………… 111
控訴………………………………………… 7	再販売価格の拘束………………………… 212
拘束条件付取引…………………………… 212	裁判離婚…………………………………… 279
合同会社…………………………………… 35,36	最密接関係地法…………………………… 111
高等裁判所………………………………… 8	債務………………………………………… 80
公表権……………………………………… 163	債務者主義………………………………… 89
公法………………………………………… 6	債務の本旨………………………………… 82
公法人……………………………………… 18	債務の履行………………………………… 80
合名会社…………………………………… 33,36	債務不履行………………………………… 81
子会社調査権……………………………… 52	債務不履行の効果………………………… 82
小切手の必要的記載事項………………… 120	債務名義…………………………………… 197,200
国際裁判管轄……………………………… 110	裁量労働制………………………………… 259
国際取引…………………………………… 110	詐欺………………………………………… 77
個人………………………………………… 217	詐欺罪……………………………………… 238

先取特権	188	支払委託証券	115
詐欺による意思表示	73	支払地	118
先日付小切手	115	支払呈示期間	122
錯誤	76,77	支払督促	197
錯誤による意思表示	76	支払場所	119
指図禁止文句	119	支払約束証券	114
詐術	16	自筆証書遺言	288
三六協定	256	私法	6
差別対価	211	私法人	18
産業財産権	149	資本	38
産業上の利用可能性	149	資本充実・維持の原則	38
残余財産分配請求権	38	資本制度	38
【し】		事務管理	109
CSR	3	指名委員会	57
自益権	38	指名委員会等設置会社	41,55
資格授与的効力	123	氏名表示権	163
始期	79	社外監査役	51
敷金	92	借地契約の更新	95
時季変更権	262	借地権	91,93
指揮命令関係	271	借地借家法	91
事業	220,229	社団法人	18
事業者	209,217,220	借家契約の更新	95
事業者団体	209	借家権	92,93
事業者団体における差別取扱い等	211	重過失	109
事業に関するある種類または		終期	79
特定の事項の委任を受けた使用人	59	就業規則	251
事業用定期借地権	94	就業規則の効力	251
自己宛小切手	116	集合動産	195
時効	175	重要な財産の処分および譲受け	48
時効の援用	176	収賄罪	238
時効の完成猶予	177,178	熟慮期間	285
時効の更新	177,178	出願	151
自己契約	29	出所表示機能	160
自己の財産に対するのと同一の注意義務	101	受働債権	174
持参債務	80	取得時効	176
使者	23	受領権者	145
質権	190	準拠法	111
実印	130	準婚	278
失火についての責任	108	準則主義	17
執行役	56	商業登記	21
実施許諾契約	155	商業登記の効力	21
実体法	6	商業登記簿	21
実用新案権	156	消極的公示力	21
実労働時間	257	消極的損害	103
指定分割	286	使用継続による更新	95
私的自治の原則	4	条件	79
私的実行	195	条件関係	103
私的独占	209	商号	22
自働債権	174	商行為	19
自動車損害賠償保障法	108	商号自由の原則	22
支配人	58	商号単一の原則	22
支配人その他の重要な使用人の選任・解任	48	上告	7

331

使用借権	91
使用者責任	105
商事留置権	188
少数株主権	39
上訴	7
使用貸借による権利	89
譲渡担保	194
譲渡担保権の実行	195
譲渡担保の目的物	194
商人	19
承認	179
商人間の金銭消費貸借	90
商人間の売買の特則	85
消費寄託契約	101
消費者	217
消費者契約	217
消費者契約法	216
消費貸借	90
商標	159
商標権	159
商標権の侵害とその救済	161
商品商標	159
消滅時効	175,176
証約手付	78
剰余金配当請求権	38
職業安定法	266
食品衛生法	234
職務著作	163
職務発明	150
職務発明における相当の利益	151
除権決定	124
書証	126
所定労働時間	257
署名	130
書面でする消費貸借	72
所有権移転等の対抗要件	140
所有権絶対の原則	4
所有権留保	195
所有権留保の実行	196
所有と経営の一致	33,34
所有と経営の分離	35,37
白地手形	120
白地手形の不当補充	120
自力救済	7,70
事理弁識能力	14,104
新規性	149,150,158
審級制度	7
親権者	14,16,17
申述	286
人的会社	33
人的抗弁の切断	122
人的担保	180

審判分割	287
審判離婚	279
進歩性	149,150
信用購入あっせん	221
心裡留保	75,77
【す】	
随伴性	182,186
【せ】	
請求事項証明書	147
請求による更新	95
制限行為能力者	13
制限物権	5
清算型整理	199
清算義務	195
生産制限協定	210
製造業者等	108
製造物	107
製造物責任	107
正当事由	94
正当防衛	103
成年擬制	14
成年後見人	14,16,17
成年被後見人	14,16,17
成文法	6
精力分散防止義務	59
責任能力	104
セクシュアル・ハラスメント	269
積極的公示力	21
積極的損害	103
設権証券性	116
絶対的商行為	19
絶対的必要記載事項	252
窃盗罪	237
設備制限協定	210
0号不渡事由	124
善意取得	144
全額払いの原則	255
先願主義	151,154,160
善管注意義務	44
前借金相殺の禁止	251
先順位抵当権	192
先発明主義	152
線引小切手	115
専用権	160
専用実施権	155
【そ】	
早期登録制度	157
相殺	173
相殺適状	174
造作買取請求権	96
創作非容易性	158
相続	281

相続人	282
相続人の順位	290
相続の放棄	286
相続分	283,290
総体的遺留分	289
相対的必要記載事項	252
相当因果関係	103
双方代理	29
双務契約	72
贈賄罪	238
遡求義務	123
即時取得	144
訴訟の種類	7
即決和解	198
その他の取引拒絶	211
損益相殺	104
損害	103
損害賠償額の予定	83
損害賠償額の予定の禁止	251
損害賠償請求	82
損害賠償請求権	25

た

大会社	41
対価型	269
大規模小売店舗立地法	215
代休	259
対抗要件	96
退社	34
代襲相続	282
退職	252
退職手当	256
大店立地法	215
対当額	173
代表	23
代表執行役	58
代表訴訟提起権	39
代表取締役	49
代物弁済	172
代理	23
代理権	23
代理権授与の表示による表見代理	26
代理権消滅後の表見代理	27
代理権の濫用	25
代理行為	23
代理制度	23
代理の種類	24
多額の借財	48
抱き合わせ販売等	212
諾成契約	72
諾否通知義務	73
立退料	93

建物買取請求権	96
建物譲渡特約付借地権	94
妥当性監査	52
他人の権利の売買における売主の義務	85
単純悪意者	142
単純承認	285
男女雇用機会均等法	268
単独株主権	39
担保的効力	122
担保物権	5,185
担保責任を負わない旨の特約	89

【ち】

地域団体商標制度	160
地役権	5
地縁団体	19
地上権	5
知的財産	149
知的財産基本法	149
知的財産権	5,149
地方裁判所	8
中央労働委員会	265
中間法人	18
仲裁	266
忠実義務	44
注文者の解除権	98
調停	198,266
調停調書	198
調停分割	287
調停離婚	279
直接	34
直接取引	45
直接払いの原則	255
著作権	161
著作権の侵害とその救済	163
著作財産権	163
著作者	162
著作者人格権	163
著作物	161
著作隣接権	163
直系尊属	282
賃金	252,254
賃金支払いの諸原則	255
賃借権の譲渡・転貸	96
賃借権の対抗要件	92
賃借人	92
賃貸借	91
賃貸借の存続期間	93
賃貸人	91
賃貸不動産の譲渡	96

【つ】

追完	86
追及力	189

333

追認拒絶権……………………………… 25
追認権…………………………………… 25
通貨払いの原則………………………… 255
通常実施権………………………… 151,155
通常の過失……………………………… 109
通信販売………………………………… 225
通謀虚偽表示…………………………… 75

【て】
定期借地権……………………………… 94
定期建物賃貸借………………………… 93
定型約款………………………………… 71
締結の自由……………………………… 71
停止条件………………………………… 79
抵当権…………………………………… 192
抵当権等がある場合の買主による
　費用の償還請求……………………… 88
抵当権の効力の及ぶ目的物の範囲…… 193
抵当権の登記がある場合の買主による
　代金の支払いの拒絶………………… 88
抵当権の被担保債権の範囲…………… 192
抵当権の目的物………………………… 192
手形行為独立の原則…………………… 126
手形訴訟………………………………… 126
手形の偽造……………………………… 125
手形の不渡事由………………………… 124
適格消費者団体………………………… 217
出来高払いの保障給制度……………… 256
適法性監査……………………………… 52
デザイン………………………………… 157
手付……………………………………… 78
手付損…………………………………… 78
手続法…………………………………… 6
典型契約………………………………… 71
典型担保物権…………………………… 185
電磁的記録……………………………… 178

【と】
問屋……………………………………… 23
同一・類似商号の使用禁止…………… 22
統一小切手用紙………………………… 117
同一性保持権…………………………… 163
統一手形用紙…………………………… 117
同一労働・同一賃金…………………… 249
登記記録………………………………… 147
登記事項証明書………………………… 147
登記の欠缺……………………………… 141
動機の錯誤……………………………… 76
倒産……………………………………… 198
動産……………………………………… 143
動産及び債権の譲渡の対抗要件に関する
　民法の特例等に関する法律………… 143
動産質…………………………………… 190
倒産処理………………………………… 199

動産の先取特権………………………… 189
動産の二重譲渡………………………… 143
動産売買の先取特権…………………… 189
当事者自治の原則……………………… 111
同時履行の抗弁権……………………… 81
動的意匠………………………………… 158
登録意匠………………………………… 159
独占禁止法……………………………… 208
特定商取引に関する法律……………… 223
特定商取引法…………………………… 223
特定線引小切手………………………… 115
特定非営利活動法人…………………… 19
特別寄与料……………………………… 291
特別取締役……………………………… 48
特別な効力……………………………… 21
特別の先取特権………………………… 189
特別背任罪……………………………… 238
特別法…………………………………… 6
特有財産………………………………… 280
特例有限会社…………………………… 36
土地管轄………………………………… 111
土地工作物責任………………………… 106
特許権…………………………………… 149
特許権侵害に対する措置……………… 156
特許権の発生…………………………… 154
特許主義………………………………… 18
特許の要件……………………………… 149
特許発明………………………………… 149
特許を受ける権利……………………… 150
都道府県労働委員会…………………… 265
取消し…………………………………… 70
取消権…………………………………… 25
取締規定………………………………… 6
取締役…………………………………… 43
取締役会………………………………… 48
取締役会出席義務・意見陳述義務…… 52
取締役会招集請求権・取締役会招集権……… 52
取締役会設置会社………………… 37,43,44
取締役会非設置会社………………… 43,44
取締役等の違法行為差止請求権……… 39
取締役と会社の関係…………………… 44
取締役の違法行為差止請求権………… 52
取締役の責任…………………………… 47
取締役の報酬…………………………… 46
取立債務………………………………… 80
取引条件等の差別取扱い……………… 211
取引制限協定…………………………… 210
トレードシークレット………………… 164
トレードマーク………………………… 159

な

内縁関係………………………………… 278

334

名板貸人	22
内部統制システムの構築等	48

【に】

２号不渡事由	124
日常家事債務	280
入札談合	210
任意整理	200
任意代理	24
任意的記載事項	253
任意法規	6
認可主義	18
認証主義	18

【ね】

根抵当権	194
年次有給休暇	261
念書	130

は

廃除	282
排除措置命令	213
背信的悪意者	142
排他条件付取引	212
背任罪	237
売買契約	73
売買契約による所有権移転の時期	140
売買の効力	85
倍戻し	78
派遣先事業主	271
派遣元事業主	271
派遣労働者	271
破産	199
発明	149
反訴	126
判例法	6

【ひ】

非営利法人	18
非公開会社	41
非公知性	164
非財産的損害	103
ビジネスと犯罪	237
筆	147
日付後定期払	118
必要費償還請求権	95
非典型契約	71
非典型担保物権	185
被保佐人	15,16,17
被補助人	15,16,17
秘密管理性	164
秘密証書遺言	288
表見代表取締役	50
表見代理	26
標章	159

費用償還請求権	95
表題部	147

【ふ】

夫婦間の財産関係	280
夫婦別産制	280
不確定期限	79
不可分性	186
不完全履行	82
不公正な取引方法	210
不実の登記	21
附従性	181,186
不使用取消審判	161
不正競争防止法による商号の保護	22
附属的商行為	20
普通借地権	93
普通取引約款	71
物権	5
物上代位	193
物上代位権行使の要件	194
物上代位性	186
物上代位の目的物	193
物的会社	33
物的担保	180,185
物品の販売等を目的とする店舗の使用人	60
不当高価購入	211
不動産	140
不動産質	191
不動産登記制度	146
不動産登記簿	146
不動産に関する物権変動	141
不動産の先取特権	189
不動産の二重譲渡	141
不当な取引制限	209
不当な利益による顧客誘引	212
不当利得	109
不当廉売	211
不当労働行為	264
部分意匠制度	157
不文法	6
不法原因給付	110
不法行為	102
振出地	118
振出人の肩書地	119
フレックスタイム制	260
不渡り	123
分割債権	184
分割債務	184
分筆	147

【へ】

別除権	188,199
変形労働時間制	260
弁済	80,172

片務契約……………………… 72	【む】
【ほ】	無因証券性………………… 116
包括信用購入あっせん……………… 222	無過失責任……………………… 5
報告義務……………………… 52	無限……………………… 34
報告聴取・調査権……………… 52	無限責任社員………………… 34
方式の自由…………………… 71	無権代理……………………… 24
報酬委員会…………………… 57	無権代理人に対する責任追及……… 25
報償責任の原理……………… 106	無権代理の効果……………… 24
法人……………………… 17	無効……………………… 70
法人の設立についての基準……… 17	無償委任の原則……………… 100
法人の分類…………………… 18	無償寄託の原則……………… 101
法定解除……………………… 70	無償契約……………………… 72
法定更新……………………… 95	無名契約……………………… 71
法定再販……………………… 212	【め】
法定実施権…………………… 155	免除……………………… 175
法定相続人…………………… 282	免罰効果……………………… 257
法定相続分…………………… 283	【も】
法定代理……………………… 24	目的物の種類または品質に関する
法定代理人…………………… 14	担保責任の期間の制限…………… 87,100
法定担保物権………………… 185	目的物の滅失等についての危険の移転……… 87
法定利率……………………… 90	持分……………………… 34
法定労働時間………………… 257	持分会社……………………… 33
法的整理……………………… 199	文言証券性…………………… 116
法の適用に関する通則法…………… 111	
法の分類……………………… 6	【や】
訪問販売……………………… 223	約定解除……………………… 70
法律行為の取消し…………… 175	約定担保物権………………… 185
保佐人……………………… 15,16,17	約束手形……………………… 114
補充性……………………… 182	約束手形の必要的記載事項……… 118
保証金……………………… 93	約束手形の無益的記載事項……… 119
保証契約……………………… 180	約束手形の有益的記載事項……… 119
保証債務……………………… 180	約束手形の有害的記載事項……… 119
補助的商行為………………… 20	役付取締役…………………… 49
補助人……………………… 15,16,17	約款……………………… 71
本意匠……………………… 158	【ゆ】
	有益費償還請求権……………… 95
【ま】	優越的地位の濫用……………… 212
満期……………………… 118	有価証券……………………… 116
満期となった最後の2年分……………… 192	有価証券偽造罪………………… 238
【み】	有価証券性…………………… 116
未成年後見人………………… 14,16,17	有限責任社員………………… 34
未成年者……………………… 14,16,17	有償契約……………………… 72
みなし労働時間制…………… 259	優先弁済的効力…………… 186,189
ミニッツ・オブ・ミーティング……… 111	有名契約……………………… 71
民事再生……………………… 199	有用性……………………… 164
民事訴訟……………………… 7	【よ】
民事訴訟手続………………… 197	用益物権……………………… 5
民事法……………………… 6	要式証券性…………………… 117
民事留置権…………………… 188	要素の錯誤…………………… 76
民法の基本原則……………… 4	要配慮個人情報……………… 228
民法177条 ……………… 141	要物契約……………………… 72
	預金……………………… 145

336

預金小切手……………………………………… 116
預金者保護法…………………………………… 146
予告手当………………………………………… 262

ら

【り】

利益相反取引…………………………………… 45
履行（弁済）の提供…………………………… 81
履行請求権……………………………………… 25
履行遅滞……………………………………… 81,85
履行の強制…………………………………… 70,82
履行不能……………………………………… 81,85
離婚……………………………………………… 279
離婚の効果……………………………………… 279
リスクマネジメント…………………………… 3
利息制限法……………………………………… 90
利息文句………………………………………… 119
流質契約………………………………………… 190
留置権…………………………………………… 187
留置的効力…………………………………… 187,190

【れ】

レター・オブ・インテント…………………… 111
連帯……………………………………………… 34
連帯債務………………………………………… 184
連帯保証………………………………………… 182

【ろ】

労災保険法……………………………………… 266
労働安全衛生法………………………………… 266
労働委員会……………………………………… 265
労働関係調整法………………………………… 265
労働基準監督署………………………………… 250
労働基準法……………………………………… 250
労働協約………………………………………… 252
労働組合法……………………………………… 264
労働契約………………………………………… 249
労働契約の期間………………………………… 250
労働時間………………………………………… 252
労働者…………………………………………… 249
労働者災害補償保険法………………………… 266
労働者派遣……………………………………… 270
労働者派遣契約………………………………… 272
労働者派遣事業………………………………… 270
労働者派遣法…………………………………… 270
労働条件の明示………………………………… 250
ローン提携販売………………………………… 221

わ

割増賃金………………………………………… 256

337